田·径·竞·赛
组织与裁判

常生 —— 主编

高等教育出版社·北京

内容提要

本书全面介绍了田径比赛的组织与裁判方法，并力求纳入近年来国内外学者在田径竞赛组织与裁判领域的最新研究成果，努力使本书体现科学性、系统性、可读性和实用性。全书分为七章，主要包括田径竞赛组织与官员，检录、赛后控制中心与现场指挥工作，径赛裁判工作，田赛裁判工作，全能、竞走和外场裁判工作，竞赛秘书组工作，场地器材组工作等。本书在编写的体例上也作了创新，主要是以田径竞赛组织和裁判工作作为编写主线，并加入相关的常用竞赛规则，试图使读者在学习和使用中更为便捷。在本书正文之后增加了附录部分，摘录选编了国家体育总局颁布的田径运动员技术等级标准等参考资料。本书还采用了二维码技术，采用扫描二维码查阅部分竞赛规则等相关资料。本书可作为体育专业学生和师范院校学生的教材使用，是组织省市级田径运动会和学校田径运动会及基层比赛的重要参考指导资料，对于广大体育教师和参加田径裁判晋级考试者也具有重要的参考指导价值。

图书在版编目（CIP）数据

田径竞赛组织与裁判 / 常生主编. --北京：高等教育出版社，2019.4

ISBN 978-7-04-051374-5

Ⅰ. ①田… Ⅱ. ①常… Ⅲ. ①田径运动-运动竞赛-组织 ②田径运动-运动竞赛-裁判法 Ⅳ. ①G82

中国版本图书馆 CIP 数据核字（2019）第 038454 号

田径竞赛组织与裁判

Tianjing Jingsai Zuzhi yu Caipan

策划编辑 郭 恒　责任编辑 郭 恒　封面设计 赵 阳　版式设计 童 丹

插图绘制 于 博　责任校对 张 薇　责任印制 尤 静

出版发行	高等教育出版社	网　址	http://www.hep.edu.cn
社　址	北京市西城区德外大街 4 号		http://www.hep.com.cn
邮政编码	100120	网上订购	http://www.hepmall.com.cn
印　刷	廊坊十环印刷有限公司		http://www.hepmall.com
开　本	787 mm × 960 mm　1/16		http://www.hepmall.cn
印　张	22.25		
字　数	330 千字	版　次	2019 年 4 月第 1 版
购书热线	010-58581118	印　次	2019 年 4 月第 1 次印刷
咨询电话	400-810-0598	定　价	56.00 元

物 料 号　51374-00

编　委　会

主　　编

常　生	南通大学体育科学学院	教授、博士	博士生导师

编写成员（以姓氏笔画为序）

冯晓东	首都体育学院	副教授	硕士生导师
石　宏	中山大学体育部	教授、硕士	硕士生导师
李建英	山西大学体育学院	教授、博士	博士生导师
吕季东	上海财经大学体育部	教授、博士	硕士生导师
杨　军	河南大学体育学院	教授、博士	博士生导师
郭立亚	西南大学体育学院	教授	博士生导师
徐清泉	南通大学体育科学学院	副教授、硕士	
袁　林	吉林体育学院	教授、硕士	硕士生导师
储志东	南京师范大学体育科学学院	教授	博士生导师
谭　进	成都体育学院	副教授	

前　言

田径运动是最古老的体育运动项目之一，又是人类不断挑战极限的竞技活动，也是现代竞技体育中最重要的、最富吸引力的和影响最大的竞技运动项目之一。在奥运会比赛中，田径是所有项目中设单项最多、奖牌数最多的比赛项目。在竞技体育界有“得田径者得天下”之说。原国家体育总局局长伍绍祖曾为田径运动管理中心题词：田径是运动之本之母之源。而田径竞赛组织和裁判工作则是田径运动的重要组成部分，对推动田径运动的发展具有举足轻重的作用。

为了进一步提高田径竞赛组织管理水平和裁判执裁能力，我们组织编写了这本《田径竞赛组织与裁判》。本书以中国田径协会审定的《田径竞赛规则》（2018—2019）为主要参考依据，结合我国田径运动竞赛组织与裁判工作的实际，特别是各级各类学校田径运动会的组织裁判实际情况编著而成。

参加本书的编写人员都是具有国际级和国家级裁判员称号的优秀高校教师，曾多次在奥运会、亚运会、全运会等国际国内重大比赛中执裁，从事田径竞赛组织和裁判工作数十年，具有极其丰富的实践经验和深厚的理论造诣。

本书共分为 7 章，具体分工如下：常生（第一章），储志东、谭进、常生（第二章），袁林、常生（第三章），冯晓东、李建英、杨军、石宏、常生（第四章），郭立亚、常生（第五章），吕季东、徐清泉、常生（第六章），李建英、杨军、常生（第七章）。常生对全书进行了统稿。本书全面介绍了田径比赛的组织与裁判方法，并力求纳入近年来国内外学者在田径竞赛组织与裁判领域的最新研究成果，力求在内容上体现科学性、系统性、可读性和实用性。本书的编写体例上也作了较大的变化，主要是以田径竞赛组织和裁判工作作为编写的主线，并加入相关的常用国际田联规则，试图使读者在学习和使用中更为便捷。在本书正文之后增加了附录部分，摘录选编了国家体育总局颁布的田径运动员技术等级标准等参考资料。本书还采用了二维码技术，采用扫描二维码查阅部分竞赛规则等内容。本书可作为体育专业学生和师范院校学生的教材使用，是组织省市级田径运动会和学校田径运动会的重要参考资料，对于广大体育教师和参加田径裁判晋级考试也具有重要的参考指导价值。

在本书的编写过程中，作者参考了大量国内外田径竞赛裁判方面的文献并引用了部分资料，张亮、魏梦娇、汪燕、王鑫等参加了本书的资料整理和校对等工作，在此一并表示衷心感谢。鉴于时间仓促及编写组水平所限，书中可能有疏漏和不足之处，恳请广大读者在使用过程中提出宝贵意见，以便再版时修订。

常　生

2019 年 1 月

目　　录

第一章

田径竞赛组织与官员

本章导读

通过本章学习，使学生能够全面了解田径运动竞赛的组织工作方案、竞赛规程的制订、竞赛经费预算编制、竞赛管理流程、主要工作方法和田径竞赛中主要官员的工作职责等；初步掌握赛事总管、裁判长的设置，以及工作任务、工作方法和工作流程等。

第一节　田径竞赛组织工作

一、田径运动会组织方案

（一）确立运动会的指导思想

根据当前社会、经济、文化发展趋势的需要对体育竞赛的要求，明确指出举办运动会的性质、目的、意义，使运动会成为促进社会文化发展的途径之一。

（二）确立组织领导机构

提出由有关领导和相关职能部门负责人组成运动会组织委员会及其人员名单。

（三）拟定运动会实施方案

实施方案一般包括以下几个方面：

（1）运动会名称、日期、地点。

（2）参加比赛办法。

（3）竞赛项目设置及比赛方法。

（4）录取名次及奖励办法。

（5）评选活动内容、标准及办法。

（6）运动会经费预算及收支办法。

（7）开、闭幕式组织方案。

（8）大型活动或表演的形式、内容、规模及组织方案。

已拟定的运动会组织方案应由相关领导研究审定后，召开组委会及办事机构人员会议，按组织方案要求布置落实各项工作内容，由办事机构各职能部门具体分工实施。在承办省、直辖市以上级别的田径运动会时，当地体育主管部门应事先就运动会经费来源、场地器材、竞赛组织、接待条件等各方面情况提出可行性意见，并向当地政府领导汇报，同意后方可承接举办比赛的任务。在决定承办运动会任务后，由体育主管部门将组织方案和工作计划（其中包括接待规模、食宿安排、竞赛组织、场地器材、宣传报道、安全保卫、交通车辆等有关事宜），提交由政府领导组织召开的组委会扩大会议研究讨论，由政府领导统一协调，明确任务和要求，取得各相关政府部门的支持与配合，由运动会组委会常务办事机构具体指导检查、督促落实。

（四）田径运动会筹备工作流程

为保证工作计划按步骤进行，使各工作部门、各裁判组之间协调配合，进展顺利，可根据实际情况设计工作流程，按照工作流程组织、安排、实施各项工作（图 1-1-1）。

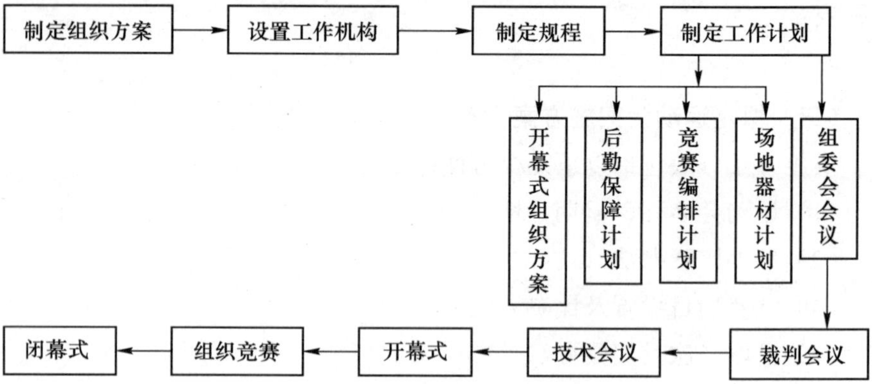

图 1-1-1 田径运动会筹备工作流程示例

（五）申办竞赛的程序

1．提交书面申请报告

申办单位根据主办单位的要求，提前半年至一年以上，向主办单位提交包括以下内容的申报报告：

（1）申办单位的申请信，内容包括比赛时间、地点、规模、范围、水平等。

（2）承办单位的裁判力量及组织管理能力。

（3）申办单位为承办比赛所能提供的场地、食宿、交通、通讯等条件。

（4）申办单位的比赛和训练场地图。

2．承办比赛必须具备的条件

（1）有举办相应级别和规模比赛的组织水平和能力。

（2）有符合比赛要求的场地和器材、各种功能用房和网络通信的条件。

（3）有符合主办单位要求的等级裁判员。

（4）能提供良好的训练、食宿、交通、通讯、保安、医疗等条件。

（5）赛后 10 天内，能将比赛总结、秩序册、成绩册及有关资料交回主办单位。

二、竞赛的管理

（一）主办单位和承办单位

主办单位具体负责比赛竞赛工作，负责制定规程、通知等有关比赛文件，并对规程、规定、通知等比赛文件拥有解释权。承办单位应按照主办单位颁发的各种有关竞赛文件及法规，组织和管理田径竞赛，可直接向各参赛单位发出有关接待方面的补充通知。承办单位应认真贯彻执行国家颁发的有关竞赛工作的文件精神和大会组织委员会确定的有关规定。

（二）比赛的组织机构和主要会议

1．组织委员会

赛区设立组织委员会，下设办公室、竞赛处、新闻宣传处、安全保卫处、场地器材处、后勤接待处等部门。组织委员会负责赛区的全面工作，保证严格履行申办协议，确保比赛顺利进行。

2．仲裁委员会

仲裁委员会是竞赛的仲裁机构，在组织委员会的领导下独立工作。仲裁委员会人选由主办单位和承办单位选聘 3 人、5 人或 7 人组成。

3．组委会会议

由组织委员会成员、各部门负责人、技术代表、仲裁委员会主任、技术官员代表、领队、赛事总管参加。负责会议通报、研究赛区准备工作及赛区“体育道德风尚奖”的评选工作等。

4．技术会议

由技术代表、技术官员、仲裁委员、赛事总管、各队主教练参加。其任务是宣布有关竞赛事宜，确认参赛运动员名单以及其他相关技术事项。

5．裁判员会议

由技术官员、全体裁判员和相关志愿者等参加。其任务是进行思想动员，裁判员分工、业务培训、实习，统一判罚尺度，旨在提高裁判员的思想和业务水平。技术代表一般也需要参加裁判员会议。

三、运动队参加比赛规定（对参赛单位或个人的规定）

（一）对运动队的规定

（1）参加比赛的各代表队必须遵守有关体育竞赛法规、政策、规定，执行组委会各项规章制度。各队应按照竞赛规程要求报名参赛，准确填写报名表各项内容。

（2）凡出现因填写报名表时笔误等自身原因造成的错误、项目填报不全、报错项目和运动员年龄前后不相同等情况，责任自负。

（3）报名时每队必须指定一人担任领队职务，全面负责该队在赛区的各项工作。

（4）报名后，如弃权需按有关规定交纳弃权费。

（5）结合田径竞赛，各队应认真做好思想工作，组织队与队之间进行经验交流，切磋技艺，互相学习，积极为提高田径运动水平，加强科学管理，深化训练体制改革献计献策。

（6）在各种交流活动中，要自尊自爱，讲文明、懂礼貌、守纪律，服从命令，听从指挥，充分体现运动员、教练员良好的精神风貌。

（7）比赛进行时，不参加该场比赛的运动员、教练员和工作人员应到指定地点就座，不准进入比赛场地。

（二）对运动员的规定

（1）应严格遵守《运动员守则》，刻苦学习，全面发展，为锻炼成为社会主义事业的建设者和接班人而努力。

（2）要有理想、有道德、有文化、有纪律，为振兴中华作贡献。

（3）积极参加运动训练，尊重教练，认真完成运动训练任务，努力提高竞技运动水平。

（4）在去赛区参赛时，应携带好大会规定的各种证件。比赛中要赛出风格，赛出水平，做到胜不骄，败不馁，尊重裁判，服从裁判。在训练和比赛中严禁使用不正当的方法和手段谋取成绩。

（5）当广播员介绍到自己的姓名以及上台领奖时，应有礼貌地向观众举手示意。领奖时运动员应穿本单位统一、整洁的服装。

（6）运动员佩戴号码必须依其原样，不得以任何形式剪裁、折叠或遮挡。在长距离项目中，可在号码布上打孔以利于空气流通，但不得在号码布文字或数字上打孔。

（7）放弃比赛的运动员只有提供组委会任命或批准的医疗官员所认可的医疗证明书，方可作为该运动员在确认结束后或在上一轮比赛结束后放弃比赛的充分理由。但该运动员可以参加第二天以后的其他项目的比赛。放弃比赛包括不认真参赛。有关裁判长应判定何为不认真比赛，并必须在正式的成绩中作相应的注释。全能中各个单项比赛除外。

（8）运动员应该对自己的身体健康及自身的医疗监督负责。参加国际比赛的运动员，国际田联（包括其会员协会、部门主管、官员、雇员、志愿者、合同商或者经纪人）对该运动员在法律规定的范围内丢失财物、受伤或受损害，以及任何与其参加国际比赛所产生的后果免责。

（三）对教练员的规定

（1）刻苦钻研业务，了解和掌握新的训练经验、技术和战术，不断提高自身的业务水平、理论水平和指导训练水平。

（2）应从难从严、从实战出发，进行科学训练，认真制订训练计划，努力督促运动员完成训练任务。

（3）关心运动员的学习与生活，为他们解决实际困难。

（4）教练员之间要互相学习，互相支持，团结协作。

（5）在赛区要当好“三员”——运动员政治思想工作的辅导员，训练和竞赛的指挥员，遵守大会纪律的宣传员。在临场指挥中，要注意控制自己和运动员的情绪，不以错误的言行诱发运动员、观众闹事。严禁罢赛。

（6）认真参加技术会议，并将会议精神及时、准确地传达到全体运动员，以保证切实贯彻执行。

（7）做好运动员比赛过程中的技术统计工作，及时总结经验。

（8）运动员与其教练员应在比赛区域外相互交流。为便于这种交流，并且不干扰比赛进行，在靠近每一田径比赛地点最近的看台上应该给参赛运动员的教练员保留座位。

（四）对领队的规定

（1）全面负责队内工作，要带头遵守大会的各项规定，及时发现和解决好队内的各种问题。

（2）要做好全队的政治思想工作，教育运动员做到“五尊重”——尊重领导、尊重教练、尊重裁判、尊重对方、尊重观众。

（3）要将组委会或其他机构部门提出的各项要求和规定，及时准确地传达给所有人员，组织全队人员学习和执行，并及时向大会反映队内的各种问题，力争妥善处理和解决问题。

四、裁判员管理规定

（一）田径裁判员的职能

田径裁判员是为田径竞赛工作，为田径竞赛活动服务的专门人才。只有围绕田径竞赛才能发挥出田径裁判员的全部才干。田径裁判员在竞赛中既是规则的执行者和赛场的执法者，又是竞赛的组织者和管理者，同时还是宣传员和服务员。正是由于这种多重身份，决定了他们在竞赛中有下列多项职能。

1．组织竞赛的职能

组织竞赛是田径裁判员的重要职能之一。运动竞赛是一种有组织、有计划的体育运动比赛活动，它需要有专门人员在赛前做出计划、安排与准备。在比赛中也需要专门人员去组织运动员进行有秩序且公正的竞赛。田径竞赛的以上特点尤为突出，这是因为田径竞赛项目多、参赛人数多、竞赛时间集中。所以，在赛前对竞赛工作要有十分周密的考虑，做出详尽的计划。对各项目的竞赛顺序，对每名运动员出场的次序，对场地器材的准备都要事先做出细致周到的安排。这些赛前大量组织工作的重担，自然落到了田径裁判员的肩上。

田径裁判员组织竞赛的职能，还体现在比赛时的组织工作上。在比赛时，田径裁判员将按照田径规则的要求，按照既定的计划和程序，依据秩序册的规定，有条不紊地组织运动员进入赛场，进行有秩序的公正的竞赛。竞赛成绩的汇总及公布，又是竞赛中另一种形式的组织工作。这些组织工作都属于田径裁判员的职能范围，也是他们最基本、最重要的工作之一。

2．执行规则的职能

执行规则是田径裁判员又一个最重要的职能。规则的贯彻执行也是裁判工作的核心所在。田径裁判员执行规则的职能包括：在比赛过程中，裁判员对自身规范化的要求，对运动员行为规范的监督与检查；对规则贯彻执行及其监督检查；对竞赛成绩计量和评定；对胜负名次评定等。与任何竞赛一样，田径竞赛同样离不开规则。虽然有规则可依，但若没有人来掌握尺度、执行规则、主持公正和判定胜负，任何竞赛都是无法进行的。

3．管理职能

田径运动竞赛的过程，也是运动竞赛的管理过程。从体育管理学角度看，裁判员属于竞赛管理人员。他们应做好比赛现场的管理工作，也就是田径裁判员在竞赛时，具有管理的职能。他们管理职能的重要性，并不亚于组织竞赛的职能。在田径竞赛过程中，有大量的管理工作需要田径裁判员去完成。田径裁判员的管理职能不仅包括对竞赛的管理和对运动员的管理，还包括对场地设施、运动器械和裁判用具的管理。正因为如此，管理职能也是田径裁判员最重要的职能之一。

4．教育职能

教育职能是田径裁判员的基本职能之一。作为竞赛的组织者和管理者的裁判员，有对运动员进行教育的义务，为他们的健康成长做些应做的工作。这种教育工作可以在规则允许的范围内，在适应的场合和时间，对运动员进行善意的提醒、规劝和鼓励，但不能进行技术指导。

裁判员的教育职能还表现在裁判员自身，即执行身教重于言教的教育原则。裁判员的衣着服装、精神面貌、言行举止、待人处事，以及裁判员的公平正直、谦虚谨慎、实事求是、有错必纠、勇于负责的思想品德和工作作风，对运动员有潜移默化的教育作用。为此，每名裁判员都应该时时处处不忘记自己还是一名教育者，严格要求自己，认真履行裁判员的教育职责。

5．宣传职能

宣传职能是田径裁判员的职能之一。田径竞赛的作用不仅仅局限于运动员之间的角逐，通过田径竞赛，可以对运动员和观众的政治思想、法制观念、道德伦理、意志品质和田径运动知识等方面给予熏陶和教育。所有这些，一方面是通过田径裁判员卓越的工作，另一方面是通过主裁判员有计划、有目的、有意识地宣传来实现的。赛前对规则和注意事项的宣讲，对有关田径运动知识和会场秩序注意事项的宣传，以及对良好体育道德风尚的宣扬等，都是裁判员宣传职能的具体表现。

6．服务职能

既是裁判员又是服务员，是当代田径裁判工作的一个特征。田径裁判员服务于竞赛，也为运动员服务。裁判员在竞赛中为运动员的竞争而执法，本身就是服务的过程。另外，裁判员应在规则允许的范围内，为运动员技艺的发挥和成绩的提高创造良好的条件。为运动员服务是裁判员不可推卸的责任，也是当代田径工作中不可缺少的一个环节。

（二）对裁判员工作的要求

（1）严格遵守大会各项规定。努力钻研业务，精通规则和裁判法，积极参加裁判实践，不断提高业务水平。

（2）认真学习田径竞赛规则、裁判法及有关制度和条例，掌握和理解田径竞赛规则和规程。

（3）严格履行裁判员职责，做到严肃、认真、公正、准确。在工作中作风正派，不徇私情，坚持原则，敢于同不良风气作斗争。

（4）裁判员之间应互相学习、互相尊重、互相支持、加强团结协作，不搞宗派活动。

（5）服从领导、遵守纪律。执行任务时应精神饱满、服装整洁、仪表大方。

（6）被选派的裁判员，应按时到赛区报到。因故不能参加赛区裁判工作的，应提前向选派单位提出请假申请。凡未经请假而无故不到赛区参加工作的裁判员，视情节轻重，给予停止该裁判员工作等处罚，并给予通报批评。

（三）对裁判员的处罚办法

（1）裁判员不遵守赛区规定，不服从工作分配，经教育不改者，赛区赛事总管可建议大会暂停其当场或全部比赛的裁判工作。

（2）出现下列情况者，视情节轻重，应建议裁判管理部门分别给予警告、严重警告、停止执行该次裁判工作、停止半年或一年裁判工作、降级或取消裁判技术等级的处分，并酌情给予通报批评。

① 有意刁难运动员，执法不公。

② 酗酒或擅离职守影响裁判工作。

③ 出现明显错误、漏判，不虚心听取意见，坚持错误，态度恶劣。

④ 受到刑事处分或在参加裁判工作中有不良行为。

⑤ 接受贿赂。

五、组织机构

田径运动会的组织与实施是一项比较复杂而细致的工作，为了统一领导，便于工作，保证比赛的顺利进行，必须建立相应的组织机构。一般来讲，较大型的田径运动会的组织机构比较复杂严密，各职能部门工作分工比较明确，而举办基层小型运动会时，就要从实际出发，本着精简高效的原则，参照大型运动会组织方案的基本要求，无论是机构部门的设置，人员的分工安排，系统的操作运行等方面都应有所简化，做到既符合规范，又不死守教条。

（一）小型运动会的组织机构（图 1-1-2）

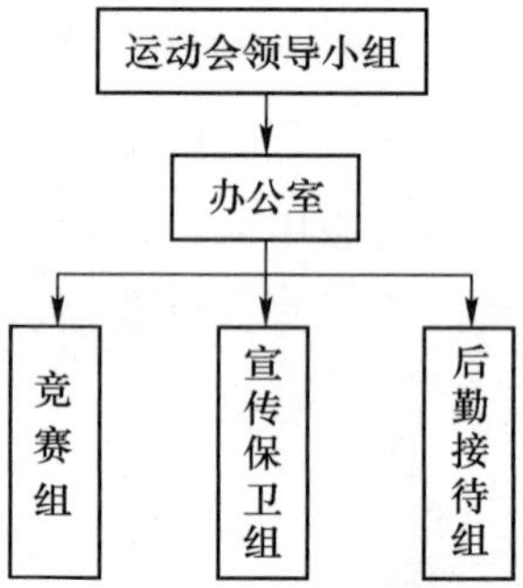

图 1-1-2 小型田径比赛组织机构

（二）大型运动会的组织机构（图 1-1-3）

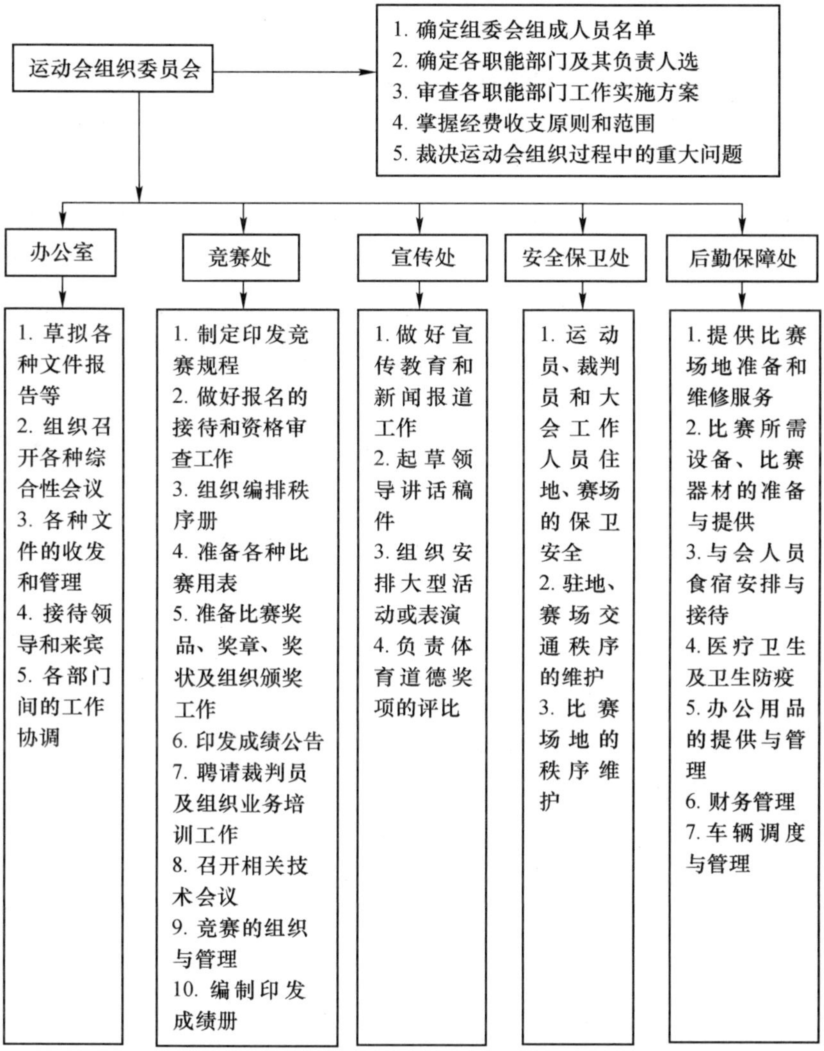

图 1-1-3　大型田径比赛的组织机构

（三）职责与分工

1．组织委员会

组织委员会是运动会的领导和决策机构。组织委员会成员应包括主办单位领导、承办单位领导和主要部门负责人、技术代表、仲裁委员会主任、赛事总管以及各队领队等有关方面人员。组织委员会的主要职责如下：

（1）开展运动会的筹备组织工作，决定运动会的重大问题。

（2）讨论和决定运动会的组织方案、竞赛规程、组织机构。

（3）听取各部门的工作汇报，及时解决有关问题和困难。

（4）运动会后听取和批准大会总结报告，处理未解决的遗留问题。

2．办公室

办公室是组织委员会的执行机构，其主要工作职责如下：

（1）根据组织委员会的决议进行工作，组织落实各部门的工作人员，检查、督促各部门的工作。

（2）拟定工作日程计划表，详细注明工作内容、时间安排、负责人等。主要内容包括 10 个方面。

① 安排组委会全体会议。

② 安排广告、赞助工作会议。

③ 安排宣传工作会议。

④ 安排总务后勤工作会议。

⑤ 组织开幕式、闭幕式、表演和文艺晚会等。

⑥ 准备运动会场地、器材。

⑦ 安排裁判员报到、学习、现场实习、检查场地、器材。

⑧ 安排各队报到日期和地点。

⑨ 安排各队领队、教练、赛事总管、秘书组（竞赛秘书组）组长和各部门负责人联席会议。

⑩ 安排其他事项等。

（3）编制经费预算，准备文具用品。

（4）制定各种大会制度与须知。

（5）对外联系，对内协调解决各部门之间的配合问题。

（6）联系赞助广告。

3．宣传处

主要负责宣传教育、新闻报道工作。

（1）制订宣传工作计划，拟出宣传要点，编写宣传材料。

（2）了解运动会的组织筹备情况和各单位运动员的情况。

（3）收集优秀运动员的训练情况及典型事例，介绍和宣传优秀运动员。

（4）草拟大会横幅标语，协同场地器材组布置大会会场。

（5）组织设计宣传报道、招贴画等工作。

（6）负责大会新闻报道、文字宣传工作、大会简报和会刊的编印以及图片展览等工作。

（7）安排记者采访，与大会秘书处共同商定入场记者人数，领取有关证件。

（8）制定评选运动队、运动员和裁判员“体育道德风尚奖”的办法，并组织实施。

（9）发放奖品。

4．竞赛处

主要负责处理和协调竞赛期间的有关业务工作，审查参加比赛人员的资格，检查场地器材和编排秩序册等工作。

（1）制定详细的竞赛工作计划。

（2）拟发竞赛规程。

（3）拟订比赛经费和购置比赛器材数量的预算计划提交后勤保障处。

（4）指导、督促、检查落实场地、设备和器材准备情况。

（5）根据具体情况，请示主办单位同意后对竞赛规程中未明确规定的问题和其他事宜，核发竞赛补充规定。

（6）制定裁判工作计划，聘请裁判员，组织裁判员学习和实习，负责裁判员的考核工作。

（7）审核报名表，如有不符合规程要求的，应及时与有关单位联系解决。组织编排竞赛秩序，编印秩序册、成绩册和各种比赛用表格、卡片等。

（8）安排各队赛前练习时间和场地。

（9）组织和主持召开有关竞赛工作会议。

（10）赛前召开技术会议，讨论有关比赛的规定和要求，介绍编排情况，讨论并确定高度项目的起跳高度和提升高度计划等，对竞赛规程和补充规程中有争议的各种问题进行解释。

（11）审查大会各项成绩纪录，核实个人和团体名次。

（12）准备裁判员服装和裁判员职务标志。

（13）及时汇报、处理有关竞赛中的问题。

（14）及时填发运动员成绩证明单。

5．后勤保障处

主要负责比赛场地设备、后勤保障和医务等工作。

（1）联系落实食宿、交通车辆、后勤供应等事宜。

（2）负责场地的建设、维护和器材购置与维修等。

（3）草拟报到须知，内容主要包括：

① 报到地点及应注意事项。

② 分配各单位住宿地点。

③ 明确各单位的伙食和住宿费。

④ 登记大会人员返程车船票等。

（4）办理裁判员及大会工作人员的交通、差旅费报销和伙食补助等事务。

（5）做好车辆调度工作。

（6）及时解决运动会期间生活方面的问题。

（7）做好运动会期间医疗服务和运动员伤病的救治工作。

（8）负责运动会安全保卫工作。

六、竞赛规程

组织田径运动会，首先要确定运动会的组织方案，根据组织方案和比赛的实际情况制定竞赛规程。竞赛规程是田径竞赛最基本的文件，是各参赛单位进行比赛的主要依据。竞赛规程应在比赛前发送各参赛单位和有关部门。大型田径比赛至少提前一年公布，学校运动会一般也应提前 2～3 个月下发竞赛规程，以便参赛单位有充分的时间准备。制定竞赛规程的基本原则是：以田径规则为基本依据，根据实际情况考虑设置比赛项目和比赛方法以及录取名次和计分方法等。要做到内容全面详尽、文字确切、条理清楚、措辞严谨。当规程确有不完善之处或情况出现变化时，可由大会组委会或主办单位修改、补充。竞赛规程的主要内容包括以下几个方面。

（一）运动会的名称、目的、任务

（1）运动会名称一般有三种类型：第一种田径单项比赛是以××年开头再加上项目和比赛类别。如 2019 年全国田径锦标赛；2018 年江苏省中学生田径比赛等。第二种综合性运动会的田径比赛一般以届次开头，如中华人民共和国第十四届全国运动会田径比赛；江苏省第二十届运动会田径比赛等。第三种类型的运动会名称是以赞助单位名称开头，如“新奥特”杯全国田径竞走锦标赛等。此外，还有选拔赛、分项赛、邀请赛、达标赛、测验赛等。

（2）学校田径运动会一般有两种类型：一种是以届次顺序排列，如××大学（中学）第十二届春季（或秋季）田径运动会；另一种是以年份顺序排列，如 2019 年××中学田径运动会。

（3）比赛的目的和任务一般放在竞赛规程的开始部分，内容应简单明了，以最简洁的语言来表述。目前大型比赛下发的竞赛规程中，比赛的目的和任务通常省略不写。

（二）主办单位和承办单位

主办单位一般是上级政府主管部门或上级田径协会等，如全国性田径比赛一般由田径项目管理中心或其业务职能部门主办。承办单位一般是下级体育协会或政府部门等。

（三）比赛日期和地点

比赛日期可结合重大比赛任务确定。学校田径运动会一般可安排在 5 月或 10 月份左右举行。大型比赛地点一般应选择交通便利、地点适中、食宿条件较好、比赛设施比较齐全的城市。

（四）参加单位

参加单位应根据比赛的目的、任务、性质和规模等来确定。通常以行政单位、学校等作为参加单位。学校田径运动会通常以学院、年级、班级等为参赛单位。

（五）比赛项目和比赛组别

一般根据运动会的目的、任务、性质、规模和运动员的水平等来设置。在基层比赛中，项目的设置还应考虑承办单位的场地设施和器材等条件。

（六）参加办法

（1）规定运动员参赛资格，包括运动员的年龄限制、报名成绩标准和所属单位的确定等。

（2）规定男女运动员性别人数，包括每单位运动员总人数的限定、男女比例要求等。

（3）规定各单位领队、教练员、医生和其他工作人员的名额限制或规定领队、教练员等与运动员人数比例等。

（4）规定运动员每人限报项数和每项限报人数。在基层比赛中，一般可规定运动员每人限报两项或参赛单位每项限报三人，也可规定每项报名人数不限。除此之外，运动员每人还可兼报两项接力。参加全能比赛的运动员一般规定不得再参加单项比赛，但可兼报接力项目。

（5）说明报名表的填写方法和注意事项等。

① 男、女等不同组别的运动员要分开填写，一式两份，分别报送主办单位和承办单位。

② 报名单必须由单位领导和医务部门审核盖章后报送。

③ 规定报名开始和截止日期（报名截止日期通常规定以当地邮局邮戳为准，或是邮箱发送时间为准）。

④ 规定报名后不得更改，如某项只有一人报名，应通知该队该运动员可以另报项目，或者不计名次将该项作为表演项目。如报名人数不足录取人数，则可规定递减一名录取，或规定全部录取。

（6）报名费的规定。比赛如收报名费，则应说明报名费的数量，交费日期和交费方式，一般是在寄交报名单的同时汇寄报名费，也可在运动员报到时再交报名费。

（七）竞赛办法

（1）应明确采用《田径竞赛规则》的版本。一般是采用最近出版的由中国田径协会审定的《田径竞赛规则》。如有需要，还可规定有关补充或特定规程。

（2）规定各径赛项目赛次、各赛次录取方法、田赛资格赛和录取人数等。

（八）计分办法

（1）根据规定的录取名次，确定计分方法。若单项录取前八名，则按9、7、6、5、4、3、2、1 计分；如录取前六名，则按 7、5、4、3、2、1 或 9、7、6、5、4、3 计分；如录取前四名，则按 5、3、2、1 计分，也可按 9、7、6、5 计分；如录取前三名，则按 4、2、1 计分。

（2）接力项目和全能项目可规定加倍或不加倍计分。

（3）规定破纪录或创新成绩可加分。加分标准一般应超过第一名的得分。破纪录的层次越高应加分越多。如规定破校纪录加 10 分，破县纪录加 15 分，破市纪录加 20 分等。

（4）同一名运动员在一项比赛中多次破纪录或一次打破多层次的纪录（如同时破学校、县、市纪录），通常按破纪录的最高层次只加一次分。

（九）录取和奖励办法

（1）规定单项和团体总分录取名额、录取方法和奖励办法。如规定单项录取前八名，团体总分录取前六名，男子、女子和男女团体总分名次可分别设置等。规定如遇两个或两个以上单位团体总分相同时的处理办法：若两队或两队以上总分相同，则按破纪录的多少来裁定名次，即破纪录多者名次在前；若仍相等，则以获高名次多者名次列前。

（2）规定奖励标准或内容。如规定单项前三名发给奖牌，其余录取名次发给奖状，或规定所有录取名次均发给成绩证书。团体总分可规定前六名发给奖杯、锦旗，以及规定破纪录者的奖励方法及标准等。

（十）报到

（1）规定各单位报到日期、地点和超编人员的食宿安排及其费用处理办法。

（2）规定离会的日期及订购返程票的时间和办法。

（十一）裁判员的选聘

通常由主办单位选派赛事总管、赛事总管助理、部分主裁判和裁判员，裁判员不足部分由承办单位选派。裁判名单可以随竞赛规程同时下发，也可以之后另发补充通知。如竞赛规程下发时间距比赛时间较近，则应将选派的仲裁委员会成员或裁判长名单附在规程上同时下发，并规定赛事总管、裁判长和裁判员等人员的报到日期、地点等。

（十二）注意事项

规定其他未尽事宜，如参赛人员伙食费的交纳标准。通常规定领队、医生、运动员和教练员的伙食费由各单位自理；也可规定参赛人员只交基本伙食费，不足部分由大会补贴。

（十三）规定竞赛规程的解释权

通常规定由主办单位负责解释。

七、经费预算

科学合理的经费预算是运动会各项工作正常进行的基本保证。经费的使用必须从严掌握，杜绝挥霍浪费，做到少花钱多办事。田径运动会经费预算主要包括经费来源和经费支出两部分。学校田径运动会经费通常应该列入学校当年经费预算，或者从体育维持费中列支，但在划拨体育维持费时，应考虑加入运动会经费。同时积极通过吸收社会捐款和赞助，出售运动会的冠名权等方法筹集资金。经费预算一般包括以下各项内容。

（一）伙食补助费

每人每天伙食补助费×总人数×天数=总伙食补助费。式中总人数应包括大会裁判员、工作人员等。

（二）住宿费

每人每天住宿费×住宿总人数×住宿天数=总住宿费用。式中住宿总人数包括大会裁判员、工作人员、运动员、教练员、领队和医务人员等。式中住宿天数计算从报到之日起至比赛结束后大会人员离会为止。

（三）车辆费

使用车辆数×每天每辆车租用费×天数=车辆总费用。

（四）比赛器材费

1. 消耗性器材和用品的费用及计算

（1）标枪（男）（10～30支）×单价。

（2）标枪（女）（10～30支）×单价。

（3）铁饼（男）（5～10只）×单价。

（4）铁饼（女）（5～10只）×单价。

（5）铅球（男）（4～8个）×单价。

（6）铅球（女）（4～8个）×单价。

（7）链球（2～3个）×单价。

（8）跳高横杆（3～8根）×单价。

（9）撑竿跳高横杆（4～10根）×单价。

（10）发令枪子弹　径赛组数×2×单价。

（11）非塑胶跑道画线用的石灰或石粉费用。

（12）邮电费。

（13）打字印刷费。

以上器材的预算标准可以根据比赛级别作适当增减。

2．固定设备、器材费用

包括购买和维修计时表、栏架、起跑器、跳高架、撑竿跳高架、风速仪、护笼、电子显示器和显示牌、钢尺、直尺、抵趾板、踏跳板、测距仪等的费用，以及场地租赁费或场地修建费等。

（五）奖牌费

以奖励前三名计算：

（1）单项数×3×单价。

（2）接力项数×4×3×单价。

（六）证书费

以发给前八名计算：

（1）单项数×8×单价。

（2）接力项数×8×4×单价。

（3）破纪录证书费用。

（4）等级运动员证书费用。

（七）团体奖品费

组别数×录取名次×奖杯（锦旗或奖状）单价。

（八）破纪录奖

预计破纪录项次数×每项次奖励金额（奖品）。

（九）开幕式、闭幕式及团体操宣传

主要包括主席台的布置、表演服装、道具、宣传标语、横幅、气球、彩旗等烘托环境的大环境布置。此外，在预算中还应考虑裁判员和工作人员的补贴费、医药费、布置会场与租用会议室的费用、接待费等。

第二节　国际官员、管理官员和竞赛官员

一、国际官员

（一）组织代表与职责

组织代表应自始至终与组委会保持密切联系，定期向国际田联（或地区联合会或其他相关管理机构）提交报告。必要时，还应处理承办会员协会和组委会的有关职责和财务责任问题。组织代表应与技术代表协作。

（二）技术代表与职责

在组委会提供一切必要的帮助下，技术代表应与组委会共同保证全部技术性安排完全符合《国际田联田径竞赛规则》（以下简称《规则》）和《国际田联田径场地设施标准手册》的规定。

（1）超过一天的比赛，技术代表应该：

① 确保向相关组织提交竞赛日程和报名标准的建议。

② 批准比赛使用的器械清单，以及运动员是否可以使用自备器材或是供货商提供的器械。

查看规则 146.1

③ 确保在赛前的适当时间向所有参赛的会员协会发送技术规程。

④ 负责田径项目比赛举办所有其他必要的技术准备。

⑤ 管控报名，并有权以技术性原因或根据中国田径协会审定的《田径竞赛规则》（2018-2019）第 146.1 拒绝报名（如出现非技术性理由而拒绝报名，则应由国际田联或相应地区联合会或其他相关管理机构做出裁决）。

⑥ 决定田赛项目的及格标准和径赛项目的分组、赛次与录取的原则。

⑦ 根据规则和适用的技术规程，安排所有比赛项目的排序和抽签，确认所有项目的参赛名单。

⑧ 根据要求，主持技术会议，并给技术官员做简单介绍。

⑨ 确保赛前提交比赛准备情况的书面报告，以及赛后提交比赛执行的总结，包括对未来赛事的建议。

（2）指派担任一日赛的技术代表应向组织者提供一切必要的支持和建议，确保提交比赛执行情况的书面报告。

（三）医务代表与职责

（1）对所有医务事务具有最高权威。

（2）应确保在比赛场地（多地）、训练场地、热身场地有足够的设备用于医疗检查、治疗、急救护理，并在运动员的驻地提供医疗看护。

（3）根据规则进行医学检查，提供医学证明。

（4）有权要求运动员在赛前退赛或在比赛中立即退出。

① 上述 3 和 4 项权利也可以由医务代表（或者在没有医务代表的情况下）转移给组委会指定的一名医生行使，该人员应穿戴明显的臂带、背心或类似的明显服装。

② 根据上述规则 4 被劝退赛的径赛或者竞走运动员，成绩单上应记录为 DNS 和 DNF。任何不遵守此项指令的运动员将被取消该比赛资格。

③ 根据上述规则 4 被劝退赛的田赛运动员，若尚未开始试跳（掷），成绩单上应记录为 DNS。但是如果已经试跳（掷），则相应成绩应保留并依此排名。任何不遵守此项指令的运动员将被取消继续参加该比赛的资格。

④ 根据上述规则 4 被劝退赛的全能运动员，若他尚未开始首个项目，成绩单上应记录为 DNS。任何不遵守此项指令的运动员将被取消继续参加该比赛的资格。

（5）对国际田联、其他管理机构和比赛组织者来讲，比赛中所有参赛人员的健康和安全要高度重视和优先考虑。由一名备受尊重和合格的拥有专业知识技能的人员担任医务代表是实施这些重要任务的关键，尤其是从医学角度考虑认为有必要的话，他（或者由他或组委会授权的）除其他职责外还有责任让运动员退出比赛。

（6）医务代表的权利适用于所有比赛。在医务代表（以及被授权行使其职责的)、技术代表和竞赛主任之间应建立可靠的通讯体系及程序，特别是关系到履行上述 3、4 的职责，这将直接影响参赛名单、成绩以及比赛的管理。

（四）反兴奋剂代表与职责

反兴奋剂代表应与组织者建立联系，以保证有足够的设施用于兴奋剂检查，应负责所有有关兴奋剂检查的事宜。

（五）国际技术官员与职责

（1）如果相关组织没有事先任命，技术代表应在已任命的国际技术官员中指定 1 人为国际技术官员组长。只要有可能，该组长必须与技术代表合作，为比赛日程中的每个项目指派至少 1 名国际技术官员。该国际技术官员应为指派项目的裁判长。

（2）在越野赛跑、公路跑赛、山地赛跑及野外赛跑中，如果指派了国际技术官员，他要给比赛组织者提供所有必要的支持。当所负责的项目进行时，指派人员必须始终在场，并确保比赛中的实施安全符合国际田联规则和适用的技术规程，以及技术代表所做的相关决定。该国际技术官员应为指派项目的裁判长。

（六）国际竞走裁判员（IRWJs）

被指派担任规则 1.1（a）中所有国际比赛的竞走裁判员，都必须是国际田联级的国际竞走裁判员（IRWJs）。举办其他国际比赛时，指派的竞走裁判员应是国际田联级或地区级的国际竞走裁判员。

（七）国际公路赛道丈量员

（1）举办国际的比赛，应任命国际公路赛道丈量员确认全部或部分在体育场外举行的公路项目的赛道。被任命的国际公路赛道丈量员，应是国际田联国际马拉松及长跑协会（AIMS）国际公路赛道丈量员小组的成员（A 级或 B 级）。

（2）应在比赛前的适当时间内丈量赛道。丈量员还应检查赛道，如他认为此赛道符合国际田联公路赛跑规则，则应给予认证。他还应确保遵守规则，以备世界纪录产生。

（3）他应与赛事组织者合作安排赛道，并监督比赛的进行，以确保运动员所跑的赛道是他丈量和批准的赛道。他还应将批准的证书提供给技术代表。

（八）国际发令员和国际终点摄像裁判员

所有在体育场内举办的国际比赛，将分别由国际田联、有关的地区联合会或主管部门指派国际发令员和国际终点摄像裁判员。技术代表指定的特定赛事应由国际发令员发令（及执行其他职责），并监控起跑信息系统的校检和操作。国际终点摄像裁判员将监控所有终点摄像裁判工作并担任终点摄像主裁判。

虽然在某些赛事中，国际终点摄像裁判员担任终点摄像主裁判、国际技术官员担任裁判长，然而对于国际发令员以及发令团队的其他成员来说，两者的职责仍有较清晰的分割。虽然国际发令员在其被分配的赛事中作为发令员担负其所有的权利及职责，但他在任何时候都无权凌驾于起点裁判长之上。

二、管理官员

（一）竞赛主任与职责

竞赛主任与技术代表合作共同计划比赛的技术组织，确保在相关场合完成这项计划并与技术代表共同解决所有技术问题。他应指挥竞赛工作人员之间的配合，并通过通信系统与所有主要的比赛官员保持联系。

（二）技术总管与职责

（1）技术总管在竞赛主任或赛事总管的领导下工作，但经验丰富的技术总管应大部分时间不受指导或监督就能行使自己的职权。他应随时可联系到。若裁判长或田赛项目主裁判发现比赛使用（或比赛即将开始）的场地需要进行修正或改善，必须向赛事总管报告并由其指示技术总管采取必要措施。如果裁判长认为需要变更比赛场地，也同样需经赛事总管并由其要求技术主管执行或尝试执行裁判长的要求。必须牢记的是，无论是风力还是风向变化都不足以成为变更比赛场地的理由。

（2）一旦竞赛主任或者国际比赛的技术代表批准了比赛使用的器械清单，技术总管应准备、购置并接收各种器械。对于技术总管，他及其团队必须仔细检查器械重量、尺寸，以及任何允许及提交的自备器械，确保符合规则。若产生世界纪录，他也必须确保以正确及快速的方式按照规则260.17（d）执行。

查看规则 260.17（d）

（3）技术总管负责确保以下 5 项规定和要求得到落实：

① 径赛项目的跑道与田赛项目的助跑道、投掷圈、投掷弧、扇形区、落地区，以及所有器材和器械符合国际田联的竞赛规则。

② 根据技术代表批准的比赛技术组织方案，放置和移除比赛器材和器械。

查看规则 187.2

③ 比赛场地的技术安排符合比赛技术组织方案。

④ 检查和标记任何按规则 187.2 允许在比赛中使用的自备器械。

⑤ 在比赛开始前，确认接收或存有符合规则的认证材料。

在基层比赛中，由设置的场地器材主裁判担任此项工作。

（三）赛事展示总管

（1）赛事展示总管与竞赛主任共同策划比赛项目的展示安排，必要时与组织代表和技术代表合作。

（2）赛事展示总管负责展示计划的具体实施，与竞赛主任和有关组织代表、技术代表一起解决任何相关问题。他还应指挥赛事展示团队成员的相互协作，并使用通信系统与团队每个人保持联系。

（3）赛事展示总管要确保通过宣告和其他可行技术，使公众获悉每个项目参赛运动员的信息，包括参赛运动员名单、中途成绩和最终成绩。收到信息后，应尽早发送每个项目的官方成绩（名次、时间、高度、远度、

查看规则
1.1（a）

得分）。

（4）在举行规则 1.1（a）的国际比赛时，国际田联应指派英语和法语宣告员。宣告员必须身处能够跟进赛事进程的地点，最好接近或者能够随时与竞赛主任或者指派的赛事展示总管进行沟通。

（5）赛事展示总管不仅要负责计划、领导并协调赛场内进行的所有活动的展示制作，还应将其融入给场内观众展示的节目中。他工作的终极目标是为观众呈现一场提供有用信息的、有趣的、生动的以及吸引人的节目。赛事展示总管负责协调场内外展示工作人员的活动，包括但不限于宣告员、文字显示屏及视频显示屏操作员、音频及视频技术人员以及颁奖仪式人员等。

三、竞赛官员

（一）竞赛官员类别与人数设置

竞赛官员一般包括以下人员：

（1）检录裁判长、径赛裁判长、田赛裁判长、全能裁判长、外场裁判长、录像裁判长。根据比赛规模和级别，安排 1 名（或多名）。

（2）径赛主裁判 1 人和足够数量的径赛裁判员。田赛主裁判每项 1 人和足够数量的田赛裁判员。场地竞走比赛主裁判每项 1 人和足够数量的助理，以及竞走裁判员 5 人。公路竞走比赛主裁判每项 1 人和足够数量的助理，以及竞走裁判员 8 人。必要时，可设其他竞走比赛官员，包括记录员、犯规显示牌操作员等。检查主裁判 1 人和足够数量的检查裁判员。计时主裁判 1 人和足够数量的计时员。终点摄像主裁判 1 人和足够数量的助理。感应计时主裁判 1 人和足够数量的助理。发令协调员 1 人和足够数量的发令员和召回发令员。助理发令员 1 人或多人。记圈主裁判 1 人和足够数量的记圈员。竞赛秘书 1 人和足够数量的助理。技术信息中心（TIC）总管 1 人和足够数量的助理。场地管理主裁判 1 人和足够数量的场地管理裁判。风速测量员多人。电子测量主裁判 1 人和足够数量的助理。检录主裁判 1 人和足够数量的检录裁判员。广告管理专员 1 人。为运动员、官员和媒体服务的人员多人。

（3）裁判长和主裁判应穿着或佩戴易于识别的服装或徽章。必要时可指派助理人员，但应尽可能减少场内的官员和其他人员。

（4）比赛应指派足够数量的官员以确保相应的职责正确及高效地履行，且需保证官员在单日长时间比赛期间或数日连续比赛中有足够的休息。但也需要注意不能指派太多官员，容易造成比赛区域混乱或被不必要人员妨碍。

（5）越来越多的比赛中，科学技术正“取代”场内官员的一些职责。因此指派官员时应考虑客观需要，合理地安排（技术）备份人员。在田径比赛中裁判长和竞赛官员有许多重要的职责，但最为重要的是他们需确保所有人员的安全。所有官员一旦进入比赛场地，应随时随地考虑安全问题，并在预见潜在危险情形时进行必要的干预以防止事故发生。确保安全至关重要，甚至比严格遵守比赛规则还重要得多。在极个别因素发生冲突的情形下，必须优先考虑安全。

（二）裁判长

（1）根据情况，应分别任命 1 名（或多名）检录、径赛、田赛、全能和外场（赛跑和竞走）裁判长。适当的时候，应任命 1 名（或多名）录像裁判长。应指定 1 名径赛裁判长作为起点裁判长监督发令工作。录像裁判长应在录像控制室内工作，并与其他项目裁判长保持联系和相互商议。

（2）如赛事有足够数量的官员且径赛项目指派有多个裁判长，则强烈建议其中一人担任起点裁判长。需明确的是，在此情况下起点裁判长应履行与起点相关的裁判长职权，且不需要向任何径赛裁判长报告或通过任何径赛裁判长开展工作。但是如果赛事仅有一名径赛裁判长，考虑到他的职权，强烈建议在所有起点发令工作期间的起点区域（至少在使用蹲踞式起跑的比赛中）监督可能会发生的问题，并做出解决问题的必要决定。如果没有使用国际田联认证的起跑信息系统，且如果起点裁判长没有时间在发令程序结束后到终点线监督（比如 100 米 100/110 米栏和 200 米比赛），并预见可能需要裁判长来决定名次时，可以指派发令协调员（应有作为发令员的丰富经验）同为起点裁判长。

（3）裁判长应确保规则和规程（和每个特定比赛的其他规程）得到执行，并裁决比赛中关于比赛行为的任何抗议和异议，处理发生于比赛期间（包括热身场地、检录处和赛后，直至颁奖仪式）以及规则（和有关技术规程）未做明文规定的任何问题。裁判长不能代替裁判员和检查员判罚，但是可以根据自己的观察与规则做出决定，而且可以否决裁判员的决定（此规则及适用的规程包括广告规程。当所有与颁奖仪式直接相关的活动，包括摄像、绕场庆祝、观众互动等全部完成，颁奖仪式才算结束）。

（4）裁判长没有必要在收到裁判员或者检查员的报告之后再做出取消比赛资格的决定。他可以随时根据自己的直接观察予以判罚。上述说明可以解释为包括所有关于或伴随颁奖仪式的事务，该项目的裁判长都要对此负责。当颁奖仪式在不同地点或者不同单元举行时，裁判长应运用常理执行，如果某裁判长对该场合管控不切实际的话，如有必要，应由另一名裁判长代替。

（5）仅当有关裁判员对名次有争议而无法判定时，径赛裁判长和外场裁判长有权判定比赛的名次。但是，他们无权管辖竞走主裁判职责范围内的有关事宜。

径赛裁判长如果不同意发令组做出的决定，他有权决定相关事宜，但是，使用了经国际田联认证的起跑信息系统并检测到明显的起跑犯规的情况除外，除非该裁判长有理由确定该起跑信息系统提供的信息明显不准确。

全能项目裁判长对全能项目比赛进程和全能项目中各单项比赛进程具有管辖权。

（6）裁判长应审核所有最终的比赛结果，处理任何有争议的问题，并与指定的电子测量主裁判共同监督对所有创纪录成绩的测量。在每项比赛结束后，应立即完成成绩记录单的填写，由相关裁判长签名（或其他认可形式），并传送给竞赛秘书。

（7）任何运动员在比赛中违反体育道德或有不当行为，依据相关规则的条款，裁判长有权予以警告或取消比赛资格。给予运动员警告，应向运动员出示黄牌；取消比赛资格，应出示红牌。这两种处分均应填入成绩记录单，并告知给竞赛秘书和其他裁判长。

在涉及纪律方面的问题时，检录裁判长的权限范围是从热身场地到比赛场地。在其他情况下，相关项目裁判长有权对参赛运动员在比赛中或在比赛后的行为给予判罚。

任何其他人员违反体育道德或者有不正当行为，或向运动员提供规则不允许的帮助，相关裁判长（在征得竞赛主任的意见后）可以警告或将其驱离比赛场地（或比赛相关区域，包括热身场地、检录处、教练员席）。裁判长在必要时，不需警告，可直接取消运动员比赛资格。如果条件允许，外场裁判长在取消运动员比赛资格之前应给予其警告。依此规则取消运动员比赛资格时，如果裁判长知道运动员已有 1 张黄牌，他在出示第 2 张黄牌后应紧接着出示红牌。如果给了某运动员 1 张黄牌，裁判长不知道他事先已有 1 张黄牌，一经发现，等同于和红牌一起出示的效果。相关的裁判长必须立即采取行动，通知该运动员或其代表队。

（8）以下就红黄牌的出示与记录给予六点指导：

① 红黄牌可以就纪律问题出示，也可以在运动员出现违反技术规则并足以被认为是违反体育道德的行为（例如在径赛中严重且明显故意的阻挡行为）时出示。

② 通常来讲，在出示红牌之前应出示黄牌，然而在极其恶劣违反体育道德或不当行为的情况下，可以直接出示红牌。值得注意的是，运动员都有向仲裁委员会上诉的权利。

③ 在有些情况下出示黄牌不实际或者不合理，而直接给予红牌，比如领跑。

④ 当裁判长出示黄牌后，该运动员随后以不当方式予以回应，从而造成可以直接出示红牌的情况。对于不当行为，并非必须发生在完全不同的时间。

⑤ 当裁判长得知当事运动员已经有过 1 张黄牌，并且打算出示一张红牌时，应首先出示一张黄牌然后再出示红牌。但如果裁判长没有出示第二张黄牌，也不会影响出示红牌的有效性。

⑥ 当裁判长不知道当事运动员已经有 1 张黄牌时，只出示了 1 张黄

牌，一旦他知情后应尽快采取合理的措施取消运动员比赛资格。通常，应由该裁判长直接告知运动员或通过其代表队告知。

（9）当有身体残疾的运动员根据规则参加比赛时，有关裁判长可以解释或者允许相关规则的不同形式（除规则 144.3）出现，从而让运动员参加比赛，只要这种规则的改变不给运动员提供任何相对于其他参赛运动员更有利的条件。如果这种决定引起争议或对这种改变有任何质疑，应提交至仲裁委员会。（此规则便于让有残疾的可行动运动员与健全运动员共同参加田径比赛。例如，手臂截肢运动员无法严格遵守规则在蹲踞式起跑中双手接触地面。此规则使起点裁判长可以解释有关规则并允许运动员将残肢置于地面，或者在起点线后放置木块或类似物体以便于残肢接触，或者在上臂截肢运动员残肢无法接触地面时，可采取非接触地面的起跑姿势起跑（此规则不代表允许视障运动员的领跑员参加比赛，除非有特别的比赛规程）。需要注意的是，此规则不允许在健全运动员比赛中使用视障领跑员，也不允许裁判长解释规则从而违反规则的相关内容——特别是使用技术或装置给予使用者有利条件，除非特定比赛规则特别允许。当残疾运动员与健全运动员在同一时间参加同一比赛，且规则不一致时，不管是因为规则有特别规定，还是裁判长无法按照规则进行充分解释，应单独记录这些运动员的成绩，或在成绩中明确标示出来。不管怎样，在报名、参赛名单及成绩中，为参赛的任何残疾运动员标示国际残奥会分类将非常有用。

（三）其他相关竞赛官员

1．主裁判

径赛主裁判和田赛各项目主裁判应协调本组裁判员的工作。当组织者未对裁判员分工时，主裁判要进行分工。

2．电子测量裁判员

（1）当使用电子、视频测距设备或者其他科学测量仪器时，应指派 1 名电子测量主裁判和 1 名或多名助理。

（2）在比赛开始前，他应与有关技术人员见面，熟悉器材设备。

（3）在各项目比赛开始前，他需根据制造商和器材校验实验室的技术要求，监督指导测量仪器的安放位置。

（4）为确保测量设备精确运行，各项目比赛前和比赛后，在裁判长的监控下，他将和裁判员一起，检测电子测量成绩及经过校准和验证的钢尺测量所得结果的一致性。检测后应出具一张一致性检测表，由所有参与测试的人员签名，并附在成绩单后面。

（5）在比赛中，他将继续全面负责测距仪的操作，并向田赛裁判长报告，证明该仪器的准确性。当使用电子或视频测距仪时，应像终点摄像或感应计时一样，指派一名主裁判负责。相对于电子测距仪测量，使用视频测距时，测量主裁判应在赛事中更为主动并直接上手操作。

（6）特别需要确保当值裁判员和视频判读裁判员之间的顺畅沟通，以保证每次测量能够精确，在远度跳跃项目中图像确认以后才能扫平落地点。

3．广告管理专员

广告管理专员（如任命）应监督并执行现行国际田联的有关广告规则和规程，并与检录裁判长共同决定发生在检录室内的任何没有解决或未尽的有关广告的事宜。

4．场地管理裁判

场地管理裁判对比赛场地有控制权，除有关工作人员和已被召集参赛的运动员，或其他有相应注册权限授权的人员外，不允许其他任何人员进入和停留在比赛场地。场地管理裁判的角色是在比赛即将开始或进行时规范比赛场地的人员进入。他主要依据竞赛主任的计划工作，更多的是直接从赛事总管接收指令行事。他相应地开展以下工作：

（1）管理控制运动员、官员以及场地志愿者、服务人员、注册的摄影及电视媒体人员进入场地。每场比赛的这些场内注册证件数量应事先批准，且所有上述人员应穿戴特殊的号码服装。

（2）管理控制运动员在完成其比赛以后离开比赛场地的通道（通常大型赛事是进入混合采访区和或赛后控制区）。

（3）始终确保观众及电视观看比赛场地的视线中尽可能的整洁。

（4）他直接向赛事总管负责，赛事总管如有需要可随时联系到场地管理裁判。

（5）为便于场地管理裁判及其团队工作，通常允许进入比赛场地的除运动员以外的人员应清晰穿戴特殊的号码、证件或者明显的服装。

规则 1.1（a）（b）、（c）、（f）、（g）

5．技术信息中心总管

举行规则 1.1（a）、（b）、（c）、（f）和（g）的比赛应设立一个技术信息中心（TIC），建议在其他超过 1 天的比赛中也设立技术信息中心。技术信息中心的主要功能是确保在每个代表队、组织者、技术代表和竞赛管理部门之间，有关技术和其他涉及比赛的信息顺畅交流。

有效管理的技术信息中心对举办一场高质量比赛至关重要。技术信息中心总管应熟悉掌握规则以及同等重要的特定比赛的特定规程。TIC 的运行时间应在比赛时间的基础上，加上赛前赛后的一定时间，以便于不同组织之间，特别是代表团以及组织者之间进行沟通。在通常情况下，尽管不是绝对的，大型赛事在运动员主要驻地会设有 TIC 的“分支机构”（有时叫作体育信息台，SID）。如果是这种情况，SID 和 TIC 之间必须沟通顺畅。

由于 TIC 和 SID 的运行时间可能较长，技术信息中心总管有必要配备若干助手，并安排他们轮班工作。虽然竞赛规则中规定了 TIC 的部分职责（以规则 132、146.3 和 146.7 为例），其他职责应在每个赛事规程以及赛事文件中明确，例如参赛队手册。

6．其他大会官员

宣告员（多人），统计员（多人），医生（多人）。

第三节　赛事总管

一、赛事总管

（一）任务

赛事总管应监督和检查所有裁判员的报到、就位和工作情况，有权撤换不遵守规则和大会纪律的裁判人员；与比赛场地指挥员配合，只允许经批准的人员停留在比赛场地。

（1）赛事总管直接对竞委会主任负责，是全体裁判员的最高领导者，具体组织领导全体裁判员公正、准确地执行田径竞赛规则和竞赛规程，掌握比赛进程，确保各项裁判任务的完成。

（2）赛事总管负责比赛的正确运行。他应根据岗位职责检查所有报到就位的裁判员，并指定必要的替补人员，在职责角度，他有权撤换不遵守规则的任何裁判员。与指定的比赛场地管理裁判配合，仅允许经批准的人员停留在比赛场地内。

（3）赛事总管应在竞赛主任的领导下，遵照技术代表的指导及决定，负责比赛场地内的所有事项。在体育场内，他必须身处能够看到所有事物的地方，并做出必要的命令。赛事总管必须有所有指派官员的完整名单，并可以高效地与其他总管、裁判长和主裁判进行沟通。

（4）在多日比赛尤其是部分裁判员可能无法执裁整个赛事的比赛中，应有后备官员可以在赛事总管认为必要时进行补位。即使所有赛事的官员就位，赛事总管还应确保所有官员正确履职，否则应进行替换。

（5）赛事总管应确保所有裁判员（及其协助人员）在其负责赛事结束后或者其后续工作结束后尽快离开场地。

（二）赛事总管人员设置

设赛事总管 1 名。

（三）赛事总管工作职责

1．赛前工作

（1）认真学习和研究竞赛规程、补充通知及其他相关文件，全面了解、熟悉场地器材和各种设备情况，制订尽可能详细的裁判工作计划，遇到问题，与主办和承办单位联系解决。及时向竞委会主任及技术代表请示和汇报有关工作情况，做好与仲裁组、技术官员等相关人员的联系。

（2）根据比赛的规模、规格和要求，在可能的情况下，向有关部门提供对主要裁判人员的要求和建议名单，并确定各裁判组及志愿者的人员数量和要求。

（3）了解各裁判长、主裁判的业务能力、实际工作水平、个性特点和工作方法，进行合理岗位分工，使之能人尽其才。在需要和可能的情况下，对裁判员岗位进行微调。

（4）掌握有关信息、材料和资料，在大会未设技术代表的情况下，指导竞赛秘书组的秩序册的编排工作。秩序册编排完成后，全面审核竞赛日程和竞赛分组情况，了解兼项冲突情况，如有必要，应提出修改的建议。

（5）组织裁判长、主裁判按规则要求严格和细致地检查场地、器材和设备，对器材和设备的不足部分向竞委会提出及时购置的要求，并对数量、规格和种类提出建议。

（6）组织和辅助裁判员的业务培训，统一裁判人员的执法尺度。审核各裁判组制定的工作细则，组织各裁判组现场实习，使每个裁判员明确岗位任务，熟练地掌握裁判方法及工作的活动范围和路线。通过联合实习，熟悉和协调组内及组间的工作流程。

（7）参加技术会议，宣布本次竞赛的有关规定，如检录时间和要求、自备器材的有关规定以及长距离比赛自备饮料的规定等，确定高度项目的起跳高度和升高计划。经过技术会议讨论决定后，作为大会正式的竞赛规定执行。

（8）适时安排裁判员、主裁判会议，听取赛前裁判工作情况汇报，及时解决存在的问题。

（9）做好对裁判队伍入场工作的指导。

2．赛中工作

（1）每单元比赛开始前，了解和掌握各裁判组裁判员的到场和就位情况，对个别未能及时到位的裁判员要了解原因，并根据实际情况及时做出人员的调整和补充。督促各裁判组准时组织比赛。

（2）赛事总管席位的设置应保证其能全面观察比赛情况。对容易出现问题的项目和地点，应多加注意或亲临现场，以便发生问题时能及时正确地处理。

（3）根据比赛规则处理竞赛中各种疑难问题和规则中未明文规定的任

何问题。在竞赛过程中如遇到裁判员之间意见不一致时，应及时了解情况，并根据实际情况和规则精神作出裁决。对有关运动员给予警告或取消比赛资格，并将此情况填入成绩记录卡。对比赛中提出的口头抗议或异议作出裁决。对提交仲裁委员会裁决的问题，应积极配合并如实提供情况，仲裁委员会作出的最后裁决应坚决执行。

（4）掌握各项竞赛进程，与现场指挥及时保持联系。在竞赛中如遇特殊情况（如极端天气等），比赛不能继续进行时，应与技术代表和竞委会负责人共同研究应急方案和善后工作预案。

（5）每单元或每天比赛结束后，应召开裁判长或主裁判会议，及时了解工作情况及存在的问题，提出解决的办法和应对措施。如遇特殊情况，可随时召开有关人员参加会议，研究并解决相关问题。

（6）与技术代表、技术官员保持密切联系，主动征求意见，以便进一步改进工作，提高裁判水平。

（7）督促、指导竞赛秘书组做好每日秩序册和成绩公报的编印工作。

（8）通过新闻媒体及时宣传报道比赛的有关情况。

3．赛后工作

（1）比赛结束后，宣布比赛成绩。

（2）审核各裁判长和裁判组工作小结，做好裁判工作总结。

（3）在有关证书、证明上签字。

（4）审定、督促、指导竞赛秘书组编印总成绩册并递交大会。

（5）做好善后工作，有关资料入档。

二、赛事总管助理

（一）人员设置

如果比赛超过 4 小时或者超过 1 天，建议配备足够数量的赛事总管助理。

（二）职责

（1）按照赛事总管的分工，协助赛事总管组织、领导裁判工作，保证裁判工作顺利进行。在工作上对赛事总管负责。国内比赛可根据比赛级别和工作需要，设置1～3名或更多的赛事总管助理分别分管径赛、田赛、场地等工作。

（2）在赛事总管缺席时，指定一名赛事总管助理代理赛事总管的职务，或受赛事总管的委托处理有关事宜。

（3）根据分工，领导赛前控制中心、赛后控制中心、径赛、田赛、外场、全能和场地器材组的工作，但不能取代裁判长的工作。

（4）检查各种通信设备情况。及时了解所分管各裁判组的情况，督促检查他们的工作。

（5）在比赛过程中，要深入比赛现场，及时发现问题，并与有关裁判长或主裁判研究解决问题的办法。尤其要抓好每一单元第一项的检录工作，保证比赛准时进行。在比赛中如遇重大问题不能解决时，应及时报请赛事总管研究解决。

（6）协调和维持比赛秩序，检查落实各比赛项目的安全措施。

（7）负责裁判组的生活安排。

第四节 裁判长

一、检录裁判长

（一）任务

领导检录组裁判员及志愿者，完成田径比赛的全部检录工作。根据竞赛规则中的有关条款，按照大会竞赛日程各项目的比赛时间及技术会议上讨论通过的有关各竞赛项目检录时间和检录要求的规定，对运动员做好各项检查工作。并严格按规定时间和规定路线，安全准时地将运动员带入比赛场地，交由该项目主裁判控制。处理发生于比赛期间有关检录方面的规则条款和竞赛规则中未明文规定的任何问题。与技术代表、径赛裁判长、发令协调员、竞赛秘书、现场指挥保持密切联系，保证检录工作顺利进行。

（二）人员设置与分工

设检录裁判长 1～2 人。

（三）工作方法与职责

1．赛前

（1）认真学习和研究竞赛规则、竞赛规程、补充通知等其他相关文件，制订详细工作计划和细则。

（2）熟悉竞赛场地周围的环境，确定最佳的检录地点。检录处地点的选择应方便运动员进行赛前准备活动并有利于裁判员工作，且考虑一定的应变措施（如遇雨天等情况应采取何种措施）。

（3）督促主裁判对检录组裁判员进行合理分工，审核主裁判制订的裁判组工作计划和细则、检录广播稿、各竞赛项目检录时间表及所需器材、设备清单，提出改进意见。

（4）组织裁判组学习竞赛规则、规程和裁判法，明确各裁判员的岗位职责、工作方法及流程、组内人员和组与组之间的配合方法。

（5）带领裁判组布置检录处，对所需器材、设备和物品进行逐一核实和落实，发现问题及时报请赛事总管协调解决。

（6）组织和领导裁判组进行现场实习，熟悉各种电子设备的使用，并参加赛前联调，根据实习和联调情况提出改进建议。

（7）向赛事总管提供有关检录工作的技术性资料。

2．赛中

（1）按大会规定时间到达检录处并检查检录组裁判员和志愿者的到达情况。如有裁判员缺席或迟到，应督促检录主裁判根据实际情况及时对裁判组分工进行微调或报请赛事总管协调补充人员。

（2）简要提示本单元工作要点、难点、注意事项。督促裁判员按分工迅速做好工作前的各项准备，再次检查各种检录仪器和设施及电子设备的连接和运行状况。

（3）与现场指挥和各有关裁判组配合，掌握好检录进程，确保按时开始、结束各项目的检录工作。

（4）按比赛规则要求对未能及时参加检录或缺席的运动员予以处罚，并在缺席运动员统计表上签名。

（5）在接力比赛中，审核有关代表队接力棒次更改或替换的申请。只有在有关运动员出现伤病时（由组委会指派的一名医生进行验证），才可改变以前申报的内容，但有关变动应在该接力队所在组的最后一次检录之前提出。已参加接力比赛的运动员，一经替换，不允许重新参加该项目后继赛次的比赛。如遇 4×100 米接力项目的检录时，只允许该队有二人作为替补队员参加后继赛次的比赛，替补队员应是已报名参加运动会的接力或其他项目比赛的运动员。

（6）对检录工作可能出现的问题，必须有解决突发事件的工作预案，做到心中有数，处理不乱。在检录过程中，检录裁判长必须全面掌握第一手资料，及时处理任何有关检录方面出现的问题。若发生有关运动员资格以及其他不能处理的问题时，应及时向技术代表、赛事总管报告。

（7）每一单元结束，要及时了解裁判组的工作情况，如发现问题及时提出解决办法。

3．赛后

（1）每一单元结束后督促裁判组进行工作小结，发现问题及时解决，保证后续比赛的检录工作顺利进行。

（2）督促归还各种器材和设备。

（3）全面了解裁判组工作情况，写出书面工作总结，上报赛事总管。

（四）工作重点与难点

（1）督促、检查检录裁判组的工作情况，保证各单元的检录工作顺利进行，确保比赛正常运转。

（2）协调好检录组与其他裁判组的工作配合，及时处理检录工作中出现的突发事件，保证比赛顺利进行。

（五）检录工作流程图（图 1-4-1）

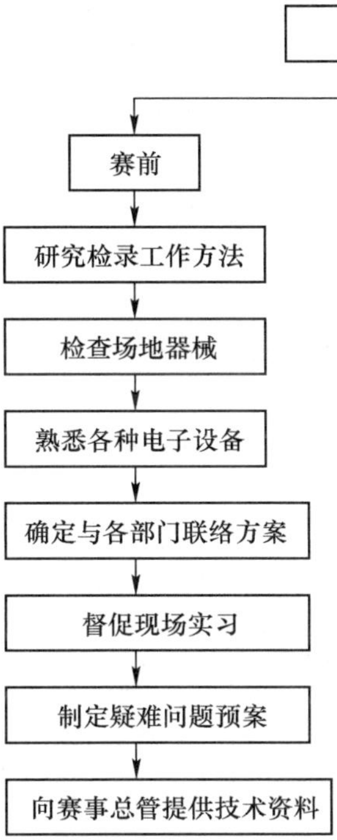

图 1-4-1　检录工作流程图

二、径赛裁判长

（一）任务

领导发令、终点摄影计时、手计时、记圈、检查、风速测量、赛后控制中心等各裁判组及有关径赛终端操作员，负责径赛裁判工作，保证规则和规程的各项规定得到执行，保证径赛项目比赛进程，处理发生于比赛期间的以及规则未作明文规定的任何问题。径赛裁判长对赛事总管负责。

（二）人员设置与分工

径赛裁判长通常设 3 人，其分工如下：

（1）径赛裁判长 A：分管发令工作。

（2）径赛裁判长 B：分管终点摄影计时、手计时、记圈、风速测量及径赛各裁判组终端操作员的工作，审核径赛成绩。

（3）径赛裁判长 C：分管检查、赛后控制中心。

（三）工作方法与职责

1. 赛前

（1）认真学习和研究竞赛规则、竞赛规程、补充通知等其他相关文件，制订详细工作计划和细则。

（2）召开径赛各主裁判会议，宣布裁判员学习和实习等工作计划。与主裁判一起研究确定各裁判组工作方法和相互间的协调配合方法。

（3）商定与赛事展示总管的联络方法，与检录裁判长协调落实运动员的交接方法和号码布、道次号（出发顺序号）的佩戴要求。

（4）审核径赛各裁判组主裁判制定的本组工作计划和细则，提出改进意见。

（5）组织径赛各裁判组学习竞赛规程、相关规则、补充通知等其他文件，明确各裁判员的分工和职责、工作方法及流程、组内人员和组与组之间的配合方法。

（6）带领径赛各裁判组按照各组主裁判事先制订的《所需器材设备用品清单》检查落实和熟悉场地器材、设备以及用具。督促径赛各组相关人员熟练掌握电子设备和其他各种设备的使用方法，并确保电子设备的正常运转。

（7）利用在场练习的运动员（或安排检查员模拟运动员），组织径赛各裁判组进行分组实习。按计划组织参加赛前联调，并根据实习和协调情况提出改进建议。

（8）向技术代表或赛事总管提供在技术会议上需宣布的有关径赛方面注意事项的书面报告。

（9）督促各裁判组做好应对比赛中可能发生的各种问题的应急预案，并提出建议。如雨天各种电子设备的操作，运动员道次号码布的丢失，器材设备的突发性损坏，电线电缆的维护等。

2．赛中

三名径赛裁判长赛中的工作分工如下。

（1）径赛裁判长 A（即起点裁判长，位于起点）

① 按大会规定时间到达本单元第一个比赛项目的起点，并检查发令组裁判员和志愿者到达情况，如有缺席或迟到，应立即调整分工或上报赛事总管协调补充。

② 督促发令组做好工作前的各项准备，再次检查发令器材设施及电子设备的连接和运行状况。

③ 监督发令工作。在不影响发令组正常工作的前提下，起点裁判长应选择适宜的位置以便能观察到发令的全过程。如在比赛中未使用起跑犯规监测仪，或确认起跑犯规监测仪所提供的信息不正确的情况下，他应当在发令问题上的意见和发令组不一致时，决定相关事宜，并在处理后做好记录和签名。

④ 处理抗议。当起点裁判长就起跑犯规运动员当场提出的口头抗议进行判罚时，应考虑所有可用数据，仅当运动员的抗议可能因某个合理的原因有效时，他应允许运动“在抗议下”参赛。比赛后，裁判长应作出最后决定，该决定可能会被提交到仲裁委员会。但要明确的是，若起跑犯规明显是由工作正常的起跑信息系统检测到的，或者明显观察到运动员起跑犯规了，且无有效理由支持抗议时，裁判长不应允许运动员“在抗议下”参赛。此规则不仅适用于发令员无法召回的起跑犯规的比赛，也适用于发令员未能正确地“中止”发令。在这两种情况下，裁判长必须考虑在特殊情况下的所有因素，并决定比赛（或者部分比赛）重新进行。（举两个极端情况的例子，对于马拉松比赛来说，某个已完成比赛的运动员对未能召回的抢跑负责，但重赛是不合理也是没必要的。然而，在短跑比赛中若运动员对未能召回的起跑犯规负责，可能就不是同样的情况，因为这可能已经影响到了其他运动员的起跑以及后续赛事。另一方面，例如在预赛轮次，或者在全能项目的径赛比赛中更是如此，当很明显只有一个或者部分运动员因未能召回起跑犯规的赛事或中止起跑而

处于不利地位，裁判长可以决定只有这部分运动员进行重赛，以及在什么样的条件下重赛。）

（2）径赛裁判长 B（位于终点）

① 每单元比赛开始前，按照大会规定的时间、地点和事先的分工，检查所负责的径赛各裁判组裁判员出勤情况。简要提示各裁判组本单元工作要点、难点和注意事项。与现场指挥中心联系，准备进场。

② 裁判员进场后，敦促各裁判组做好各项赛前准备工作，保证比赛按时开始。再次检查电子设备的连接和运行状况，监督发令组与终点摄影组完成赛前零测试。检查各种器材、设施的摆放是否正确。每项（组）径赛项目比赛开始前 4 分钟，检查径赛各裁判组是否准备就绪。如某裁判组发生意外情况，不能按规定时间进行比赛时，径赛裁判长应速将情况报告赛事总管和现场指挥中心，协同场地器材等相关部门，迅速解决。

③ 比赛开始后，与检录处和现场指挥中心配合，掌握比赛进程。

④ 使用手计时，如遇运动员成绩超纪录，应对相关秒表和成绩进行检查确认并签字。

⑤ 在进行中长距离跑项目比赛时，要加强对记圈员工作的检查和指导。安排好起终点设在田径比赛场地的马拉松和竞走比赛的外场径赛工作。

⑥ 领导径赛风速测量员，按规则规定做好风速测量工作。

⑦ 处理有争议的问题。当有关裁判员对运动员的比赛名次有争议而不能判定时，有权判定比赛名次。

⑧ 每组比赛结束后，径赛裁判长应审核成绩和终点名次表及记圈表，无误后签名，并递交技术官员审核签名。如有犯规和违例情况，应缓送该组成绩，等候场内径赛裁判长核实处理后，将处理决定记入相应的成绩单上，然后公布该组正式成绩。

（3）径赛裁判长 C（位于场内）

① 每单元比赛开始前，按照大会规定的时间和地点，对检查组和赛后控制中心裁判员的出勤情况进行检查。简要提示本单元工作要点、难点

和注意事项。与赛事展示总管联系，组织裁判员集体进场。

② 裁判员进场后，敦促裁判员就位，做好各项赛前准备工作，保证比赛正常开始和进程。检查各种器材、设施的安放是否正确。在跨栏比赛时，要着重检查栏架摆放的位置、栏高、栏距是否正确。

③ 当发现运动员犯规时，应及时通告径赛裁判长，该组成绩缓送，并亲临犯规现场，核实犯规或违例情况，并按比赛规则作出处理决定，在检查员报告表上审核签名。

④ 当收到运动员本人或其代表的口头抗议时，首先应向当事裁判了解情况，并应考虑取得必要的证据，如正式仲裁录像拍摄的实时情况等，并据此作出裁决。如不能作出裁决时，应立即报告赛事总管，由赛事总管作出裁决。

⑤ 在比赛中有权对有不正当行为的运动员提出警告或取消其比赛资格。在给予运动员警告时，应向运动员出示黄牌；取消其比赛资格时，应出示红牌。这两种处分均填入成绩记录卡。

⑥ 对比赛中因他人影响而受损伤的运动员，可令其参加另一组比赛或下一赛次的比赛。

⑦ 如果认为某项比赛或某项比赛的任何部分应予重赛方为公允时，有权宣布该项比赛无效，并作出在当日或另行安排时间重新比赛的决定，同时通报竞赛秘书组，以便统筹安排。

3．赛后

（1）领导督促各裁判组认真总结，分析问题。

（2）汇总各组总结，写出径赛裁判工作总结，并上报赛事总管。

（3）督促各裁判组做好离会的善后工作。如归还各种用品、器材及服装、袖章等。

（四）工作重点与难点

（1）督促、检查径赛各裁判组的工作，保证比赛准时开始与正常进行。

（2）保证规则和规程的各项规定得到正确执行，处理发生于运动会期间以及规则未作明文规定的任何问题。

（五）径赛裁判长工作流程图（图 1-4-2）

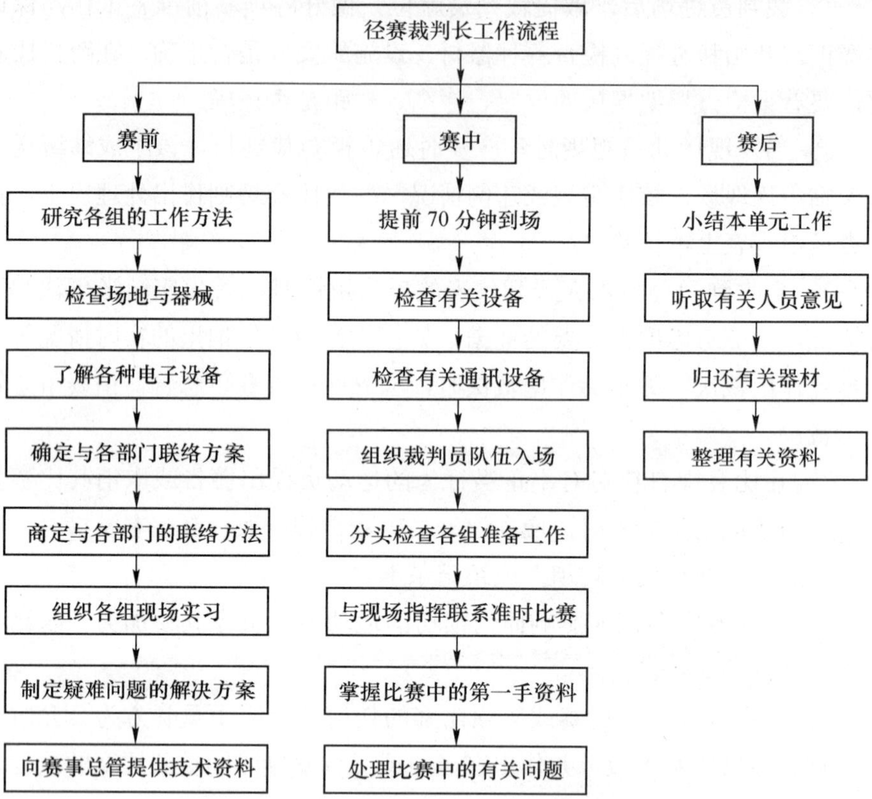

图 1-4-2 径赛裁判长工作流程图

三、田赛裁判长

（一）任务

领导田赛各项目主裁判和全体裁判员完成田赛项目的裁判工作。掌握田赛项目比赛进程，保证规则和规程的贯彻执行，处理发生于比赛期间的以及规则未作明文规定的任何问题。田赛裁判长对赛事总管负责。

（二）人员设置与分工

根据裁判工作需要，通常设田赛裁判长 3～4 人，分别主管高度跳跃（含跳高和撑竿跳高）项目、远度跳跃（含跳远、三级跳远）项目、投掷项目。

（三）工作方法与职责

1．赛前工作

（1）认真学习和研究竞赛规则、竞赛规程、补充通知等其他相关文件，制定详细工作计划和细则。

（2）召开田赛各主裁判会议，宣布裁判员学习和实习等工作计划。与主裁判一起研究确定各裁判组的工作方法及流程。要求田赛各组根据每单元比赛项目的场地位置，拟定裁判员、运动员进退场最佳路线。

（3）与现场指挥中心商定相互的联络方法，与赛前、赛后控制中心协调落实运动员和参赛证件的交接方法。加强与场地器材、竞赛秘书组及全能裁判组的联系与沟通。

（4）审核田赛各主裁判制定的本组工作计划、比赛场地布置、工作岗位定位图，并提出改进意见。

（5）组织田赛各裁判组学习，明确各裁判员的分工和职责及工作流程。解答裁判员提出的问题，统一对规则有关条款的理解。

（6）带领各裁判组按照各组主裁判事先制订的《所需器材设备用品清单》检查落实场地器材、设备和用具。督促相关人员熟练掌握电子设备和其他各种设备的使用方法，并确保电子设备的正常运转。检查并落实各裁判组的安全措施，尤其是要确保投掷项目比赛的安全。

（7）利用在场练习的运动员，组织各裁判组进行分组实习，并根据实习情况提出改进建议。

（8）根据报名成绩、运动员技术等级标准、大会纪录、比赛时间等方面的情况，初步拟定跳跃高度项目比赛的起跳高度和升高计划，并向技术代表或赛事总管提供田赛项目比赛在技术会议上应宣布事项的书面材料。

（9）督促各裁判组做好应对比赛中可能发生的各种问题的应急预案，

并提出建议。

2．赛中工作

（1）在每单元比赛开始前 1 小时，检查分管裁判组的就位情况和田赛场地器材的布置及电子设备的连接与运行情况，提示工作要点，确保比赛按时开始。

（2）按照事先的分工，各田赛裁判长监督分管项目的比赛，掌握比赛进程，了解比赛情况，保证规则的贯彻执行。解决比赛中出现的问题，如遇特殊情况不能解决时，要及时报请赛事总管决定。

（3）监督电子丈量员对丈量设备在赛前和赛后的零点校准工作，并在报告文件上签名。

（4）检查和监督所有有关的比赛成绩，处理任何有争议的问题。在没有（电子）测量裁判员时，监督创纪录的成绩测量。在高度项目比赛中，监督和检查超或创纪录高度的丈量，如运动员试跳成功，应再次丈量核对横竿的高度。在进行远度项目比赛时，如遇超或创纪录应及时检查现场与核对成绩。

（5）对在比赛中有不正当行为的运动员（如提供或接受帮助，无故延误比赛时间等），应根据具体情况对运动员提出警告或作出取消比赛资格的处罚。

（6）当收到运动员本人或其代表的口头抗议时，首先要向有关裁判员了解情况，尽量取得必要的证据，然后根据规则精神作出公正的裁决。如不能解决时，应立即报请赛事总管裁决。

（7）每项比赛结束后，应及时审核成绩与名次，无误后签字，交技术官员审核签名后送交竞赛秘书组。

3．赛后工作

（1）每单元比赛结束后，应参加分管裁判组的单元小结，解决存在问题，提出改进意见。田赛裁判长之间可根据需要及时切磋、沟通比赛中还应注意的问题，每天比赛后向赛事总管汇报当日比赛的简况。

（2）全部比赛结束后，领导各裁判组认真进行总结，写出田赛裁判工作的书面总结，交赛事总管阅处。

（3）督促各主裁判办清各种手续，做好离会的善后工作。

（四）工作重点与难点

（1）审核各组主裁判制定的裁判工作方法和工作细则，切实抓好田赛各裁判组的赛前学习、实习工作。赛前落实田赛各组与激光测距、计算机终端联调，保证激光测距、计算机终端与田赛各组裁判员在比赛中的协调配合。

（2）裁判长应保证竞赛规则在比赛中得到执行，处理发生于比赛期间以及规则未作明文规定的任何问题。

（3）加强田赛裁判员等人员的安全意识，与比赛场地管理人员及有关部门协调配合，确保比赛顺利进行。

（五）田赛裁判长工作流程图（图 1-4-3）

四、全能裁判长

（一）任务

领导全能裁判员严格执行竞赛规则、竞赛规程，加强与有关裁判组的联系和协调，确保全能比赛的顺利进行。

（二）人员设置、分工与职责

1．人员设置

全能裁判长一般设 2 人，裁判长 A 负责男子十项全能裁判工作，裁判长 B 负责女子七项全能裁判工作。

2．职责

（1）领导全能裁判组工作，负责裁判员的分工、学习和实习，比赛中检查各单项成绩得分、累积分与比赛名次的正确统计，保证全能比赛顺利进行。

（2）与有关裁判组保持联系，保证全能比赛项目的有关规定和规则得以贯彻执行。

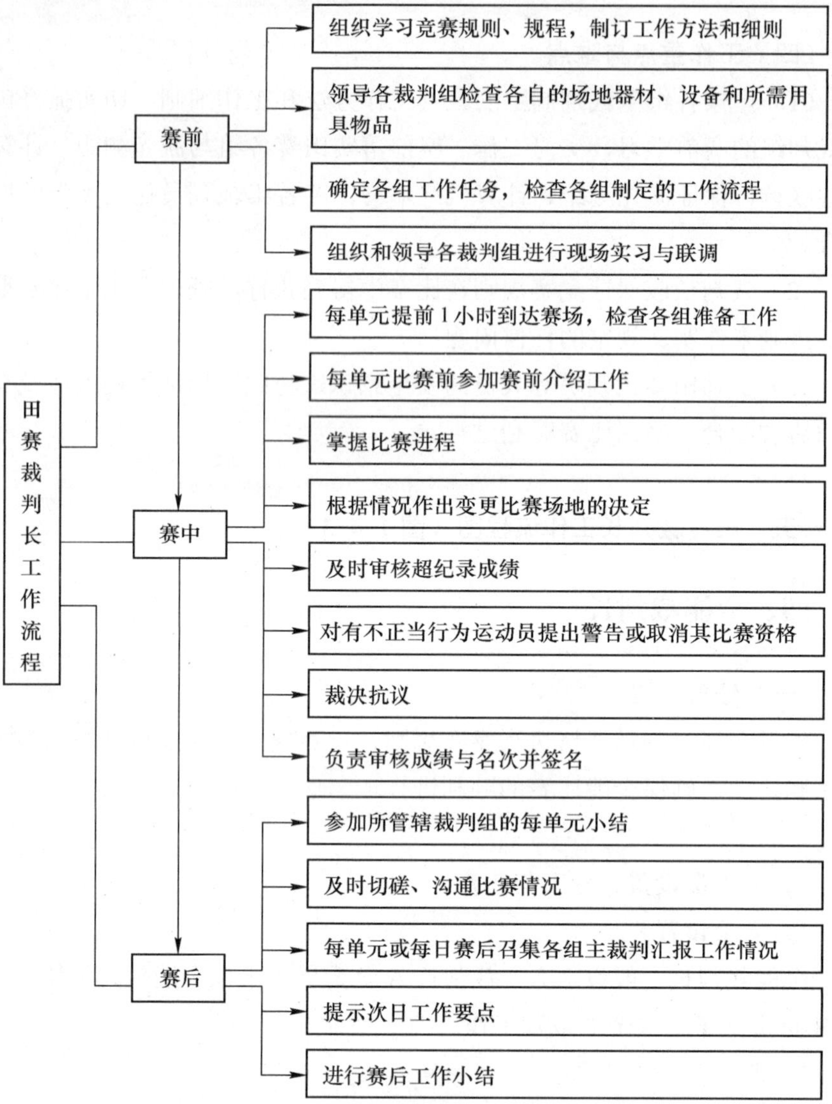

图 1-4-3　田赛裁判长工作流程图

（3）如有运动员因故临场放弃比赛，应及时通知有关裁判组。

（三）工作方法

1．赛前

（1）认真学习竞赛规则、竞赛规程、补充通知等其他相关文件，了解全能比赛的组别、项目、竞赛日程、参加人数与录取名次等。研究工作方法和工作程序，制订详细的全能工作计划和细则，拟定全能比赛所需器材、物品清单。

（2）与各有关裁判组商定联系与配合的方案，与竞赛秘书组联系确定需用表格的格式、填写方法等；与检录处商定每天第一项的检录事宜。

（3）拟定提交技术代表的全能项目中的跳高与撑竿跳高的起跳高度建议。

（4）根据大会及赛事总管的安排，认真组织裁判员学习和现场实习。明确各全能裁判员的分工和岗位职责。各全能裁判员应熟练掌握全能比赛工作方法、工作流程及与有关裁判组的协调与配合方法。

（5）明确全能比赛各单项的比赛时间、比赛地点、进退路线及场内的工作位置。和管理裁判员一起制定各单项的检录时间，并在检录处和运动员休息室粘贴公布。

（6）对照清单，落实所需器材和物品。指导成绩统计裁判员绘制全能成绩记录表，检查落实全能运动员比赛时的休息地点，布置全能运动员休息室。

2．赛中

（1）带领全能裁判组在每单元全能比赛第一项检录前1小时到达全能运动员休息室，做好全能裁判的准备工作，督促裁判员根据不同项目的检录时间准时到达检录处协助检录。

（2）根据不同项目的进场时间，督促管理裁判员带领运动员整队进场，到达比赛场地后将运动员交有关项目裁判组的主裁判。

（3）运动员进场后，带领全体裁判员及时到达既定的工作地点，径赛在赛后控制中心门口，田赛在运动员休息处附近，并协助做好运动员管理工作。

（4）提醒有关裁判组，按照全能比赛的有关规则组织比赛。每个单项比赛结束后，督促成绩统计裁判员快速准确地对运动员各单项成绩得分和累积分进行统计，并审核统计结果，无误后在下一项比赛检录前宣布，并填写在张贴于休息室的全能成绩记录表上。注意经常与竞赛秘书组进行核对，防止出错。

（5）保证运动员在各个单项比赛之间的休息时间不少于 30 分钟。如有运动员因故临场弃权，或项目之间休息时间不足30分钟，应及时与竞赛秘书组联系，进行必要的调整。

（6）全能最后一项比赛，应将倒数第二项比赛后累计分领先的运动员分在一组，并及时与技术代表和竞赛秘书组联系，由技术代表或其指定的技术官员抽签排定组次和道次（或出发顺序）。

（7）全能项目比赛结束后，认真核对所有的成绩、得分和累积分、名次，并与竞赛秘书组核对，无误后签字，送交竞赛秘书组、赛后控制中心各一份。

3．赛后

（1）每单元比赛结束后及时小结，全部比赛结束后进行全组工作总结，写出书面材料交赛事总管。

（2）归还所有裁判用具，理清各种手续。

（四）工作重点与难点

（1）协助做好各项目比赛的检录工作，按时将运动员带至比赛场地。

（2）认真核对每名运动员的单项成绩得分、累积分和名次。

（3）合理控制好后续项目比赛运动员的准备活动时间。

（4）及时做好最后一项比赛的抽签分组工作。

（五）全能裁判长工作流程图（图 1-4-4）

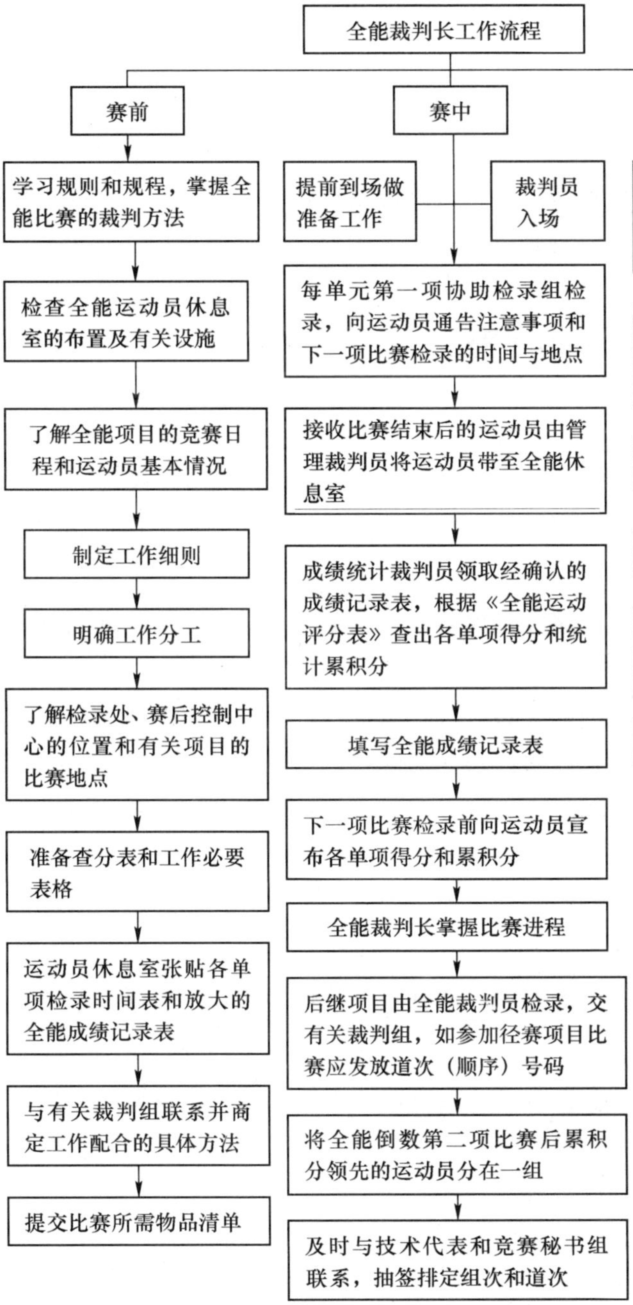

图 1-4-4 全能裁判长工作流程图

五、外场裁判长

（一）任务

外场裁判长的工作任务是考虑公路比赛项目的特点，认真组织、精心安排各项工作，保证有关规则得以执行，确保比赛顺利进行。

（二）人员设置、分工与职责

1．人员设置

（1）外场裁判长 2 人。

（2）竞走裁判员 9 名，其中 1 名竞走主裁判，8 名竞走裁判员。

（3）其他裁判员由赛事总管根据比赛的需要从内场裁判员中调配。

2．职责

（1）领导马拉松、公路竞走比赛的有关裁判员学习，组织和实施外场比赛项目的全部裁判工作。

（2）协调好与各方面的关系：包括与场内有关裁判组的协调和配合；与公安交管部门的协调和联络；与场地器材组的协调和联系等。

（3）保证比赛符合田径竞赛规则和竞赛规程的有关规定和要求。

（4）详细制订和策划比赛预案和组织流程。

（5）通晓比赛全过程的裁判工作，做到分工明确，要求各小组制订工作细则和具体要求。

（6）处理主裁判提出的问题。遇到重大事项与难题，应向赛事总管报告解决。

（7）组织主裁判和有关裁判员检查比赛路线上的各项设施、器材用具的准备情况，了解路面状况，复核比赛距离。

（8）协调场内、外场裁判员各环节的工作。

（9）检查运动员比赛的成绩。

（10）做好赛后总结工作。

（三）工作方法

1. 赛前

（1）参加赛事总管召集的裁判长、主裁判会议，熟悉竞赛规程、项目设置、运动员水平、场地器材准备、裁判员组成和水平等情况。

（2）与赛事总管协商后，安排专门的时间组织参加外场裁判工作的裁判员认真学习田径竞赛规则的有关规定和裁判方法。

（3）组织有关裁判员勘察、复核路线，了解线路周围工作环境并进行现场实习，熟悉裁判器材性能。

（4）周密考虑比赛中可能出现的情况，明确应变措施和应急方案。

（5）及时向全体裁判员传达技术会议有关外场比赛的要求和规定。

（6）核查、落实比赛路线重点通讯联络设施，保证比赛时通讯联络畅通无阻。

（7）准备雨天的应急方案，做到雨天裁判工作有序和顺利进行。

（8）督促做好赛前运动员自备饮料的检查和保管工作。

2. 赛中

（1）领导各裁判组做好赛前的各项准备工作。

（2）保证比赛按日程规定时间准时开始。掌握比赛进程，保证与各裁判组的联系畅通。

（3）发现运动员犯规后，应根据检查员、检查主裁判送交的检查报告表，迅速核实犯规情况，公正、谨慎地做出处理决定。

（4）当收到运动员本人或其代表的口头抗议后，应立即按规则有关条款提出处理意见。

（5）检查成绩表，无误后签字，送竞赛秘书组。

3. 赛后

（1）检查各裁判组返回和归还器材的情况。

（2）裁判组进行工作小结，并写出书面报告交赛事总管。

（四）工作重点与难点

（1）如果比赛与内场比赛同时进行，需要对该单元裁判工作合力分配，径赛的相应器材设备应保证（主要是终点、检查裁判员及终点摄影计时），在内场和公路同时比赛的情况下，确保比赛顺利进行而不出现差错。

（2）马拉松、竞走比赛在外场进行，获奖运动员的颁奖仪式和兴奋剂检测在体育场内进行，必须协调有关时间，对运动员进行赛后控制，使整个比赛有序进行。

（3）由于比赛在公路上进行，必须与公安、交管部门进行协调，提供对部分交通进行封闭的设备和器械，确保比赛道路的畅通和安全。

（4）比赛中要随时与田径场有关裁判组保持联系和沟通，确保相互之间的衔接和协调。

（5）由于公路比赛时间长，必须设置足够的移动厕所，需要与相关部门协调解决。

（6）比赛所经过的路线必须封闭，需要铁栅栏或警用标志带等物品，应与公安等有关部门联系解决。

（7）公路的环行隔离墩用交通标志和花卉组成，需要的数量比较多，必须与交通部门和园林部门协调解决。

六、录像裁判长

（一）任务

（1）录像组在赛事总管的领导下进行工作。

（2）录像联网一并通过大屏幕播放各项比赛情况，便于观众全面观看各项比赛。

（3）录像记录供研究判罚犯规使用。

（二）人员设置、分工与职责

（1）根据规则规定，任何比赛都应指派一名录像裁判长。可根据比赛层次和规模等设 1 名或多名录像裁判长。

（2）举办规则 1.1（a）、（b）和（c）的比赛，如有可能，也在其他比赛中，使用大会正式摄像机拍摄所有项目的比赛，以满足技术代表的要求。

影像录像也应足以帮助录像裁判长履行其职责，还能查看成绩的准确性和是否有任何犯规情况。

（3）应有充足的视频采集以及回放系统，这将对赛事许多方面的实际监督起到至关重要的作用。

（4）录像裁判长在径赛项目比赛中通常能够主动执裁（例如起跑、在弯道内侧跑进、冲撞和阻挡、提前切道、接力赛交接棒）。如果有足够的摄像机和设备在田赛项目中发挥类似作用，他也可以扮演类似的角色，但通常多为被动的方式，即当场裁判长要求对特殊事件进一步审查和判断时。

（5）在径赛项目中，录像裁判长在录像室通过一个或多个屏幕观察比赛，然后基于其观察或者来自场地裁判长或检查主裁判的问询，对一个或多个特殊事件进行回放检查。如果很明显看到了违反规则的情况，他应做出相应的决定并传达给径赛裁判长以及终点摄像主裁判。如果检查裁判员或者跑道边的裁判长报告了可能的违规情况，录像裁判长应进行检查并提供相应的建议与做出相应的决定。

（6）官方录像将协助解决抗议和申诉。

（7）根据需要选派足够数量的录像裁判员。

（三）工作方法

（1）国际大型田径比赛的径赛项目比赛时，应在田径场跑道外四角录像。根据对外播放的需要，可以架设在升降架上，分段录下比赛情况。另外根据需要可设置定点录像和空中录像，全面录下现场比赛情况。在田赛项目比赛时，每项比赛都应设有现场录像，录下每名运动员的比赛情况。

（2）将各项比赛的录像进行联网，根据需要，通过录像总控制室，选择镜头向外播放。

（3）国内全国性田径比赛，如果没有条件进行录像联网，也必须设置仲裁录像，供裁判长或仲裁研究判罚犯规使用。

（4）比赛结束后，将录像资料与相关文字记录交主办单位存档，此外，在录像组主裁判的主持下，认真进行工作总结，并对以后录像工作提出改进意见或建议，并上交赛事总管。

第五节 田径比赛常用通则

一、年龄和性别分组

（一）年龄分组

（1）适用本规则的比赛可分为以下年龄组：18 岁以下（U18）男子和女子组：凡在比赛当年 12 月 31 日前满 16 或 17 周岁者。20 岁以下（U20）男子和女子组：凡在比赛当年 12 月 31 日前满 18 或 19 周岁者。老将男子和女子组：年满 35 周岁者。

（2）如果运动员属于相应的年龄分组，他就有资格参加本规则规定的该年龄组的比赛。运动员必须提供能证明他年龄的材料，如竞赛规程所规定的有效护照或者其他形式的证据。如果运动员不能或拒绝提供这些证明材料，他就没有资格参加比赛。且应当注明是否允许更年轻的运动员可以参赛。

（二）性别分组

使用本规则的比赛分为男子组、女子组和混同组。当男女混合的外场比赛或根据规则第 147 条规定设定的限制性比赛，男、女比赛的成绩要分别公布或进行标注。当举行混同组项目或比赛时，只公布单一分组的成绩。混同比赛包括了男女共同参赛且不区分成绩类别的项目，男女共同组成接力队或代表队。如果他在法律上被认为是男性，并且符合规则和规程，则有资格参加男子组（或混同组）比赛。如果她在法律上被认为是女性，并且符合规则和规程，则有资格参加女子组（或混同组）比赛。

二、兼项、放弃比赛和检录未到

（一）兼项

如果一名运动员报名的 1 项径赛和 1 项田赛或多项田赛同时进行，相关裁判长每次可以允许该运动员在某一轮的比赛中，或在跳高和撑竿跳高的每次试跳中，以不同于赛前抽签排定的顺序进行试跳（掷）。如果该运动员在随后轮到其试跳（掷）时未到，一旦该次试跳（掷）的时限已过，将视其该次试跳（掷）为免跳（掷）。规则明确了不允许运动员因为与其他项目冲突而变更最后一轮比赛的顺序（不管总共多少轮次）。如果运动员在最后一轮比赛中未能出现且未事先告知将免跳（掷），从其试跳（掷）的时间开始计时后，若在时限内未能返回，则被记录为免跳（掷）。在田赛项目比赛中，相关裁判长不得允许运动员在比赛的最后轮次中变更试跳（掷）的顺序，但在之前比赛的任何轮次，允许运动员变更比赛顺序。在全能比赛中，任何比赛轮次都允许变更顺序。

（二）放弃比赛

如发生下列情况，有关运动员将被取消参加本次比赛所有后续项目（包括其参赛的其他兼项项目），包括接力比赛的参赛资格：

（1）经过最后确认，某运动员将参加某项目比赛，但后来没有参加此项目比赛（应提前公布固定的最后确认参赛时间）。

（2）运动员在某项目的任何资格赛轮次中获得了后续比赛的参赛资格，但后来没有继续参加比赛。

（3）运动员未能真诚努力地参赛。相关裁判长将就此做出判定，并必须在正式比赛成绩上做出注释。（该款规则的情况不适用于全能比赛中的各单项比赛。）

由根据规则第 113 条指派的医务代表对运动员进行医疗检查后，或者如果没有指定的医务代表则由组委会指定的医疗官员代替，他们签发的医疗证明，可作为接受该运动员在最后确认结束后或者在上一轮比赛后不能继续参加比赛的充分理由，但其可以参加以后几天的比赛（全能项目的单项除外）。其他合理理由（例如，不是运动员自身的原因，而是官方交通系统的问题）经确认后，也可被技术代表接受（相关裁判长在得知此类情况后，若运动员放弃比赛之前没有真诚努力地参赛，裁判长必须在相应成绩单上注明“DNF 规则 142.4（c）”。不管是在裁判长做出此类决定的过程中，还是仲裁委员会在事后审议此判罚决定，都应考虑由运动员本人或其代表做出的退赛或者放弃比赛的理由。本规则规定，若为医疗原因，应完全按照规定的程序执行）。

（三）检录未到

根据规则规定，检录未到可能会导致追加处罚，除以下情况外，如果在公布的检录时间表规定的检录时间内，某运动员不到检录现场，将被取消该项目的参赛资格。成绩单中记录为 DNS。相关裁判长将对此做出判定（包括没有立即进行判定时，运动员是否可以"在抗议下"参加比赛），并在官方的成绩单上进行注释。

正当理由（例如，不受运动员自身行为支配的因素，如官方的交通系统问题或公布的检录时间表错误等）经确认后，可能被裁判长所接受，运动员可以参赛。

三、服装、鞋和号码布

（1）各项目参赛运动员必须穿着干净的服装，其设计式样和穿着方式应无碍观瞻。服装的材料浸湿时不得透明。运动员不得穿着有碍于裁判员观察的服装。运动员的比赛上衣前后颜色应一致。运动员在参加规则 1.1（a）、（b）、（c）、（d）和（g）的比赛，以及代表本国参加规则 1.1（d）和（h）的比赛时，应穿着本国主管部门正式批准的统一服装。中立运动员在参加规则 1.1（a）、（b）、（c）、（f）和（g）的比赛时，应穿着由国际田联批准的统一服装。颁奖仪式和运动员获胜后的绕场庆祝均被视为比赛的一部分，也应执行本规则的规定。相关管理机构可以在比赛规程中强制性规定，运动员比赛上衣前后颜色一致。

（2）运动员可以赤脚、单脚或双脚穿鞋参加比赛。穿鞋比赛的目的是为了使双脚得到保护和稳定并牢固地抓住地面。不得使鞋的构造为运动员提供任何不公平的帮助和有利条件。本着田径运动广泛参与的精神，运动员使用的各类比赛用鞋，所有人都应该能够通过合理渠道获得。根据运动员脚部特点而制作的鞋，只要不违反相关规则的基本原则，也是允许的。

（3）每只鞋鞋掌和鞋跟的构造至多可安装 11 枚鞋钉。任何不超过 11 枚鞋钉的运动鞋均可使用，但鞋钉钉座不得超过 11 个。

（4）除跳高与标枪投掷的鞋钉在鞋掌或鞋跟的突出部分的长度不得超过 12 毫米外，其他项目鞋钉在鞋掌或鞋跟外突出部分的长度不得超过 9 毫米。鞋钉长度靠近鞋钉钉尖一半处，能插在边长为 4 毫米的正方形标尺内。如果跑道制造商或运动场经营者要求更小的尺寸，本规则仍适用（跑道面层必须适合于本规则所能接受的鞋钉尺寸）。

（5）鞋掌和（或）鞋跟可有沟、脊、花纹和突起，但这些部分均应采用与鞋掌底部相同或类似的材料制成。跳高和跳远比赛鞋的鞋掌最大厚度为 13 毫米，跳高的比赛鞋鞋跟最大厚度为 19 毫米。其他项目比赛鞋的鞋掌和（或）鞋跟的厚度不限（测量鞋掌和鞋跟厚度需从鞋内最高处量至鞋外底部的最低处，还要包括上述构造因素和各种形式的鞋垫）。

（6）运动员不得在鞋内或鞋外使用任何装置，使鞋掌超过允许的最大厚度，或使穿着者获得任何穿着规范用鞋得不到的利益。

（7）应为每名运动员提供 2 块号码布，比赛中，将其分别佩戴在胸前和后背的显著位置，跳跃项目比赛除外，跳跃项目运动员可在胸前或背后只佩戴一块号码布。允许运动员的姓名或者其他适宜的身份识别取代数字号码印在任一或所有号码布上。如果使用数字号码，运动员的号码必须与检录单或秩序册中的号码一致。如在比赛时穿着训练服，则必须按相同的规定佩戴号码布。号码布必须依其原样佩戴，不得以任何形式剪裁、折叠或遮挡。在长距离项目中，可在号码布上打孔以利于空气流动，但不得在号码布的文字或数字上穿孔。凡采用终点摄像装置，组委会可以要求运动员在短裤或者下肢的侧面佩戴胶带式附加号码识别。不按规定佩戴号码布和（或）身份识别者不得参加比赛。如果运动员以任何形式不遵守此规则，比如：（a）拒绝服从相关裁判长指示；（b）参加了比赛。他将被取消比赛资格。

四、对运动员提供帮助

（1）可在比赛区域对运动员进行必要的医学检查、治疗和（或）物理治疗，以使运动员能够参加或继续参加比赛。此类医学检查、治疗和（或）物理治疗由组委会指定的佩戴袖标、穿背心或身着其他明显服装的医务工作者在比赛区域内进行，也可由注册随队医务人员经医务代表或技术代表的特批，在比赛区域外的医务治疗区内进行。但两种情况都不得延误比赛的进程或该运动员既定的试跳（掷）顺序。一旦运动员离开检录处，无论是在比赛进行中，还是在比赛开始前，其他任何人对运动员进行此类护理或治疗，均被认为是对运动员提供帮助。（这里所述的比赛区域被定义为进行比赛的场地，这样的区域通常设有实质性隔离带，仅供参赛运动员与根据相关规则和规定的授权人员通过的专用通道。）

（2）任何运动员在某项目的比赛区域中提供或接受帮助都将受到裁判长的警告，并被告诫如果再犯，将被取消该项目的比赛资格。在运动员“由不是同场比赛者、已被超圈者、将被超圈者，或使用其他任何技术设备（除规则 144.4（d）允许的）为运动员提供速度分配的情况下”，无需警告，可以直接取消其比赛资格。

查看规则 144.4（d）

（3）根据本规则，下列情况应被认为是给运动员提供帮助，应予禁止：

① 比赛中，由不是同场比赛者、已被超圈者、将被超圈者，或使用其他任何技术设备（除规则 144.4（d）允许的）为运动员提供速度分配。

② 运动员在比赛场内拥有或使用录像机、盒式录音机、收音机、CD 机、无线通信机、移动电话或类似装置。

③ 除了使用符合规则第 143 条的比赛鞋外，运动员所使用规则限定的设备中不能获取有利条件的任何技术或设备。

④ 使用任何机械辅助器械，除非运动员能证实使用的器械不会使他比不使用该辅助器械的运动员获得整体比赛优势。

⑤ 由该比赛项目不相关的任何比赛工作人员，或在该比赛中有特定岗位要求的人员提供建议或其他支持（例如，技术指导、起跳点位置示意，但在水平跳跃项目中指出失败的起跳位置、在径赛项目中提示时间或距离信息除外）。

⑥ 接受来自另一运动员有助于其在比赛中继续行进的行为支持（不包括帮助其恢复站立位置）。

（4）根据本规则的规定，下列情况不认为是提供帮助，应予允许：

① 运动员与其不在比赛区内的教练员进行交流。为了便于这种交流，并且不干扰比赛进行，在靠近每一项田赛比赛场地最近的看台上，应为该项参赛运动员的教练员保留座位（教练员和其他人员依据规则 230.10 和 240.8，可以和他的运动员进行交流）。

② 依据规则 144.1，在比赛区域内，对运动员进行必要的医学检查、治疗和（或）物理治疗，以使运动员能够参加或继续参加比赛。

③ 出于保护或医疗目的的各类个人防护用品（例如绷带、带子、腰带、支持物、手腕冷却器、呼吸辅助设备等）。裁判长与医务代表一起，有权核实使用上述物品是否合理。

④ 如果不用于与其他人取得联系，在比赛中运动员可以携带或佩戴个人设备，如心率仪、速度距离监控器、步幅感应器或其他类似设备。

⑤ 运动员在田赛项目比赛中，观看由运动员的代表在非比赛区域（见规则 144.1 的注释）摄录的前面试跳（掷）的比赛录像。拍摄设备及影像资料不得带入比赛区域。

⑥ 在官方指定的站点向运动员提供帽子、手套、鞋、衣服等，或经相关裁判长的同意为运动员提供物品（此规则的修改是为了尽可能便于运动员参赛，减少运动员/教练员与工作人员之间不必要的冲突。此规则的每条应从这个角度解释，但还要随时确保比赛公平进行。规则 144.3（e）尽管明确了工作人员不应在其职责范围之外帮助任何运动员——并且作为例子特意指出工作人员不应在跳跃项目中提供起跳点位置的信息，但不是针对在远度跳跃项目中指出犯规试跳的接触位置）。

查看规则
144.3（e）

五、混合比赛

（1）根据相关组织的相关规程，允许举办如接力跑或其他团体赛事的混同组比赛，即男女一起进行的比赛，或者男女为单一组别的比赛。

（2）除规则 147.1 的比赛外，其他完全在体育场内举行的所有比赛，一般不允许有男、女混合参赛的项目。但是，除了国际田联规则 1.1（a）至（h）所述的比赛外，可在体育场内举行田赛以及 5 000 米及以上的混合比赛。国际田联规则 1.1（i）和（j）的比赛，经相关地区联合会特批，允许在特定的比赛中举行混合比赛。该规则条款是为了便于举行田赛以及 5 000 米及以上的径赛项目，当长距离项目（如场地竞走 10 000 米及以上）报名参赛的单一或者两种性别的运动员人数很少时，以及竞赛日程编排难以分别举行比赛时。此规则的意图不是让女性运动员在与男性比赛中获得潜在提高成绩的机会。

（3）田赛混合比赛与 5 000 米及以上的径赛混合比赛：

① 仅根据相应协会规则，在所有全国性比赛中允许（不需要地区联合会特许）。

② 如由相关地区联合会特别批准，在规则 1.1（i）至（j）的比赛中允许。

③ 不允许在规则 1.1（a）至（j）所述的比赛中举行。

④ 在田赛项目男女混合比赛中，成绩记录单将被分开记录，并分别为各性别组宣告成绩。在径赛项目中，每位运动员的性别必须标注在成绩记录单上。在径赛项目中，当一种或两种性别的运动员人数不足以公平地进行分别比赛时，才允许混合比赛。在径赛项目的混合比赛中，无论情况如何，不允许一种性别的运动员得到另一性别运动员的配速或帮助。

⑤ 在高度跳跃项目的混合比赛中，应严格遵守规则 181 至 183 条包括在整场比赛中横杆必须按照唯一的升高计划递升。

六、检验和测量

（1）规则 140 和规则 149.2 所涉及的体育设施的标记和安装的准确性，应由合格的测量员检验和测量，他要向相关组织和（或）场地设施所有者或经营者提供检验证书和详细测量资料。需为测量员提供体育场设计方案和图纸，以及最近的测量报告。

（2）举办规则 1.1（a）、（b）、（c）和（f）的径赛和田赛项目比赛，所有测量都要使用经过校验的钢制卷尺、棍尺或科学测量仪器。钢制卷尺、棍尺或科学测量仪器均应依据国际标准生产和校准。比赛中使用的测量设备的精准度应由国家测量部门认定的有关机构确认。在其他田径比赛中，测量时可以使用玻璃纤维卷尺。

七、成绩的有效性

（1）运动员只有在符合国际田联规则的正式比赛中创造的成绩方为有效。

（2）如果符合以下所有的条件，通常在体育场内传统田径场地以外（如城市广场、其他运动场地，海滩等）或体有场内搭建的临时场地所创造的成绩，将被认为是有效的。

① 根据规则 1 至 3，相应管理机构签发了赛事许可。

② 任命一批有资格的国家级技术官员在比赛中执裁。

③ 情况允许时，使用符合规则要求的设备和器械。

④ 比赛在符合规则要求的场地、设施上举行，并且在比赛当天根据规则 148 进行测量。

若规则 149.2 所述比赛超过一天，测量应在比赛第一天进行。或者如果测量员可以确认场地设施在其测量后不会有任何移动变化，则测量最多可以提前至赛前两天完成。

查看规则 149.2

（3）按相关规则规定，及格赛、跳高和撑竿跳高决名次赛中，在宣布无效的项目、项目的一部分或全能项目中的单项比赛（不论运动员是否完成整个全能比赛）中取得的成绩，用于统计、记录、排名和报名达标时，通常视为有效成绩。

（4）唯一能决定运动员是否已达标可参加全能项目比赛："条件都应符合每个单项比赛要求，除了在测量风速的项目中，至少需满足以下一个条件：1．在任何单项中风速不能超过 4 米/秒；2．平均风速（基于每个单项比赛测量的风速的代数和，除以该项比赛总数）不能超过 2 米/秒。"

（5）计分。在以得分决定胜负的比赛中，计分方法应在比赛前得到所有参赛成员或队伍的同意，除非规程里有所规定。

八、因违反技术规则而被取消比赛资格

（1）如果运动员在比赛中因违反技术规则而被取消比赛资格（除了规则 125.5 或 162.5），他在该项目该轮次中取得的成绩无效。但在前面轮次比赛中取得的成绩有效。这一事实也不影响该运动员参加其他所有后续项目的比赛。

（2）因违反规则 125.5 而被取消比赛资格（包括规则 162.5 的情形）。运动员在比赛中违反规则 125.5，他将被取消该项目的比赛资格。如果运动员的第二次被警告出现在另外的比赛项目中，他将被取消第二次警告所在项目的比赛资格。他在该项目该轮次比赛中取得的成绩无效，但在受警告前面轮次以及前面的其他项目取得的成绩或全能项目中前面的单项成绩有效。有了这种取消比赛资格的判罚，运动员将不能继续参加本次赛会所有后续项目（包括全能项目的单项、同时参赛的其他项目及接力赛）的比赛。

（3）如认为该次犯规性质严重，竞赛主任要向有关主管部门报告，考虑进一步的纪律处分。

九、在田径比赛参赛名单和成绩记录单上使用的标准缩写及符号

（1）标准缩写及符号

未参赛（Did not start——DNS）

未完成比赛（Did not finish——DNF）（用于径赛或竞走项目）

无有效跳（掷）成绩（No valid trail recorded——NM）

取消参赛资格（Disqualified——DQ）（并注明适用的规则条款）

跳高及撑竿跳高试跳成功（Valid trail in High and Jump Pole Vault——“O”）

田赛失败的试跳（掷）（Failed trail——“X"）

田赛免跳（Passed trail——“-”）

退出比赛（Retired from competition——r）（用于田赛和全能）

在径赛项目中以名次取得晋级资格（Qualified by place in track events——Q）

在径赛项目中以成绩取得晋级资格（Qualified by time in track events——q）

在田赛项目中达到及格标准取得晋级资格（Qualified by standard in field events——Q）

在田赛项目中未能达到及格标准但取得晋级资格（Qualified without standard in field events——q）

由裁判长做出裁决晋级到下一轮次（Advance to next round by Referee——qR）

由仲裁委员会做出裁决晋级到下一轮次（Advanced to next round by Jury of Appeal——qJ）

屈膝（竞走）[Bent Knee（Race Walking）——“>”]

腾空（竞走）[Loss of Contact（Race Walking）——“～”]

黄牌（Yellow Card——YC）

第二张黄牌（Second Yellow Card——YRC）

红牌（Red Card——RC）

世界纪录（World Record——WR）

奥运纪录（Olympic Record——OR）

国家纪录（Nation Record——NR）

赛会纪录（Match Record——MR）

亚洲纪录（Asian Record——AR）

中国纪录（China Record——CR）

（2）若运动员在比赛中因违反规则而被取消参赛资格，应在官方成绩单上注明具体规则条款。

（3）若运动员因违反体育道德或不当行为被取消参赛资格，应在官方成绩单上给出取消资格的理由。

（4）由于取消参赛资格可以出于技术或者纪律原因，因此在成绩中注明取消资格的原因尤为重要。被取消资格的运动员用“DQ”标示，并注明违反的规则条款。

（5）运动员在参加不同规格（如器材重量或栏架高度）的比赛时，这些不同之处应在成绩记录单中明确标示或每一种类别的成绩应分别标注。

十、国际比赛及分类

下列比赛为国际比赛并分为 10 类。在竞赛组织裁判过程中，不同类型比赛所采用的规则和要求等也会有相应的变化。

（1）（i）世界田径系列赛所含比赛；（ii）奥运会中的田径比赛。

（2）在地区、区域性或集团性运动会中的田径比赛，参赛运动员不限于单一地区，国际田联不具有独辖权。

（3）区域或集团性田径锦标赛，参赛运动员不限于单一地区。

（4）来自不同地区代表不同会员协会、地区或联合代表队之间的对抗赛。

（5）经国际田联理事会批准，列入国际田联全球赛事体系的国际邀请赛和比赛。

（6）地区联合会组织的地区锦标赛和其他地区内的比赛。

（7）在地区、区域或集团性运动会中的田径比赛，以及区域或集团性的田径锦标赛，参赛运动员限于单一地区。

（8）同一地区的两个或两个以上不同会员协会，或联合代表队之间的对抗赛，U18 和 U20 级别比赛除外。

（9）除规则 1.1（e）外，出场费、奖金和/或非现金奖励价值总额超过 50 000 美元，或任何单项奖金数额超过 8 000 美元的国际邀请赛和其他比赛。

（10）类似规则 1.1（e）的地区性比赛。

思考题

1．田径运动会的实施方案主要包括哪几个方面？
2．简述田径运动会筹备工作流程。
3．对裁判员工作的要求有哪些？
4．小型田径比赛组织机构一般包括哪些部门？
5．田径比赛的竞赛规程一般包括哪些方面？
6．田径比赛的经费预算编制包括哪些内容？
7．田径比赛赛事总管和裁判长的主要工作职责有哪些？

第二章

检录、赛后控制中心、现场指挥和风速测量工作

本章导读

通过本章学习，初步了解现场指挥、仲裁委员会、风速测量等裁判工作机构的工作任务、人员分工与职责、工作程序与方法、工作重点等。重点掌握检录处裁判、赛后控制中心裁判的分工与职责，工作程序与方法、工作重点和所需器材物品等。

第一节　检录工作

一、任务

（1）检录工作是指在检录裁判长领导下，完成全部竞赛项目的检录工作。

（2）根据竞赛日程所排定的各项目比赛时间和大会规定的各项检录要求召集运动员到检录处点名，按规则的有关条款对运动员进行各项检查。

（3）必须确保运动员参加正确的赛次、组别，以及根据检录时刻表按照时间抵达比赛场地，交给有关裁判组，保证比赛能够准时顺利进行。

（4）必要时，协助田赛项目裁判员完成检录工作。

二、人员设置与职责

设检录主裁判 1～2 人；裁判员 3 人以上。检录主裁判对检录裁判长负责，检录主裁判监督运动员从准备活动场地到比赛场地之间的通行，以确保在检录处检录后的运动员根据该项目预定的开始时间到达比赛场并做好准备。

三、工作方法

（一）主裁判工作程序与方法

1．赛前工作

（1）会同竞赛主任，准备并公布检录时刻表，该时刻表应包括各项目比赛运动员进入各检录处的第一次和最后一次检录通知时间，以及运动员最后离开检录处进入比赛场地的时间。

（2）认真学习和研究竞赛规则、竞赛规程、补充通知等其他相关文件；

了解竞赛日程，研究检录工作方法和流程，制订工作计划、细则、所需物品和设施清单，交检录裁判长审核。

（3）组织本中心裁判员学习竞赛规程和有关规则及大会相关规定，提出工作要求；对裁判员进行分工，明确各自的职责和检录工作流程。

（4）指导相关裁判员制订检录广播计划和广播稿以及竞赛项目检录时间表。

（5）安排裁判员布置检录处，按照所需物品和设施清单，反复核对和检查各种设施和所需物品是否符合要求；督促相关人员熟练掌握电子设备的使用方法，并确保电子设备正常运转。

（6）组织裁判员实习，参加赛前联调，并在检录裁判长的领导下组织裁判组进行小结，发现问题及时解决，保证比赛顺利进行。

（7）与竞赛秘书组密切联系，了解编排原则及分组情况；与发令、检查和田赛各裁判组联系，商定交接运动员的时间、地点等。

2．赛中工作

（1）每单元赛前 1 小时到达检录处，检查裁判员和志愿者到达情况，并提示工作要点。

（2）将本单元每项每组检录单和每日秩序册分发给各检录小组。未使用计算机联网的比赛，应与编排组联系确定每单元领取检录单与径赛卡片的时间（一般提前半天领取）。

（3）督促各裁判员做好各项准备工作，再次检查各种设备器材和物品，以及电子设备的连接和运转情况。

（4）了解比赛进程，掌握各项检录时间及进程，负责协调内外场的联系、互通情况，保证径赛项目的比赛起点只有一组运动员在等待比赛，为运动员创造良好的竞赛环境。

（5）监控运动员从热身场地到比赛场地之间的转移过程，确保在检录处完成检录后，运动员根据该项目预定的开赛时间到达比赛场地并做好准备。

（6）及时解决检录时出现的问题，并且在每项检录工作结束后，审核检录单。

（7）做好缺席运动员的统计，对无故缺席的运动员交检录裁判长按规则处理，并将该情况迅速报至竞赛秘书处。

3．赛后工作

每一单元结束后应及时进行工作小结；比赛结束后认真进行总结，评议、统计和整理有关资料，交大会保存。

（二）检录裁判员工作程序与方法

1．赛前工作

（1）在主裁判领导下，认真学习规程、相关规则和大会有关检录的各项要求，了解有关情况。

（2）明确自己的分工和职责、协作方法和工作流程，熟练掌握工作方法。

（3）熟悉竞赛场地，了解起、终点及接力区的位置和进出场路线，参加联合实习。如有疑问应及时向主裁判请示。

（4）熟练掌握各种电子设备的使用方法，熟悉竞赛检录有关表格，核对卡片和检录表。

（5）准备各种表格，如运动员缺赛统计表（表 2-1-1）、竞赛检录时间表（表 2-1-2）和径赛检录记录表等，拟定检录须知。

表 2-1-1　运动员缺赛统计表

日期	项目	赛次	组次	道次	号码	姓名	单位	缺席原因

表 2-1-2　竞赛检录时间表

顺序	项目	赛次	组次	比赛时间	检录时间	入场时间	检录员
1							
2							
3							

（6）在主裁判的领导下，检查所需物品和各种设备，布置检录处。

① 田赛检录处与径赛检录处应有一定的间隔距离，要使用醒目的标志。

② 事先应安放好凳子（或椅子），并按项目、组次、道次或顺序进行编号，以使运动员点名时对号入座。

③ 在醒目的地方张挂运动员须知和竞赛检录时间表。

④ 负责检录室秩序、卫生等。

⑤ 检录裁判员应将发生在检录过程中任何没有解决的事宜提交给检录裁判长。

2. 赛中工作

（1）运动员在赛前 1 小时到达检录处，并按分工做好各项准备工作。领取本单元每项每组检录单和每日秩序册。

（2）检录前 15 分钟，广播员按广播计划和事先写好的广播稿，按时广播预告该场次的比赛项目、组次和比赛时间、检录时间及注意事项等信息。每个项目检录开始进行第一次检录通知的广播；结束检录前 5 分钟进行第二次检录通知的广播；检录结束前 2～3 分钟，广播通知还未到检录处的运动员及其号码、单位，以督促运动员按时检录。每个项目结束检录前 1 分钟进行第三次检录通知的广播。

（3）在基层比赛中，通常每组比赛开始前 20 分钟进行检录。接力项目、马拉松以及竞走等参赛人数较多的比赛项目可适当提前检录，检录时间应提前公布。在每一赛次第一组的第一次检录前至少 1 小时，接受接力比赛棒次申报表。如收到更改棒次和运动员替换的申请，裁判员应在接到该申请后立即报检录裁判长审核。

（4）相关检录裁判员听到第一次检录广播通知后，主动引领该项目、组次的运动员进入检录处，并按组次和道次安排运动员按号就座，并登记已到达的运动员。另一位裁判员按检录单逐个检查运动员参赛证件、是否正确佩戴号码、服装、比赛用鞋、鞋钉的数量与规格、包内物品、包上的广告等是否符合规则规定和相关规程。未经批准的物品不得带入比赛场地。如有不允许带进场的物品，应将其装入塑料袋写上号码、姓名、单位，待运动员离开后送往赛后控制中心。如使用全自动电子计时系统，应将道次号码或长距离项目的顺序号码发给运动员佩带在短裤右侧中线处。

（5）各项检录结束后，应在竞赛检录时间表上签名，并立即将检录单交主裁判审核。点名不到者，其姓名应填入运动员缺赛统计表，交检录裁判长处理后报竞赛秘书组。同时将收好的参赛证件整理好，并填写证件交接单。

（6）检录员拿回检录单后，即按各项进场时间召集运动员整队。

径赛项目：两名检录员一前一后按规定的时间和事先确定的合理进场路线进场，将运动员带到该项目比赛的起点，将参赛证、一份检录单和运动员交助理发令员，同时，还需将检录表分别送交检查主裁判和终点主裁判、宣告员。

如比赛采用电动计时，终点主裁判仅在长距离跑项目比赛时需要检录单。

田赛项目：检录员与该项目的管理裁判员一起一前一后将运动员带至比赛场地，并将参赛证和运动员送交该项目主裁判接收。

（7）在基层田径比赛时，田赛项目的检录工作可由各田赛裁判组自行在检录处检录，检录处应留有专门的田赛项目检录处。如有必要，检录处可派裁判员协助其进行检录。

（8）在进行 4×100 米接力比赛的检录时，要增加检录人员。检录后应按棒次分 4 个组将参赛证、检录单和运动员带至起点助理发令员和各接力区检查员处。各接力区检查员核对无误后将参赛证收回送赛后控制中心。

（9）检录员完成交接后，迅速按原路线回到检录处，以便执行下一次任务。

（10）检录裁判员要将发生在检录过程中没有解决的问题或未尽事宜提交检录裁判长。

3．赛后工作

（1）每天结束检录工作后，及时进行小结。

（2）全部比赛结束后，清点和交还所借各种器材和物品，并将有关资料整理上报，写出书面总结交给径赛裁判长。

四、所需器材物品（表 2-1-3）

表 2-1-3 检录处所需器材物品表

序号	器材设备	数量
1	检录时间显示器（板）	1 个
2	田、径赛项目标志牌	1 个
3	广播扩音设备	1～2 套
4	手提喇叭	4 只
5	电子显示钟	1 个
6	对讲机	1 部
7	裁判桌、椅子	若干
8	文具用品	若干
9	各种表格	若干
10	道次小号码 1～8	8 个
11	长距离顺序号 1～25	25 个
12	运动员休息长凳	4～8 张
13	塑料袋	若干
14	安全别针	若干
15	针线盒	若干

第二节 赛后控制中心工作

一、工作任务

（1）组织已完成比赛任务的运动员退出赛场。

（2）及时归还运动员的衣物等个人物品。

（3）及时将各项目获奖运动员引领到发奖室。

（4）协助兴奋剂检查站、新闻中心做好运动员的管理工作。

二、编制与职责

根据比赛级别和规模，通常编制为 4～8 人：主裁判 1～2 人；物品归还组 1～2 人；终点管理组 1～2 人；协调组 1～2 人。

（一）主裁判职责

负责指导和安排赛后控制中心的各项工作，维持比赛场地的良好秩序，保障比赛的顺利进行。组织裁判员学习和实习，研究工作方法和流程，制订工作细则；拟定所需器材物品设备清单，并在赛前落实检查，布置赛后控制中心；进行裁判员分工，明确职责。

负责与各相关裁判组、兴奋剂检查站、新闻中心、现场指挥中心、发奖组、医务组的联系和协调，确定相互配合的工作方法。

（二）物品归还组职责

负责接收、保管由检录处和径赛起点服务组送到的运动员物品、服装等，赛后准确归还。

（三）终点管理组职责

引导和召集比赛完毕的径赛运动员离开终点区域，进入赛后控制中心。

（四）协调组职责

召集和控制获奖运动员及需要接收兴奋剂检查的运动员，并在规定的时间把他们带到发奖处或兴奋剂检查中心。疏导无关运动员及时离开赛后控制中心和退场。

三、工作程序与方法

（一）主裁判工作程序与方法

1．赛前工作

（1）认真学习和研究竞赛规则、竞赛规程、补充通知等其他相关文件；研究工作方法和流程，制定工作计划和细则，拟定所需器材、物品和设施清单。

（2）组织本中心裁判员学习竞赛规程和有关规则及大会相关规定，提出工作要求；对裁判员进行分工，使各裁判员明确各自的职责及相互间的配合方法，掌握赛后控制中心的工作流程。

（3）组织裁判员实习，领导本中心裁判员对照清单检查和落实所需器材、物品和设施；布置赛后控制中心，在赛后控制中心张贴各种标记，如出入口、物品归还处、男女运动员休息室、饮水处及座位上的名次号或道次号。

（4）与检录处、起点、终点、竞赛秘书组、田赛各裁判组、发奖组、兴奋剂检查站、现场指挥中心、新闻中心联系，研究落实协调配合方法。

① 与检录处、起点服务组联系，落实运动员物品的交接方法。

② 与田赛各项目组确定及格赛、预赛和决赛之后运动员的交接方法。

③ 与竞赛秘书组联系，了解各参赛队运动员的成绩水平。落实决赛后由竞赛秘书组传送成绩报告单的方法。

④ 与发奖组联系，落实交接参加发奖仪式运动员的方法。

⑤ 与兴奋剂检查中心联系，落实需接受兴奋剂检查的运动员的交接方法。

⑥ 与新闻中心联系，落实在赛后控制中心采访运动员的方法。

⑦ 与医务组联系，商定在赛后控制中心有运动员出现伤痛时的急救联络方法。

2．赛中工作

（1）按照大会要求在规定的时间到达赛后控制中心，检查本中心裁判员的出勤情况。

（2）领取和发放每日秩序册，提示本单元工作要点，督促裁判员做好各项准备工作。

（3）督促检查各小组的工作，了解比赛进程，及时处理出现的问题，如遇疑难问题应立即向分管赛事总管助理请示报告。

（4）保持与各有关裁判组和部门的密切联系，协调本中心各裁判小组工作。

3．赛后工作

每天比赛结束后，小结全天工作，提出第二天的工作难点和重点；全部比赛结束后，组织全体裁判员认真总结经验，找出不足之处，以便改进工作；归还所借物品。

（二）赛后控制中心工作程序与方法

1．赛前工作

（1）裁判员在主裁判领导下参加学习，认真研究竞赛规程、相关规则、补充通知等各种相关文件；明确各自分工与职责，掌握裁判工作方法和各裁判间的相互配合方法，了解赛后控制中心的工作流程。

① 终点管理组

a．明确进入终点区域召集运动员的时间和召集方式及要求。

b．明确召集径赛项目运动员比赛结束后去赛后控制中心的路线。

② 物品归还组

a．明确接受检录处转交运动员物品的方法。

b．明确赛后控制中心内各裁判组之间的配合要求。

c．确保赛后控制中心的正常秩序，不得让无关人员进入赛后控制中心。

③ 协调组

a．明确与发奖处工作人员交接领奖运动员的方法。

b．明确与兴奋剂检查中心工作人员交接需接受兴奋剂检查运动员的方法。

c．明确疏导运动员退场的路线。

d．明确宣传处对需接受新闻采访运动员的规定和要求。

（2）对照主裁判拟定的所需物品、设备清单进行检查和清点；在主裁判领导下完成赛后控制中心的布置。

（3）在主裁判领导下进行现场实习，如有问题及时报请主裁判解决。

2．赛中工作

（1）终点管理组

① 在适宜时候进入终点前外侧，当运动员通过终点后，适时有礼貌地召集运动员前往赛后控制中心。

② 长距离项目运动员比赛后，在不影响比赛的情况下，可设置一定的活动区域，让运动员适当延时进入赛后控制中心。

③ 在长距离比赛项目如马拉松跑后，可允许优胜运动员绕场一周向观众致意，以活跃赛场气氛。

（2）物品归还组

① 接受由起点服务组送来的运动员物品，按道次顺序放好，并在运动员比赛结束进入赛后控制中心后及时准确交还。

② 接受检录处转交的运动员物品并妥善保管好。在该运动员比赛结束后及时归还。

③ 收到竞赛秘书组送来的成绩报告单后，将运动员交协调组。

④ 维持好赛后控制中心的秩序，不得让外人进入。

（3）协调组

辨认需接受兴奋剂检查的运动员，并交兴奋剂检查中心工作人员，让该运动员在通知单上签名；召集前八名或规定发奖名次的运动员去发奖处，交给发奖组工作人员；根据宣传处的要求，安排运动员接受快讯采访；在预赛项目运动员和决赛项目非领奖运动员领取个人物品后，应立即引导其退离赛后控制中心。

3．赛后工作

每单元比赛结束后，总结经验。明确第二单元的工作任务和工作重点；全部比赛结束后，归还借用物品，清理工作场所。

四、所需器材物品（表 2-2-1）

表 2-2-1　赛后控制中心所需器材物品表

序号	器材设备	数量
1	裁判桌	1～2 张
2	手提喇叭	若干
3	文具用品	若干
4	椅子	4～8 张
5	折叠床	1 张
6	对讲机	1 部
7	长座椅（每张坐 8～12 人）	4～6 张
8	长条椅（接力比赛时用，每张能坐 4 人）	8 张
9	饮料	若干箱

第三节　现场指挥工作

一、工作任务

（1）在赛事展示总管的领导下工作，组织、协调田径比赛现场各裁判组的工作，掌握比赛进程并确保每单元各项比赛准时开始。

（2）协助颁奖仪式的进行、指挥大屏幕的显示、赛场主持人的宣告以及音响设备的使用等工作，确保比赛顺利进行。

二、人员设置、分工与职责

（一）人员设置

现场指挥 1～2 人；音频操作员 1 人；大屏幕操作员 1～2 人；宣告员

2～3 人；起点服务员 24～32 人。

（二）分工与职责

（1）现场指挥：主要负责协调各裁判组之间的联络、安排组内各成员的工作分工、监督比赛过程中各成员完成工作的情况、负责径赛项目和田赛项目比赛口令的下达、协助颁奖组完成颁奖。

（2）音频操作员：负责比赛全过程音乐的适时准确播放。

（3）大屏幕操作员：负责比赛全过程大屏幕的文字显示与视频的适时准确播放。

（4）宣告员：负责比赛全过程中各竞赛项目相关信息的宣告、赛场气氛的烘托以及颁奖仪式的宣告工作。

三、工作程序与方法

（一）赛前工作

（1）认真学习田径竞赛规则和规程，了解赛会的性质、规模和组委会对比赛的要求，熟悉竞赛日程和技术手册。

（2）制定每单元详细的展示工作流程。

（3）掌握每个单元开始比赛时间和各项比赛检录时间及裁判员、运动员进场时间。

（4）全面了解大会各种设备的配置情况，明确现场指挥工作所达到的要求和规格，并检查和试运行各种设备，确保比赛时能正常工作。检查的设备应包括：显示大屏幕、音频与音控系统、电脑终端、通信设备等。

（5）与裁判长和各裁判组之间商定联络方法，确定对讲频道。

（6）与宣告员、大屏幕操作员合作，准备播音资料和运动员背景资料，制定比赛气氛烘托方案和策略。

（7）与音频操作员合作，选配径赛和田赛展示音乐和有关比赛中的背景音乐。

（8）与颁奖组合作，共同制订颁奖程序，协商联络和配合方法，确定每个单元的颁奖计划，根据各单元比赛日程和各项比赛可能结束的时间，合理穿插，烘托赛场气氛，确保颁奖计划按时完成。

（9）确定指挥中心的工作位置，明确人员分工，准备所需设备和用品。

（10）了解各裁判组的工作流程、工作地点和进退场路线，充分做好准备工作，及时和各项目主裁判沟通。

（11）对比赛中可能发生的问题做好预案，与竞赛主任和赛事总管及有关部门商定应急预案。

（12）参与大会组织的联调实习工作。

（二）赛中工作

（1）按时到达工作岗位并检查有关人员上岗情况，检查设备和器材运作是否正常，与有关人员和各裁判组联络，检查通信设备是否畅通，了解各裁判组赛前准备工作情况。

（2）组织裁判员队伍入场，并介绍技术代表、仲裁主任、赛事总管。

（3）宣告员向观众介绍大会背景资料、比赛日程、参赛运动员信息及本单元比赛的径赛和田赛各项目比赛时间等。

（4）按照单元展示工作流程，准时与裁判长及各裁判组主裁判联络，工作步骤如下：

① 径赛准备就绪信号从径赛裁判长处得到确认，文字屏同步显示分组表，将视频信号切换至径赛起点，宣告员按道次介绍运动员，重点介绍本组优秀运动员的信息，以吸引观众注意。如比赛场地嘈杂，宣告员应及时提醒观众保持场内安静，确保不影响发令。

② 田赛各项目的主裁判按照展示计划的时间及时组织好运动员，与现场指挥联络，在田赛展示音乐的伴奏下请运动员前往指定展示位置，宣告员介绍每一位运动员。展示结束后，该项比赛准时开始。

（5）及时宣告比赛成绩和超纪录情况。径赛每组比赛成绩通过竞赛秘书组确认后，立即在大屏幕上显示；田赛各项目成绩通过竞赛秘书组确认后，在文字屏上及时显示。大屏幕操作员必须及时记录成绩公布时间，以便有关裁判长和仲裁委员会需要时查阅。

（6）协调各裁判组的工作，发现问题及时解决，保证比赛按预定计划顺利进行。如遇特殊事件，应按照事先准备的应急预案尽快解决。

（7）现场指挥应根据赛前与颁奖组共同制定的工作细则，确保颁奖仪式有序进行。颁奖的工作程序如下：与颁奖组负责人联系确认运动员和颁奖官员是否到位，宣告员宣告某项目颁奖仪式开始，播放颁奖音乐，介绍颁奖官员的职务和姓名，大屏幕显示获奖运动员名单，如大屏幕有视频信号应该切换至颁奖区域，同步显示颁奖过程，待颁奖官员和获奖运动员入场到位后，宣告员介绍获奖运动员，颁奖官员为获奖运动员颁奖（颁奖顺序应先颁铜牌，然后是银牌，最后是金牌），颁奖结束后宣告员邀请颁奖官员与获奖运动员合影留念，合影结束后，宣告员宣告颁奖官员和运动员退场。

（8）在比赛过程中，宣告员要根据比赛的进程，向观众介绍有关项目的比赛规则与如何欣赏田径比赛的相关知识，特别是当优秀运动员即将进行比赛时，要努力营造赛场的热烈气氛，以利于优秀运动员创造优异成绩，提高观众观看比赛的兴趣，让观众感受竞技体育的魅力。

（三）赛后工作

（1）每单元比赛结束后进行认真总结，发现问题及时研究改进，不断提高指挥工作能力，保证比赛更有序地进行。

（2）虚心听取大会组委会及有关裁判长、主裁判的意见与建议，及时调整单元展示工作计划。

（3）比赛全部结束后全组进行认真总结，归还物品，完成有关比赛资料的归档工作。

四、工作重点与难点

（一）工作重点

严格执行单元展示工作流程，掌握比赛进程，确保各项比赛准时开始。

（二）工作难点

如何更加有效地协调各裁判组之间的工作，使比赛在平稳有序的环境中进行；如何营造赛场的气氛，为运动员创造优异成绩和提高观众欣赏比赛的兴趣创造有利条件；如何在遇见突发事件时进行及时果断的处置等。

五、所需器材物品（表 2-3-1）

表 2-3-1　现场指挥所需器材物品表

序号	器材设备	数量
1	对讲机（最好带耳机）	2 部
2	终端联网电脑	1 台
3	打印机	1 台
4	望远镜	2 副
5	比赛现场视频终端显示器	1 台
6	监听音箱	1 个
7	宣告员话筒	3 个
8	现场音频控制器	1 台
9	办公桌椅	按现场实际摆放需要作准备
10	水笔黑色、红色	各 8 支
11	A4 打印纸	1 包
12	夹板	5 个
13	回形针	1 盒
14	夹子	20 个

第四节　仲裁委员会工作

一、仲裁委员会的设置

（1）奥运会、世界锦标赛、世界杯赛的田径比赛应任命一个仲裁委员会，通常由3、5或7名仲裁人员组成，其中1人为主席，1人为秘书。如可能及条件允许，秘书可以是仲裁成员之外的另一人。在其他比赛中，如组织者有此愿望或认为对保证比赛的正常进行有必要时，也可设置仲裁委员会。

（2）当申诉涉及竞走项目比赛时，仲裁委员会中应至少有1人为现任国际田联（或地区）级国际竞走裁判员。

二、仲裁委员会成员的条件

（1）在省市级赛事中设置仲裁委员会，其成员一般应具有国家级以上裁判员称号。

（2）精通田径竞赛规则和裁判法，具有比较丰富的田径竞赛组织和临场裁判实践经验，在田径竞赛组织和裁判领域德高望重，有较高的权威性。

（3）能公正执法，不讲私情，合理合法，裁决果断。

（4）善于调解矛盾和化解矛盾，沟通能力比较强。

三、仲裁委员会的职责与工作方法

（1）仲裁委员会的主要职责是：处理规则第146条提及的所有申诉，并对比赛过程中需要仲裁的其他事宜做出裁决。

（2）对运动员的参赛资格提出抗议，必须在比赛开始前向技术代表提出。技术代表做出裁定后，相关人员有权向仲裁委员会提出申诉。如果在赛前未能圆满解决该抗议，则应允许该运动员“在抗议下”参加比赛，并将此案提交给相关管理部门。

（3）如抗议涉及某项目比赛的成绩或进程，则应在该项目成绩正式宣告后30分钟内提出。组委会应确保记录所有比赛成绩的宣告时间。

（4）所有抗议均应由运动员本人、运动员代表或运动队代表向有关裁判长口头提出。运动员或运动队所提抗议（或随后的申诉）必须是其正在参加的同项目的同一赛（轮）次的比赛（或正在参加的计算团体积分的比赛）。为了做出公正裁决，裁判长认为有必要时，应考虑任何有效的证据，包括由大会正式摄像机拍摄的录像、照片或其他录像证据。裁判长可就抗议做出裁决，也可将该问题提交仲裁委员会。裁判长做出裁决后，运动员仍有向仲裁委员会提请申诉的权利。当裁判长不在或无法联系时，可以通过技术信息中心向裁判长提出抗议。

（5）仲裁委员会在径赛项目中的工作方法

① 运动员对起跑犯规的判罚立即提出口头抗议，如果径赛裁判长对此存有疑问，可以让该运动员“在抗议下”比赛，以便保留所有相关的权利。如果起跑犯规是由国际田联批准的起跑信息系统检测到的，则不允许其“在抗议下”比赛，除非裁判长认定该起跑信息系统提供的信息明显不准确。

② 根据规则 162.5 的规定，对发令员未能召回的起跑犯规或取消的起跑进行抗议。抗议只能由完成了该项比赛的运动员或其代表提出。如果抗议成立，则任何在本项比赛中负有起跑犯规责任或行为导致起跑中止的运动员，以及根据规则 162.5 或 162.7 的规定应给予警告或取消比赛资格的运动员，将被警告或取消比赛资格。无论是否有运动员被警告或取消资格，出于公正目的，裁判长有权宣布比赛或比赛的一部分无效，该比赛或比赛的一部分应重新进行。[无论比赛中是否使用起跑信息系统，运动员都可引用规则 146.4（b）提出抗议、申诉。]

③ 如果运动员由于起跑犯规的错误判罚而被取消比赛资格，他提出抗议或申诉，比赛结束后，抗议或申诉成立，应给予运动员一次单独比赛的机会并记录成绩，随后，如有可操作性，运动员可晋级到后续赛次的比赛。任何运动员未参加比赛，则不得晋级到后续赛次的比赛，除非裁判长或仲裁委员会在特殊情况下做出决定，如下一赛次之前的时间或比赛时长很短等。

④ 只要情况允许，裁判长可以根据任何可获取的证据重新做出决定（无论是在比赛现场还是出现抗议时）。通常，这些重新做出的决定应在相关项目的颁奖仪式之前，或在仲裁组做出适用的决定之前。（尤其是当新的证据快速传来时，重新判决可以避免向仲裁委员会提出更为复杂的申诉。但需注意此类重新判罚的实际时间限制。）

（6）在任何比赛中，如果相关裁判长认为某项比赛或某项比赛的任何部分应予重赛方为公允时，他有权宣布该项比赛或该项比赛的任何部分无效，并做出在当日或其他时间重新比赛的决定。（裁判长及仲裁委员应注意的是，除非常特殊的情况外，运动员如未完成比赛，不应进入下轮或者进入重赛。）

（7）提请仲裁的申诉必须在30分钟内做出

① 裁判长做出裁决而更正的比赛成绩正式公告后。

② 通知抗议者比赛成绩没有任何改动后。

申诉必须以书面形式提交，由运动员本人、其代表或者运动队的官员签名，并附上100美元或其他等值货币的申诉费。如果该申诉被驳回，则申诉费不予退还。运动员或运动队所提请申诉必须与他们正在参加项目同一赛（轮）次的比赛相关（或正在参加的计算团体积分的比赛）。（有关裁判长应该在做出裁决后立即通知技术信息中心其做出裁决的时间。如果裁判长不能口头通知相关运动队或运动员，则以技术信息中心张贴裁决结果的时间或技术信息中心更正成绩的时间为正式公告时间。）

（8）仲裁委员会需与所有相关人员商议，包括相关裁判长（除非仲裁委员会全部维护裁判长的裁决）。如果仲裁委员会存有疑虑，可以考虑其他有效的证据。如果根据此类证据，包括任何有效的录像，仍无法得出结论，仲裁委员会将认可有关裁判长或竞走主裁判的判决。

（9）如果新裁决（定）仍可行，裁判员发现原决定错误，他可以重新做出决定。或者，由裁判长或仲裁委员会做出决定，此时他们应该向裁判长或仲裁委员会提供所有有效的信息。

如果出现新的有效证据，且条件允许，仲裁委员会可以重新做出裁决。在通常情况下，这些重新裁决应在相关项目颁奖仪式开始之前做出。除非相关管理机构认为有关情况在某些情况下合理，如果可行及实际的话，裁判员、裁判长以及仲裁都可以重新决定自己的判罚。

（10）仲裁委员会成员不能出席任何与自己国家协会运动员有直接或间接影响的申诉裁决过程。在相关仲裁委员没有这样做的情况下，仲裁主席应让本条规定中所指的任何成员回避。国际田联或其他负责比赛的组织应该指定 1 名或多名替补仲裁委员来替换任何不能够参加申述裁决的仲裁委员。

（11）当裁决涉及比赛积分等规则以外的问题时，将由仲裁委员会主席随后向国际田联首席执行官汇报。

（12）仲裁委员会的裁决（当没有仲裁委员会或者没有提交申诉给仲裁时，则为裁判长的裁决）为最终决定，不得提出进一步的申诉，包括向体育仲裁法庭申诉。

（13）仲裁委员会主任应参加组委会，全面了解大会准备工作的情况。

（14）赛前认真学习规则、规程和仲裁委员会条例等文件。了解比赛场地、器材设备以及裁判工作等情况。研究比赛期间容易出现的问题、工作重点和难点。与录像人员商定仲裁录像的计划。检查落实仲裁委员会的席位。仲裁委员会的席位安排以便于观察全场为原则，席位要有明显的标志。

（15）在比赛过程中要深入现场，及时了解比赛中发生的问题，掌握第一手资料。

（16）仲裁委员会一旦受理抗议，应认真调查研究，分析仲裁录像等，最后召开全体会议，通过讨论，依据规则精神，采取投票方式进行裁决。仲裁委员会的裁决，应以书面形式通知有关人员，并上报组委会备案。

（17）出现意外情况时要加强沟通，调解矛盾和化解矛盾，防止事态扩大，避免出现混乱。

（18）比赛全部结束后，认真进行总结。总结内容一般包括工作情况、接受抗议及处理结果、经验与教训等，并以书面的形式上报主办单位。

第五节　风速测量工作

一、工作任务

（1）风速测量员必须测定有关项目跑进方向上的风速，记录测量结果，并提交给竞赛秘书。

（2）在径赛裁判长或跳远及三级跳远主裁判领导下，风速测量员应保证按规则的规定，准确放置风速仪，测定有关项目的跑向风速，及时记录、显示公告测量结果，在风速记录表上签名，比赛结束后交竞赛秘书。

二、人员设置、分工与职责（编制与职责）

（1）一般设置 4 人分成两个小组，分别负责田赛和径赛有关项目的风速测定。每个小组中 1 人负责风速测定、1 人负责记录和公告。

（2）在径赛项目中，可以远程操作风速仪。在此类情况下，风速仪基本与终点摄像和成绩系统相连，所以不需要风速测量员，其职责由终点摄像团队中的人员来完成。

三、工作程序与方法

（一）赛前工作

（1）认真学习和研究竞赛规则、竞赛规程、补充通知等其他相关文件。熟悉竞赛日程，研究工作方法和流程，制订工作计划和细则，拟定所需器材物品清单交场地器材组。

（2）与终点摄影裁判或终点记录和跳跃远度裁判组记录员联系，确定风速显示方法和配合方法。

（3）按照大会规定时间，检查和落实记录桌椅、标志旗、风标、风速显示牌、计算机、文具等器材物品，并对场地布置提出意见和要求。

（4）熟练掌握风速仪的使用、连接方法；掌握风速记录表及风速报告表的内容和填写方法。

（5）在相关裁判长和主裁判领导下，参加赛前实习和协调，发现问题及时解决。

（6）对风速测量设备的要求：凡使用的风速测量设备必须按照国际标准生产制造和校准。比赛中使用的测量设备的精确度必须经国家测量部门认可的有关机构验证。风速仪应能自动和（或）遥控开机、关机，并能将数据直接传送到竞赛计算机系统。机械式风速仪应有适当的防护装置，以减小侧风的影响。当风速仪为圆筒状时，测速部分的两端长度均应至少为圆筒直径的两倍。规则 1.1（a）至（h）所述的所有国际比赛申请承认世界纪录的任何成绩，应使用非机械式风速仪。

（二）赛中工作

（1）在每单元比赛前，按照大会规定的时间到达工作岗位，清点并领取所需器材。布置场地，按规则放置好风速仪后，连接和调试风速仪、计算机、风速显示屏。核对径赛组数，田赛运动员人数、号码、顺序，做好各项赛前准备。

（2）应按下列规定时间从发令枪的闪光（枪烟）开始测定风速：100 米测量 10 秒，100 米栏测量 13 秒，110 米栏测量 13 秒；在 200 米比赛中，通常应从第一个运动员进入直道时开始测量风速，测量时间为 10 秒钟。

（3）径赛裁判长应确保测量径赛项目风速时，将风速仪置于直道一侧、靠近第一分道，距终点线 50 米。风速仪的测量平面高度为 1.22 米±0.05 米，离跑道边沿的距离不超过 2 米。相关田赛裁判长必须确认风速仪放置在距离起跳线 20 米处，测量平面高 1.22 米±0.05 米，距离助跑道不超过 2 米。

（4）在跳远和三级跳远项目比赛中，应从运动员经过助跑道旁的标记时开始测量风速，测量时间为 5 秒钟。跳远和三级跳远风速测量标记应分别放置在距离起跳线 40 米和 35 米远的地方。如果运动员的助跑距离不足 40 米或 35 米时，则应从其开始助跑时测量风速。

（5）每次测定后要及时准确地填写风速记录表并及时显示公告。风速的判读单位为米/秒，进位到跑进方向更高的 0.1 米/秒，除非小数点后第二位数字是 0（即判读+2.03 米/秒应进位并记录为+2.1 米/秒，判读的−2.03 米/秒应记录为−2.0 米/秒）。显示单位为 0.1 米/秒的数字显示式风速仪应具备自动进位的功能，以与本规则相符。

（6）径赛裁判长、终点摄影裁判组记录员、竞赛秘书组、田赛裁判长、跳远和三级跳远主裁判及记录员可通过计算机终端及时了解风速情况。如在比赛中未使用计算机联网，风速测量员应正确填写风速报告单，通过事先商定的方法，立即送交终点或远度裁判组记录员（表 2-5-1、表 2-5-2、表 2-5-3）。

表 2-5-1 径赛风速记录表

标准	项目	赛次	组次	风向	测定秒数	风速米数	平均风速	备注

风速测量员 ________________ 年 月 日

表 2-5-2 田赛风速记录表

<table>
<tr><td>组别</td><td>项目</td><td colspan="4"></td><td colspan="5">计 秒</td></tr>
<tr><td colspan="2">测风时间</td><td></td><td colspan="4">风 向</td><td colspan="4"></td></tr>
<tr><td>号码</td><td>姓名</td><td>单位</td><td colspan="6">每次试跳风速（米/秒）</td><td>备 注</td></tr>
<tr><td></td><td></td><td></td><td>1</td><td>2</td><td>3</td><td>4</td><td>5</td><td>6</td><td></td></tr>
<tr><td></td><td></td><td></td><td></td><td></td><td></td><td></td><td></td><td></td><td></td></tr>
<tr><td></td><td></td><td></td><td></td><td></td><td></td><td></td><td></td><td></td><td></td></tr>
<tr><td></td><td></td><td></td><td></td><td></td><td></td><td></td><td></td><td></td><td></td></tr>
</table>

风速测量员 ________________ 年 月 日

表 2-5-3 风速报告表

<table>
<tr><td>组别</td><td></td><td>项目</td><td></td><td>赛次</td><td></td><td>组次</td><td></td></tr>
<tr><td colspan="5">年 时 分</td><td>风向</td><td colspan="2"></td></tr>
<tr><td colspan="8">平均风速________米/秒</td></tr>
</table>

风速测量员_________ 年 月 日

（7）该项目比赛结束后，风速测量员在风速记录表上签字后送交竞赛秘书组。

（三）赛后工作

1. 向器材组交还器材、用具等。
2. 总结本次工作，提出改进意见，交有关裁判长。

四、所需器材物品（表 2-5-4）

表 2-5-4 风速测量组所需器材物品表

序号	器材设备	数量
1	风速仪和架子	1 套
2	记录桌	1 张
3	折叠椅	2 把
4	标志旗	1 面
5	风标	1 个
6	风速显示仪	1 部
7	秒表	1 只
8	计算器	1 只
9	笔	2 支
10	风速记录报告表	若干
11	遮阳及防雨设备	若干

思考题

1. 简述检录处裁判的人员分工与职责、工作程序与方法、工作重点和所需器材物品要求。

2. 简述赛后控制中心的工作程序与方法。

3. 简述现场指挥的工作程序与方法。

4. 简述仲裁委员会的工作程序与方法。

5. 简述风速测量的特点和要求。

第三章

径赛裁判工作

本章导读

通过本章学习，初步了解终点摄影计时裁判的工作任务、人员分工与职责、工作程序与方法等。重点掌握发令裁判、终点裁判、人工计时裁判、检查裁判等裁判工作任务、人员分工与职责、工作程序与方法和所需器材物品等。

第一节　发令裁判工作

一、工作任务

（1）发令裁判工作的主要任务是根据《田径竞赛规则》的相关规定，按照现场指挥中心规定的工作程序，组织各项径赛运动员按时比赛。

（2）保证每组运动员合理地、机会均等地起跑。

（3）执行有关起跑规则。

（4）警告或取消犯规运动员的比赛资格。

二、人员设置、分工与职责

（一）人员设置

（1）发令协调员：1 名

（2）发令员：2 名

（3）召回发令员：2 名

（4）助理发令员：3～4 名

（二）分工与职责

1．发令协调员职责

（1）分配发令组裁判员的职责，使发令团队所有成员必须知晓规则且知道如何解释，还必须相当清楚每个成员的职责和角色。发令组裁判员也必须清楚该如何按照规则执行发令程序，以确保赛事持续不延迟。

（2）监督发令组每位成员履行职责的情况。

（3）当收到了竞赛主任（通常由现场指挥执行）的有关命令，确认所有计时员、相关裁判员、终点摄像主裁判、感应计时主裁判、风速测量员都已准备就绪后（竞走比赛时还应确认竞走裁判员已就位），通知发令员开始发令程序。

查看规则 162.6、162.8、162.9、200.8（c）

（4）在计时设备公司技术人员和裁判员之间进行沟通。

（5）保存发令过程中产生的所有纸质文件，包括起跑反应时和/或起跑犯规波形图。

（6）确保依据规则 162.8、200.8（e）执裁，按规则 162.9 规定的程序比赛。

（7）发令协调员应为每名召回发令员确定专门的任务和位置。

2．发令员职责

（1）在每个单元比赛开始前，与终点摄影组配合进行终点摄影计时器的零测试，并在零测试报告文件上签名。

（2）在收到发令协调员的指令后准时执行发令程序。在所有采用蹲踞式起跑的比赛中，当运动员在起跑器上稳定后，发令员应举起持枪手，然后说出“预备”口令。待全部运动员稳定后发枪起跑。发令员不应过早举起手臂，特别是在采用手计时的情况下。建议仅当他将要发出“预备”口令时方可举起持枪手。

（3）如认为本次起跑不公允，应鸣枪召回运动员。起跑不公允的规则不仅仅限于抢跑，这些规则还应用在其他情况下。例如，起跑器打滑以及一名或多名运动员在起跑过程中受到外来物体干扰等。发令员应完全掌控已经就位的运动员。在蹲踞式起跑的比赛中，使用起跑信息系统帮助发令时，应适用规则 162.6。发令员的主要职责是确保所有参赛人员公平公正起跑。

（4）判定运动员起跑犯规，对犯规运动员提出警告或宣布取消其比赛资格。

（5）在发令过程中，发令员应使自己位于能完全看清所有起跑运动员的位置，使自己用狭窄的视角就能观察到全部运动员。运动员采用蹲踞式起跑时，在发令枪响或发令设备启动前，发令员的站位应使自己能看清运动员在鸣枪前的“预备”姿势均处于稳定状态。

（6）建议在每条分道上摆放一个扩音器，以便使口令、发令以及任何召回讯号同时传至所有运动员，在梯形起跑时更应如此。

（7）在采用梯形起跑的比赛中，如未使用扩音器，则发令员的位置应与各运动员之间的距离大致相等。如果发令员不能取得这种位置，应将发令枪置于该处，用电子装置触发发令。

（8）发令员的口令应清晰并让所有运动员听到，但应避免在发令时喊叫，除非他离运动员很远且没有扩音系统。

3．召回发令员职责

（1）根据发令协调员确定的任务和位置，协助发令员检查参赛运动员起跑是否符合竞赛规则的规定。召回发令员的站位应使他能看清他所负责的每位运动员。

（2）如果观察到任何违反规则的情况，召回发令员应召回或中止比赛。召回或中止发令后，召回发令员应向发令员报告他的观察结果，由发令员决定是否给予以及给哪名（些）运动员警告或取消比赛资格。

（3）发令员未鸣枪时，运动员出现犯规，召回发令员不能鸣枪召回。

（4）应指派 1 名或多名召回发令员协助发令员工作。在进行 200 米、400 米、400 米栏、4×100 米接力、4×200 米接力、异程接力和 4×400 米接力项目比赛时，至少应有 2 名召回发令员。

4．助理发令员职责

（1）从检录裁判员处接收参赛运动员，并认真检查运动员的项目、组别、组次、道次、号码及小号码佩戴是否正确。

（2）根据检录表上的分道情况，正确安排每名运动员的道次或站位，并使运动员在起跑线后约 3 米处排列好（如为梯形起跑，则站在各自分道起跑线后大约 3 米处），完成这项工作后，应向发令员示意一切准备就绪。当下令重新起跑时，助理发令员应重新召集运动员。

（3）运动员脱去外套上道后，提示志愿者列队及时将运动员的衣物送往赛后控制中心。

（4）为接力跑第一棒运动员分发接力棒，在每组接力比赛结束后，负责收回接力棒。

（5）检查运动员“各就位”“预备”的动作是否正确。如不符合规则的要求，应立即纠正，直道项目助理发令员一前一后进行检查，梯形起跑两名助理发令员应分别从4道至1道方向和5道至8道方向快速移动检查；如符合规则的要求，应立即向发令员举手示意。

（6）出现起跑犯规的情况后，除了全能比赛，如有对起跑犯规负有责任的一名或多名运动员被发令员判罚取消比赛资格，助理发令员应在被取消比赛资格的运动员面前出示红黑牌（用对角线分为两半），并在其分道的道次墩上做出相应的标记。在全能比赛中，如有对第一次起跑犯规负有责任的一名或多名运动员被发令员判罚起跑犯规，助理发令员应在被判罚起跑犯规的运动员面前举起黄黑牌（用对角线分为两半），给予警告，并分别在各自分道的道次墩上做出相应的标记。同时，由一名或多名助理发令员在所有该项比赛的其他运动员面前出示黄黑牌，以示警告，并告知他们如果任何运动员再次起跑犯规将被取消比赛资格。如果再次发生起跑犯规，对起跑犯规负有责任的一名或多名运动员将被取消比赛资格，助理发令员应在犯规运动员面前举起红黑牌，并分别在各自分道的道次墩上做出相应的标记（建议，红黑牌的尺寸为A5大小，并且为双面）。

（7）记录犯规运动员，填写起跑犯规情况登记表。

（8）在每单元比赛结束后，应将该单元所有的起跑文件，包括起跑反应时和波形图及起跑犯规情况登记表交径赛裁判长、技术官员审核签名后上交竞赛秘书组留存备查。

三、工作程序与方法

（一）赛前工作

（1）发令协调员组织发令组裁判员学习竞赛规则和规程，制订工作细则，并明确分工和各岗位的站位与职责。组织发令组参加赛前的实习与联调。

（2）检查场地器材和所需用品，熟悉各起点的位置，根据实际情况确定各项目比赛时发令台和起跑犯规监测仪的摆放地点。

（3）熟练掌握发令设备、起跑器、犯规感应器、起跑犯规监测仪等设备的安装和操作使用方法，熟悉在起跑犯规时耳麦发出的提示音。熟悉起跑信息系统反应时的判读方法，提高对起跑波形图的判读能力。

（4）制订起点志愿者（通常起点志愿者归赛后控制中心领导）从各径赛项目起点到赛后控制中心的行走路线；对起点志愿者进行培训，包括起跑器安装，道次牌摆放、发令台摆放、犯规监测仪摆放，及在比赛内场和外场的行走时仪态要求。

（5）与终点主裁判、记圈主裁判、终点摄影主裁判、现场指挥商定联络方式和协同配合方法。

（6）与检录裁判长联络，明确运动员进入赛场的时间及交接地点。

（7）与现场指挥联络确定比赛中介绍运动员时间和音乐播放时间。

（8）参加裁判员实习和联调，发现问题及时解决。

（9）起跑器及其使用规定：

① 400 米及以下（包括 4×100 米、4×200 米、异程接力和 4×400 米接力的第一棒）各项径赛的起跑必须使用起跑器。其他径赛项目的起跑不得使用起跑器。在跑道上安放起跑器时，起跑器的任何部分不得触及起跑线或延伸至其他分道，除非没有阻碍其他运动员，起跑器框架的后部可以延伸到外侧分道线。此条规则应该解释为：a.起跑器框架和抵脚板的任何部分都不能超过起跑线。b.在不干扰其他运动员的情况下，起跑器框架（但不包括抵脚板的任何部分）可以延伸至外侧跑道。这点主要体现在运动员弯道起跑时将起跑器以一定角度放置，以便起跑后能够沿直线跑进。

② 起跑器必须符合下列基本要求：

a．起跑器应包括两块抵脚板，供运动员起跑时两脚蹬踏，并被安装在刚性框架上。起跑器的结构必须十分坚固，不得给予运动员不公正的利益。刚性框架不得妨碍运动员双脚蹬离起跑器。

b．抵脚板应倾斜，以适应运动员的起跑姿势。板面可以是平面，也可以稍呈凹形。板面上可有凹槽或沟穴，也可覆盖适宜材料，以利于运动员使用钉鞋。

c．对于框架上抵脚板的角度可以调整，但在运动员起跑时不允许移动。无论何种情况，两块抵脚板的相对位置可以前后调整。调整后，应使用坚固的夹具或锁扣予以固定，且便于运动员简单、快速地操作。

d．可用梢钉或钉子将起跑器固定在跑道上，把对跑道的损坏降至最低限度。安放起跑器后应能快速、方便地撤掉。钉子的数量、直径、长度应根据跑道的结构而定，应使其在运动员起跑时不会移动。

e．运动员使用自备起跑器时，必须符合这些规则的规定。起跑器的设计样式和结构不限，但不得妨碍其他运动员。

③ 在规则 1.1（a）、（b）、（c）、（f）所述的比赛中，以及根据规则 261 或 263 申请承认为世界纪录的成绩时，起跑器应与国际田联批准的起跑信息系统连接。强烈建议在所有其他比赛中使用这套系统。此外，也可使用符合规则规定的自动召回系统。

④ 在规则 1.1（a）至（f）所述的比赛中，运动员必须使用比赛组委会提供的起跑器。在塑胶跑道上举行的其他比赛中，组织者可规定只准运动员使用组委会提供的起跑器。

⑤ 对于聋人或听力障碍的运动员，起跑可以使用闪光装置，该方法不被认为是为运动员提供帮助。除非赛会指定技术供应商可以提供此种设备，运动员及其资助团队应负责提供此种设备，并且该设备应与现有起跑设备兼容。

（二）赛中工作

（1）按规定时间到达比赛现场，检查发令组裁判员到场情况，领取每日秩序册、发令设备、起跑信息系统、器材和各种物品，布置起点，清除起跑区域的杂物，保持起点整洁。

（2）根据场地实际情况确定发令台的位置，确保发令员能全面观察到运动员的起跑情况。

（3）检查起跑器、起跑犯规监测仪、发令设备、犯规感应器、电计时传感器是否正常运行，与终点摄影裁判调试传感器。

（4）检查本单元比赛所需器材和用品是否准确无误，有接力比赛项目时助理发令员应准备好接力棒。

（5）检查电子枪、发令枪是否存在故障，检查子弹、电池数量，确保在比赛中正常使用。

（6）完成各项赛前准备后，迅速到达指定地点集合，发令协调员简单提示本单元工作要点和注意事项，并与相关裁判组联系，告知起点组准备就绪，准备集体入场。

（7）入场后，当运动员到达比赛起点时，助理发令员从检录处裁判员处接收检录单，检查运动员的组别、组次、道次、号码和小号码；核对无误后组织运动员调试起跑器，进行练习。

（8）在跨栏比赛前，允许运动员做过栏练习，但必须在规定时间内练习。使其停止练习时，助理发令员应站在第一栏后加以阻止，并向检查员示意迅速检查栏高和/或栏位，准备比赛。

（9）在接力项目比赛时，助理发令员负责给第一棒的运动员发放接力棒，并在比赛结束后及时回收接力棒。

（10）一名助理发令员负责起点志愿者的分工与管理。

（11）发令协调员查看本组其他裁判员准备情况。

（12）赛前 5 分钟，助理发令员提示运动员停止练习，整理服装。发令员与召回发令员在自己岗位站好。

（13）助理发令员组织志愿者在所有运动员的服装整理好后，列队将运动员的衣物筐按指定路线送往赛后控制中心。

（14）赛前 3 分钟，助理发令员组织运动员在离起跑线后 3 米位置站好（如采用梯形起跑，则在各自起跑线后约 3 米处站好），再次核对运动员的道次、号码等是否正确。

（15）发令员再次检查和确认发令设备、起跑信息系统是否处于等待状态，一切准备就绪并无误后向发令协调员示意准备完毕。发令协调员向现场指挥报告，等待现场指挥下达比赛命令。

（16）竞走项目比赛在发令前，助理发令员要组织运动员站好队由竞走主裁判为运动员讲解比赛事宜。

（17）赛前 2 分钟指挥中心下达比赛信号，大屏幕显示运动员的组别、组次、道次情况，同时由赛场主持人介绍运动员。

（18）主持人在介绍完倒数第二名运动员时，发令员应在发令台站好，召回发令员在各自位置站好。

（19）介绍运动员完毕，发令员按照竞赛日程规定时间准时发令。

（20）发令员发出“各就位”口令后。助理发令员负责检查运动员的动作是否符合规则规定。出现犯规时，助理发令员应及时用手势示意其纠正，直道项目由两名助理发令员一前一后检查，梯形起跑，两名助理发令员分别从4道至1道方向和5道至8道方向快速移动检查，如符合规则的要求，应立即向发令员举手示意。

（21）“各就位”或“预备”口令发出，所有运动员均处于稳定状态后，鸣枪开始比赛。对起跑过程中被发令员或起点裁判长判罚的犯规运动员，根据规则由助理发令员给予其黄黑牌警告（用对角线分成两半）或用红黑牌（用对角线分成两半）取消其比赛资格。

（22）出现犯规后，助理发令员应重新组织运动员在起跑线居三米处站好，如采用梯形起跑，则在各自起跑线后约3米处等待重新发令。

（23）助理发令员应确定运动员到达终点后才能够组织下一组运动员上跑道练习。

（24）在1 000米、2 000米、3 000米、5 000米或者10 000米跑项目的比赛中，当运动员超过12人时，则可将他们分成两组；大约2/3的运动员为一组，在常规弧形起跑线处起跑；其余运动员为另一组，在另一条画在跑道外侧一半上的弧形起跑线处同时起跑。第二组运动员应沿着外侧一半跑道跑至第一弯道末端，该段跑道将用规则160.1中所描述的锥形物、旗子或临时突沿标出。设置第二条弧形起跑线，应使所有运动员跑进的距离相等。2 000米和10 000米跑外道组的运动员在越过800米跑抢道线后即可加入常规起跑组的运动员中。在1 000米、3 000米、5 000米分组跑时，则应在进入终点直道处标明外侧组运动员可以加入使用常规起跑组抢道线的运动员之中。该标记大小是50毫米×50毫米，位于第4和第5分道（如有6条分道，则在第3和第4分道）间的分道线上，在该标记前放置一个锥形物或小旗，直到两组合并。

（25）4×400米接力跑助理发令员负责后三棒运动员上道，当第一棒出发后，一名助理发令员组织第二棒运动员上道，其余两名助理发令员组织第三、第四棒运动员站在终点线后10米处，并安排第三、第四棒运动员接棒站位（根据各队运动员到达200米时的先后顺序由里至外排定）。

（26）在400米、400米栏、4×100米接力、4×400米接力比赛中，当运动员出发后，一名助理发令员要组织起点志愿者迅速将所有的起跑器和道次牌等设备移出跑道，待运动员全部达到终点后再将起跑器和道次牌等设备摆放在各自跑道上。

（27）两名助理发令员接收下一组运动员并进行相关的检查与核对。

（28）在接力项目比赛时由两名助理发令员负责收回接力棒，收回接力棒后发令协调员再和其他裁判组联络。

（29）发令员与召回发令员在指定位置等待下一组比赛指令。

（30）需要换项时应迅速就近整队退场或列队步伐整齐地转移到下一项目的起点布置场地。

（31）在不同比赛项目发令时，发令员、召回发令员、助理发令员的位置变化：

① 在直道起跑发令时，发令员、召回发令员、助理发令员的位置（图3-1-1）。

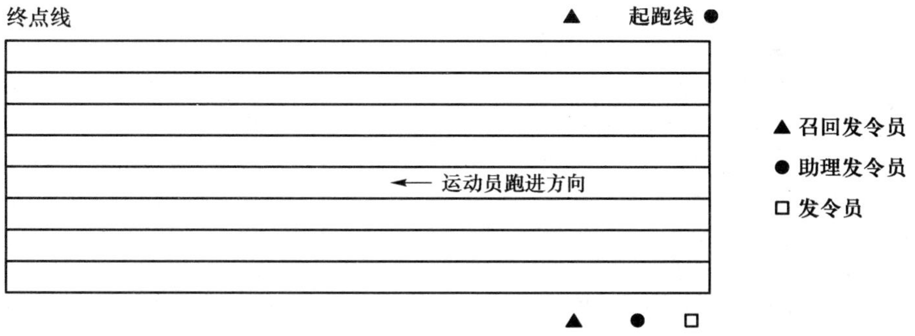

图3-1-1　在直道起跑发令时，发令员、召回发令员、助理发令员的位置

② 在弧线起跑时（1 500米、3 000米、5 000米、10 000米），发令员、召回发令员、助理发令员的位置（图3-1-2）。

③ 梯形起跑项目发令员、召回发令员、助理发令员的位置（图3-1-3）。

（32）起跑线。应用50毫米宽的白线标出起跑线。所有不分道跑的径赛项目，起跑线应为弧线，从而使所有运动员从与终点相同的距离处开始起跑。所有项目的出发位置应面对跑进方向，从左至右编号。对于体育场外项目的起点，起点线可以用 0.30 米宽的白线画出，也可以用区别于起跑区域地面的任何颜色标记。1 500 米项目的起跑线或其他弧形起跑线，可以在相同面层的跑道上延伸至外侧分道线以外。为了有效地完成起跑程序，并且在大型比赛中方便介绍比赛运动员，当运动员在起跑线前集结时，应面向跑进方向站立。

图 3-1-2 弧线起跑时，发令员、召回发令员、助理发令员的位置

图 3-1-3 梯形起跑项目发令员、召回发令员、助理发令员的位置

（33）在所有国际比赛中，除了下面标注的比赛，发令员应用本国语言、英语或法语中的一种语言发令。所有比赛通常应以发令员发令枪朝天鸣放的信号为起跑信号。在举行规则 1.1（a）、（b）、（c）、（e）和（i）的比赛时，发令员只能用英语发令。

① 400 米及 400 米以下的各个径赛项目（包括 4×200 米、规则 170.1 定义的异程接力和 4×400 米）起跑时应使用“各就位”和“预备”口令。

② 400 米以上的各个径赛项目（除了 4×200 米、异程接力和 4×400 米），起跑时应使用“各就位”口令。

③ 在任何径赛项目中，依据规则 162.5，发令员对运动员在各就位后准备起跑的过程不满意，或者由于其他原因而中止发令时，应使用“起立”口令。

④ 发令员须确认相关计时团队和终点裁判（200 米及以下项目包括风速仪操作员）准备就位后方可启动发令程序。起点与终点以及计时团队的交流过程根据不同级别的比赛而有所不同，可以使用多种通信方式，例如对讲机、电话或旗帜、闪光灯。

（34）400 米及 400 米以下的各径赛项目（包括 4×200 米、异程接力和 4×400 米接力的第一棒），规定采用蹲踞式起跑和使用起跑器。在“各就位”口令之后，运动员应走向起跑器，完全在自己的分道内和起跑线后做好准备姿势。“各就位”后，运动员不应用手或脚接触起跑线或起跑线前的地面。双手和至少一个膝盖应触地，两脚均应接触起跑器。在发出“预备”口令时，运动员应立即抬高身体做好最后的起跑姿势，此时，运动员的双手仍须与地面接触，双脚不得离开抵脚板。一旦发令员认为所有运动员的“预备”姿势稳定后，即可鸣枪。

（35）规则中没有规定“各就位”与“预备”口令的间隔时间，也没有规定“预备”和发枪之间的间隔时间。发令员应当在全部运动员以正确的起跑姿势准备并且“没有动作”时发令让运动员起跑出发。即在起跑的一些情况下，发令员发枪非常快，但是在另外一些情况下，发令员也将等待很长时间，以确认全部运动员已经进入稳定的起跑姿势。

（36）400 米以上的各径赛项目（除了 4×200 米、异程接力和 4×400 米），所有起跑均应采用站立姿势。在“各就位”口令后，运动员应走向起跑线，并在起跑线后做好起跑姿势（在分道起跑项目比赛中应完全在各自的分道内）。“各就位”后，运动员不应用手接触地面，且不应用脚触及起跑线或起跑线前的地面。一旦发令员认为所有运动员的起跑姿势正确和稳定后，即可鸣枪。

（37）在“各就位”或“预备”口令发出后，所有运动员均应立即做好最后的起跑姿势，不得延误。不管任何原因，如果发令员对运动员“各就位”后准备起跑的过程不满意，他应该命令所有的运动员从起跑线撤回，助理发令员将重新召集运动员。根据发令员的判断，如果运动员有下列行为，发令员应中止起跑：

① 当运动员听到“各就位”或“预备”口令之后，在发令枪发出信号之前，导致起跑失败，例如在蹲式起跑中举手和（或）站立、坐下，无正当理由（由相关裁判长评估）。

② 没有执行“各就位”或“预备”口令，或未能在有效时间内做好最后起跑动作。

③ 下达“各就位”或“预备”口令后，运动员用声音、动作或其他方式干扰比赛中的其他运动员。

查看规则 145.2

对于上述行为，裁判长将根据规则 125.5 和 145.2，以不正当行为理由对该运动员进行警告（同一比赛中第二次违规即被取消比赛资格），且不出示绿卡。在这种情况下，或者认为由于其他外部原因导致起跑失败，或者裁判长不同意发令员的决定时，则应向所有运动员出示绿卡，表示本次起跑失败不是由运动员引起的。

（38）将起跑规则分为纪律部分（规则 162.5）和抢跑部分（规则 162.7 和 162.8），以确保不因为一个运动员的行为而处罚所有运动员。很重要的一点是，为了保持这些规则的连续性和原意，发令员和裁判长在执行规则 162.5 的同时，也要及时发现抢跑犯规。在此种情况下，不管是故意的行为还是由于紧张造成的非故意行为，都应该执行规则 162.5，除非发令员认为确实是非故意行为，才可以执行规则 162.2（c）条款。反之，在某些情况下，运动员因正当理由有权要求推迟发令。起点裁判长应注意外部环境和起跑区周围的情况，特别是当发令员关注起跑过程或者监控耳机而不能注意到的一些因素。

在以上情况下，发令员和裁判长必须做出合理、有效的反应，并且清楚地做出判决。如果可行，判决的原因应当场向比赛运动员宣布，在可能的情况下，该原因也应通过通信系统通报给播音员、电视制作团队等。无论何种情况，在出示黄牌或者红牌后，不应出示绿牌。

（39）当使用国际田联认证的起跑信息系统时，发令员和（或）指定的召回员应头戴耳机，以便清楚地听见监测系统发出的犯规提示声音信号（即当反应时小于 0.100 秒）。在发令枪响后，当发令员和（或）指定的召回员听到声音信号，应召回本次参赛运动员，并且发令员应立即检查起跑信息系统上的反应时和其他相关信息，以便确认哪位运动员对本次召回负责（当使用国际田联认证的起跑信息系统时，该设备所提供的证据，应被用作协助相关裁判员做出正确决定的一种信息来源）。

（40）在运动员做好最后起跑姿势之后，只能在接收到发令枪发出的信号之后开始起跑。如果发令员判定运动员在发令枪发出信号之前起跑，应判为起跑犯规。任何没有导致运动员的脚（双脚）离开起跑器的踏板，或运动员的手（双手）离开地面的动作不应视为起跑的开始。如有这种情况，可能会给予运动员纪律警告或取消资格的处罚。但是，如果发令员确定某运动员在发令枪响之前开始的动作没有停止，并延续到起跑动作中，将判为起跑犯规。当运动员采用站立姿势起跑时趋于失去平衡，如果认为这种情况是偶然性的，应视为“不稳定”起跑。在比赛起跑前，如果运动员由于被推搡而越过起跑线，他可不被判罚。任何导致这种犯规的运动员可能受到纪律警告或取消比赛资格的处罚。

（41）在一般情况下，如果运动员没有与地面或者抵脚板失去接触，不应判抢跑。例如，如果运动员将臀部抬起，但是又接着落下，在此过程中他的手或者脚没有失去与地面或者与抵脚板的接触，此情况不应判抢跑。这种情况可以根据规则 162.5，以不正当行为给予运动员警告（如果之前已经有过警告，直接取消比赛资格）。

（42）在运动员“压枪起跑”的情况下，如果发令员或者召回员认为，运动员使用连贯动作故意压枪起跑，即使他在响枪前没有移动他的手或脚，此次起跑也应被召回。发令员或者召回员可以进行召回，但是只有发令员才能进行判罚，因为只有他知道手指扣发扳机的时机，以判断运动员是否压枪。在此种情况下，当发令员确认运动员的动作是在发令枪响前做出的，应该判抢跑。

（43）发令员和裁判长应该避免在采用站立式起跑的比赛中过度使用规则 162.7。这种情况很少发生，在通常情况下是由于采用两点支撑而造成的非故意失去平衡。在这种情况下通常不应判罚为犯规。如果这种情况被认为是意外，建议发令员和裁判长首先判断为“不稳定”，然后根据规则重新组织发令。但是一场比赛中多次出现这种情况，如果情况允许，发令员和裁判长有权根据纪律规则或者抢跑规则进行判罚。

（44）除全能项目之外，任何对起跑犯规负责的运动员将被发令员取消该项目的比赛资格。实践中，当一名或多名运动员起跑犯规时，其他运动员容易跟随，严格地讲，眼随者也属于起跑犯规。发令员可仅警告他认为对起跑犯规负有责任的一名或多名运动员。因此，受警告或被取消比赛资格的运动员可能不止一人。如果起跑犯规并非由任何运动员引起，则不应对运动员提出警告，并且要向所有运动员出示绿牌。

（三）赛后工作

（1）发令协调员保存所有发令过程中的文件（包括起跑反应时和有可能起跑犯规的波形图）。

（2）整队集体按照指定路线退出比赛场地。

（3）整理起点器材和物品，归还所有器材。

（4）由发令协调员组织进行工作总结，认真总结发令组的工作情况，研究发生的问题，提出改进意见，写出书面小结交径赛裁判长。

四、工作重点和难点

（一）重点

（1）有效地组织起点工作，使比赛能够按照大会竞赛日程顺利进行。

（2）发令是起点工作的重点，公平公正执行规则是重要的保障。

（二）难点

（1）发令员与召回发令员之间的协调配合。

（2）发令组与其他各组之间的协调配合。

（3）起跑犯规监测仪等先进仪器的使用，对于犯规运动员判罚尺度的把握，特别是在肉眼无法判断的犯规出现后，跟随出去的运动员对判罚尺度的掌握。

五、所需器材物品（表 3-1-1）

表 3-1-1 所需器材物品清单

序号	器材物品	数量
1	发令台	2 个
2	电子枪	1 把
3	起跑犯规监测仪	1 台
4	发令枪	4～6 把
5	子弹	充足
6	起跑器	27 副
7	接力棒	2 套
8	道次牌（1-9）	3 套
9	器材运输车	1 辆
10	联络对讲机	2 部
11	红旗	2 面
12	起跑犯规登记表	若干
13	薄白手套	10 付
14	夹板	2 块
15	1～9 不干胶小号码	8 套
16	1～20 不干胶小号码	4 套
17	油笔	2 只
18	擦枪油	250 mL
19	抹布	2 块

续表

序号	器材物品	数量
20	黄黑牌（用对角线分成两半）	2 套
21	红黑牌（用对角线分成两半）	2 套
22	绿牌	2 套

第二节 终点裁判工作

一、工作任务

终点裁判的任务是准确、迅速地判定各项径赛运动员到达终点的名次，并完成中、长距离跑项目的记圈工作。

二、人员设置、分工与职责

（一）人员设置

（1）终点主裁判：2 名

（2）终点裁判员：9 名（根据赛事规模和是否采用全自动计时和终点摄像系统等情况，裁判员人数有所变化）

（3）终点记录员：1～2 名（小型赛事）

（二）分工与职责

1．终点主裁判职责

（1）在径赛裁判长的领导下进行工作，领导终点裁判员判定径赛运动员到达终点的名次。

（2）负责与其他裁判组进行联系，检查场地器材和用具。

（3）负责终点裁判员的分工，明确每名裁判员的职责。

（4）领导终点裁判员完成中、长距离跑和竞走比赛的记圈工作。

（5）每组比赛结束后，收齐名次报告表、记圈表，核实签字后交竞赛秘书。

（6）单元比赛结束后，及时总结。

2．终点裁判员职责

（1）按照主裁判的分工，准确、迅速地判定自己所认看的运动员名次。

（2）担任中、长距离跑和竞走比赛的记圈工作。

（3）认真填写终点名次报告表。

（4）如遇名次判定不清时或记圈过程中有疑问时及时地、实事求是地向主裁判报告。

3．终点记录员职责

（1）认真检查收到的径赛运动员检录表，核实组别、组次、运动员的号码和道次。

（2）认真核实计时员、终点裁判员的成绩、名次记录表，当发现运动员的成绩与名次不符时，应及时向终点主裁判报告。

三、工作程序与方法

（一）终点主裁判工作程序与方法

1．赛前工作

（1）参加主裁判会议，认真学习和研究竞赛规则、竞赛规程、补充通知等其他相关文件。

（2）研究终点裁判组工作方法和流程，制定终点组工作计划和细则，列出所需物品和设备清单，交径赛裁判长审核。

（3）组织终点裁判员学习，对裁判员进行详细分组和分工，明确各自的岗位职责、工作方法和流程及组内裁判的配合方法。

（4）与各裁判组商定联络方式和协同配合方法。

① 与检录裁判长商定“小号码布”的佩戴要求。

② 与主计时裁判或终点摄影主裁判研究确定长距离项目比赛中计时

和计圈的配合问题。

③ 与检查主裁判研究确定赛前联络信号及比赛中的联系方法。

④ 与发令协调员研究确定联络方法。

（5）组织本组裁判员参加现场实习和径赛各裁判组的联调，发现问题及时解决。各小组明确工作位置，掌握工作方法，提高观察、判断能力。

（6）对照清单检查所需物品和器材设备，布置终点工作环境。

2．赛中工作

（1）每单元按照大会规定的时间准时到达指定地点，检查终点裁判组裁判员的出勤情况，并向径赛裁判长报告。领取每日秩序册、器材设备和各种物品。布置终点。完成后，迅速到达指定地点集合，等待集体入场。

（2）进场后，主裁判提示本单元工作要点，提示各裁判员根据事先的分工和岗位位置各就各位，做好赛前的各项准备工作。

（3）领导、组织终点裁判员判定径赛运动员的名次。

（4）处理比赛中的问题，如有重大问题不能决定时，报请径赛裁判长解决。

（5）将每组比赛的名次表（小型赛事）和中长跑比赛的记圈表填妥并签字后送竞赛秘书。

（6）如采用摄影计时，需向摄影计时裁判员报告比赛中的脱圈情况和运动员到达终点的名次顺序。分道项目每组比赛后，将运动员通过终点的顺序报终点摄影计时裁判员。

（7）采用手计时时，负责与计时组和检查组联系，一旦准备就绪，立即与发令协调员联系。

（8）管理终点秩序，在比赛进行中不让任何无关人员站在终点线上或通过终点。

3．赛后工作

（1）每个单元比赛结束后，认真总结存在的问题和不足，提出改进意见。

（2）全部比赛结束后写出书面总结交径赛裁判长。

（二）终点裁判组的工作程序与方法

1．赛前工作

（1）在终点主裁判员领导下认真学习大会有关文件、规程及相关规则，明确各自的分工、职责、工作方法及工作流程。

（2）参加赛前现场实习和联调，掌握不同径赛项目判定名次的方法，认真检查终点处的场地、设备及终点记录台的位置，准备好所需用品。

（3）与竞赛秘书组联系领取需用的各种表格，如终点名次报告表、名次存查表、中长距离跑计圈表格等，赛前熟悉填写和使用方法。

2．赛中工作

（1）每单元按照大会规定时间准时到达赛场，领取所需物品、器材和设备；在主裁判领导下，按要求布置终点处；校正座位与终点线的位置，以保证正确观察名次。

（2）每项每组比赛开始前，主裁判收到检录单后，立即向终点裁判员宣读比赛组别、项目、赛次、组次和道次，以便终点裁判员核对或填写终点名次报告表（表 3-2-1）。此表也可不用，而由裁判员直接将自己所判定的名次报终点主裁判，记录到终点名次总表上去（表 3-2-2）。

表 3-2-1　终点名次报告表

_____子组_____米_____赛第_____组

第　名			
号码		道次	
兼看第　名			
号码		道次	

终点裁判员

表 3-2-2　终点名次总表

_____子组_____米_____赛第____组

名次	一	二	三	四	五	六	七	八
道次								
号码								

（3）当听到径赛裁判长的信号通知后，应立即做好比赛前的准备工作。如径赛裁判长不使用信号统一指挥，主裁判受其委托，在每项每组开赛前分别与计时、检查等主裁判联系，询问是否准备就绪。

（4）比赛开始，运动员上道后，应尽力看清参赛运动员的道次、号码等特征。鸣枪后，终点裁判员应认真观察运动员在途中及最后冲刺过程中的名次变化，正确判定自己所认看的运动员到达终点的名次。

（5）每组比赛结束后，立即把该运动员的号码、道次迅速填写在终点名次报告表上交终点主裁判。主裁判按名次顺序收集终点名次报告表，核对无误后签字交终点记录员。终点主裁判也可使用终点名次总表，记录终点名次。

（6）1 500 米以上各项比赛，记圈员应记录所有运动员完成的圈数。特别是 5 000 米及以上各项目和竞走项目比赛时，应指定若干名记圈员，在相关裁判长的指挥下工作。记圈员应在记圈表上记录其负责的运动员每圈时间（由一名正式计时员提供）。当采用这种记圈方法时，每位记圈员负责记录的运动员不得超过 4 名（竞走项目不得超过 6 名）。也可以使用计算机记圈系统替代人工记圈，让每位运动员携带或佩戴 1 个传感器。

（7）应指派 1 名记圈员负责在终点线处显示剩余圈数。当领先运动员每次进入终点直道时，改变显示圈数。此外，在适当时机，将以人工显示的方式通知已被套圈或将被套圈的运动员。最后一圈时，以讯号通知每位运动员，通常以铃声作为讯号。终点摇铃由主裁判或委托负责报圈牌的裁判员兼任。

（8）在长距离比赛项目中，尤其是 5 000 米以上距离，一些运动员会被超圈，在这种情况下，记圈员须向每一位运动员说明剩余的圈数，直到比赛结束。

（9）终点裁判员按所认看的名次顺序由上而下（或由下而上），就座裁判台上。如果计时员和终点裁判坐在一起，则终点裁判应坐在计时员的上面。

（10）终点记录员负责收集径赛中每个项目的名次、成绩和风速信息资料。名次由终点主裁判提供，成绩由计时主裁判提供，风速信息由风速测量员提供。记录员应仔细核对名次和成绩是否相符，然后迅速填写在每张成绩记录卡片上。全部整理好交径赛裁判长签字后，将正式成绩送交竞赛秘书组。如果有运动员犯规，则将检查员报告表附在径赛成绩记录卡片的后面，交径赛裁判长签字后转交竞赛秘书组处理。

3．赛后工作

（1）每单元比赛结束后进行认真小结。

（2）全部比赛结束后进行全面工作总结。

（3）归还比赛用具和物品，做好离会前的各项结束工作。

四、分道跑项目判定名次的方法

（一）按名次分工法

每名裁判员记一个名次，即看名次又要报道次。例如，有 1 名主裁判和 9 名裁判员，可由 8 名裁判员主看 1～8 名，主裁判负责看总名次，另一名裁判员看 3、4、5 名。如有两名主裁判，则一名主裁判负责前四名，另一名主裁判负责后四名（表 3-2-3）。

表 3-2-3 终点裁判分工表

裁判员	一	二	三	四	五	六	七	八	终点主裁判
主看名次									总名次

（二）按道次分工法

每名裁判员主看一个道次的名次。如有 9 名裁判员可由 8 名裁判员主看 1～8 道运动员的名次，主裁判负责看总名次，另 1 名裁判员看 3、4、5 道的名次。如有两名主裁判，一名主裁判负责前四名的道次，另一名主裁判负责后四名的道次。

（三）点、面、线结合法

短距离径赛项目，运动员跑速快，竞争激烈，瞬间位置变化大，名次判断难度大。在实践中常采用“点、面、线”相结合的方法判定名次。“点”是指各分道上运动员的头发、体型、服装等特征；“面”是指各分道运动员跑进相对位置的变化；“线”是指终点线后沿垂直面，要求裁判员准确判断运动员到达终点时躯干触及终点线后沿垂直平面瞬间的先后顺序。在“点、面、线”相结合的方法中应着重抓住“面”和“线”的关系。当运动员距离终点30～40米时即应密切注意其前后差距和所在道次及名次排列的大致情况。当运动员距离终点10米左右时，即能初步判明其名次。当运动员跑进 5 米线区时，默数自己所认看的名次和道次，最后判定到达终点的名次顺序是以运动员躯干（不包括头、颈、臂、手、腿和脚）的任何部分触及终点线后沿垂直面的先后为准。为防止被运动员撞线的假动作所干扰，当认看名次的运动员撞线后，裁判员仍应用目光跟随运动员跑进，并默记自己所认看的运动员的道次，再辨其号码和特征，最后将该名次运动员的道次、号码分别填入“终点名次报告表”，经检查核对无误后交终点主裁判。

如有运动员串道，主看裁判仍应看准其名次，同时记录串道运动员的号码和串入的道次，当该组跑完后，立即报告终点主裁判。裁判员对所判定的名次模糊不清或发生错看、漏看等情况，应主动实事求是地向终点主裁判说明，以便主裁判参考处理。若仍不能判定，应向径赛裁判长报告。终点主裁判在照看全部名次的同时，还应抓住不同的、可能出现的难点，防止出现差错（如相近名次的道次跨度大，几乎同时到达终点的几名运动员接近终点时突然出现的名次变化等）。

五、部分分道跑项目判定名次的方法

（一）按名次分工法

这种方法应首先牢记运动员在出发时的特征、号码，并随时注意比赛中的名次变化，追踪到底，判断其到达终点的名次。如果运动员到达终点的瞬间尚未看清号码，则要立即设法追看，不能马虎猜测。

（二）按道次分工法

即每个裁判员只负责一个道次。当运动员上道时，立即核对自己所认看道次的运动员和号码，要自始至终紧紧盯住本道次运动员的特征，并密切注视所认看的运动员在比赛中的名次变化，“盯人到底”，判定其名次。

六、不分道的径赛项目判定名次的方法

（一）1 500 米、3 000 米比赛判定名次的方法

（1）由主裁判负责指派 1～6 名裁判员在终点看台看前 6 名。

（2）两名裁判员在内场，位于第八分道外侧，距终点线前约 1 米处（以不影响摄影计时为准），用表格式记录和判定运动员到达终点的顺序号码，一人报号，一人记录，并随时进行核对。

（3）另一名主裁判与一名裁判员位于内场，靠近第一跑道处，离终点线延长线 2～3 米。裁判员负责给运动员报圈，主裁判重点负责好全部运动员到达终点的顺序号码，当领先运动员和所有运动员还剩最后一圈路程时，摇铃 2～3 秒以提示运动员、裁判员做好准备。当运动员到达终点时，主裁判准确迅速地做好记录。

（4）每组比赛结束，主裁判应认真核对全部名次号码（大型赛事，外场主裁判要用对讲机将运动员通过终点的顺序报告给终点摄像主裁判）登记签名后，送交径赛裁判长审核签字。

（二）5 000 米、10 000 米、20 000 米长距离比赛记圈与判定名次的方法

全国大赛通常用“表格式”“棋盘式”相结合的方法

（1）由三名裁判员组成“表格式”记录小组，位于终点附近的外场，用表格式记录方法（表 3-2-4），一人报通过终点的号码，一人记录，一人核对。当领先运动员还剩一圈时，报号裁判员开启复读机，依次报出还剩一圈的运动员通过终点时的号码直到全部运动员到达终点为止。

表 3-2-4 长距离跑终点总名次表（表格式）

起跑顺序号 / 跑进顺序号 / 剩圈	1	2	3	4	5	6	7	8	9	10	…	…	30
25													
24													
23													
…													
…													
12.1/2（13）													
12													
…													
2													
1													
名次													

终点裁判员　　　　　　终点主裁判

（2）由三名裁判员组成“棋盘”式记录小组，位于终点附近的外场。一人负责报通过终点运动员号码，一人根据报号依次排列“号码棋子”，一人核对并记录结果，以保证准确无误（图 3-2-1）。

（3）由一名主裁判与两名裁判员组成“内场”裁判组，位于内场跑道内侧终点延长线 2～3 米处，负责报圈和摇铃工作，主裁判记录运动员每圈通过终点的号码顺序，兼报领先运动员的剩余圈数。一名裁判员负责举牌通知已经被脱圈的运动员剩余圈数，另一名裁判员负责圈数显示器的变化和摇铃，当领先运动员及每一个运动员还剩最后一圈时应摇铃，并示意各裁判组做好准备。

（4）另一位终点主裁判负责全面工作，掌控“表格式”记录小组和“棋盘”式记录小组的记圈情况，密切注视并掌握运动员中途退场及脱圈情况，及时掌握比赛中的实际人数，并做好记录备查。

计圈显示牌

剩余圈数 \ 运动员号码	1	2	3	4	5	6	7	8	9	10	11	12	13	14	15	16	17	18	19	20	21	22	23	24	25	26	27	28	29	30
24																														
23																														
22																														
21																														
20																														
19																														
18																														
17																														
16																														
15																														
14																														
13																														
12																														
11																														
10																														
9																														
8																														
7																														
6																														
5																														
4																														
3																														
2																														
1																														
⑦ ⑤	⑮ ㉑ ④ ⑩ ③ ⑨ ⑫ ⑥ ⑳ ⑰ ⑲ ㉖ ⑱ ㉒ ② ⑯ ㉔ ① ⑭ ⑬ ㉓ ⑧ ⑪ ㉗ ㉘ ㉙ ㉚																													

图 3-2-1　长距离跑终点总名次表（棋盘式）

（5）在长距离比赛时，各裁判小组必要时可互相核对，同时与人工计时协调配合，发现问题及时解决。

（6）每组比赛结束，主裁判应认真核对全部名次号码（大型赛事，外场主裁判要用对讲机将运动员通过终点的顺序报告给终点摄像主裁判）登记签名后，送交径赛裁判长审核签字。

（7）各裁判小组报号、记圈时机掌握在运动员距离终点 30 米处为好，最后抵达终点时的报号则应在运动员到达终点时进行。若运动员到终点时发生漏报、漏记、错报、错记等情况，负责核对的裁判员应在空隙时间予以纠正，以免干扰正常工作，造成混乱，发生更大错误。

（8）长距离项目的裁判分工、分组与采用的裁判方法可根据运动会的性质、规模和裁判员的实际人数作适当调整。

（三）公路赛项目记圈和判定名次的方法

（1）主裁判通常为两人：一人分管内场的记圈和终点工作，一人分管外场的记圈工作。

（2）内场记圈组：位置设在终点处或内场跑道的出口处，当运动员走完内场距离时，用旗示或标志牌引导运动员走向外场，当运动员返回内场时，指引运动员进场的路线。

（3）外场记圈组：位置设在外场路线的入口处，负责外场的记圈工作，首先指引运动员进入外场路线，向每圈领先的运动员显示剩余圈数。剩最后一圈摇铃提示，当运动员走完外场距离时，用旗示或标志牌引导运动员进入内场。

（4）终点组：负责判定运动员到达终点的名次，并将名次记录表交竞赛秘书组。

（5）在各项竞走比赛中，外场的终点主裁判要随时观察运动员的比赛情况，并向检查员和竞走比赛记录台了解中途退场、犯规被罚下的运动员的号码，然后迅速用对讲机通知记圈员，以便掌握场上运动员的人数。

七、工作重点与难点

（一）工作重点

（1）准确地判定运动员达到终点的名次。

（2）准确无误地记录长距离跑、竞走项目运动员所跑（或走）的圈数，确保运动员达到终点时所跑或走的圈数准确无差错。

（3）及时与检录处联系，每项比赛检录后，了解实际参赛人数，运动员佩戴小号码情况。

（4）同终点摄影计时组配合，随时将运动员脱圈情况，运动员到达终点的顺序通知终点摄影计时主裁判。

（二）工作难点

（1）在进行长距离跑和竞走比赛中如遇参赛运动员人数较多、运动员水平差异较大的情况，脱圈情况复杂，如何准确及时地记录领先运动员和脱圈运动员的情况是工作的难点。

（2）在进行长距离跑和竞走比赛中遇到运动员右侧小号码辨别不清的情况下造成的工作障碍也是工作的难点。

（3）在长距离比赛中，容易出现不同组别裁判员记录运动员通过终点的顺序不一致的情况也是工作的难点。

八、所需器材物品（表 3-2-5）

表 3-2-5 所需器材物品清单

序号	器材物品	数量
1	桌子	4 张
2	椅子	11 把
3	遮阳伞	3 把
4	摇铃	1 个
5	夹板	若干
6	报圈器	1 套
7	号码牌（2～15）	2 套
8	对讲机	3 部
9	终点名次报告表	若干
10	总记圈表	若干
11	脱圈记录表	若干
12	圆珠笔	8 支
13	望远镜	2 个
14	复读机	1 个
15	秒表	2 块

■ 第三节 人工计时裁判工作

一、工作任务

（1）计时组的任务是准确、及时地计取径赛运动员的比赛成绩，协助终点裁判组做好长距离项目的记圈和判定名次工作。

（2）当使用全自动终点摄像计时系统或感应计时系统时，人工计时组的计时员将作为后备计时员进行工作。

注：根据规则规定，下列 3 种计时方法均应被承认为正式计时方法：手计时、以终点摄像系统为基础的全自动计时和规则规定的不是全部赛程在体育场内完成的项目中使用感应系统提供的计时系统。

二、人员设置、分工与职责

（1）使用手计时计取比赛成绩时，将根据运动员的报名人数指派足够数量的计时员。依据比赛规模和要求，通常安排主计时员 1～2 人，计时员 8～24 人，终点记录员 2 人。

（2）计时员、终点摄像裁判员和感应计时裁判员应根据规则第 165 条进行工作。

（3）当使用全自动计时和终点摄像系统时，应任命 1 名终点摄像主裁判和足够数量的助理裁判员。

三、工作程序与方法

（一）主计时员的工作程序与方法

1．赛前工作

（1）参加主裁判会议，认真学习和研究竞赛规则、竞赛规程、补充通知等其他相关文件。

（2）研究计时组工作方法和流程，制订计时组工作计划和细则，交径赛裁判长审核，列出所需秒表等物品和设备清单。

（3）组织裁判员学习，对开、停表时机等统一认识；对计时员进行分组，分配计时员任务。如设 8 条跑道，可将 24 名计时员分成 8 组，每组 3 人，并选定 1 人为小组长，负责第一表并检查、核对成绩及卡片记录工作；指定一人负责第二表，并填写计时存查表；指定另一人负责第三表及兼看名次，并核对成绩。如使用电动计时装置，人工计时员的人员配备较少，可另行分工每位计时员计取一名运动员的成绩，但必须保证第一名有三块表计取成绩。

（4）每个比赛项目第一名的成绩和纪录的成绩应有 3 名正式计时员（其中一人为计时主裁判）和 1～2 名后备计时员计取。只有当 1 名或多名正式计时员的秒表不能准确地计取时间时，后备计时员的秒表所计时间才可用作替补，但事先要规定好替补的顺序，使所有径赛项目的第一名都应有 3 块秒表计取正式成绩。

（5）与各裁判组商定联络方式和协同配合方法。与终点主裁判商定具体联络方法以及长距离比赛时的配合问题。若使用全自动电子计时装置，还应与终点摄影主计时员商定配合及联系的方法，与检录处、发令组商定具体联络方法。

（6）组织本组裁判员参加现场实习和径赛各裁判组的联调，发现问题及时解决。各小组明确工作位置，掌握工作方法，提高观察、判断能力。

（7）对照清单，检查所需物品和器材设备，对每块秒表进行开、停表性能检查，布置终点工作环境。

2. 赛中工作

（1）领导与组织全体计时员准确计取径赛运动员的比赛成绩。

（2）主计时员可根据规则规定决定每名运动员的成绩。

（3）掌握比赛进程，与终点主裁判、径赛裁判长保持密切联系，及时解决比赛中出现的问题。

（4）主计时员为第一位到达终点的运动员计时，在有些情况下也为另一位运动员计时；可以替换出错的计时员，他也可能在任何时间检查秒表。

（5）在运动员人数较多的长距离项目比赛中，主计时员要组织一组计时员读出所有到达终点运动员的时间，另一组计时员进行记录；还要借助每一位计时员提供的信息制订成绩时间汇总表。

3．赛后工作

（1）在记录单上签字并要求所有计时员签字。

（2）每单元比赛结束后，统计计时存查表的误差情况，及时总结经验，找出问题。

（3）整个比赛结束后，认真全面总结和评议，归还秒表及器材。

（二）计时组工作程序与方法

1．赛前工作

（1）在主计时员领导下，认真学习大会有关文件、规程和规则。明确各自的分工和职责。

（2）认真参加赛前实习，熟悉秒表性能，统一操作要求与方法；反复进行开表、停表练习，采用多种方法进行实习。可选用“见动”开、停表（如手势、旗势），“见光”开、停表（如用灯光或闪光）或“见烟”开、停表（如枪烟）等方法练习；可先在室内后到室外练习；可先在外界条件简单的环境后到干扰较大的复杂环境中练习；可先不结合运动员到结合运动员的动作进行练习；可先用 2～3 个运动员再用 8 个运动员同时冲刺练习；可与终点裁判组一起配合实习。计时员应使用人工操作的数字式电子秒表。按照规则规定，须记录所有抵达终点的运动员的时间。另外，如有可能，计取 800 米及以上项目的每圈时间和 3 000 米及以上项目的每 1 000 米的分段时间。因此，还应指定计时员使用可计取分段时间的秒表，或另安排计时员计取，或通过传感器计取。

（3）与发令、终点检查组进行联合实习，统一检验“见闪光或枪烟”开始和“当运动员的躯干的任何部分抵达终点线后沿垂直面的瞬间为止”的计时方法。

（4）现场实习中长跑项目比赛的计时、计圈及记录方法时，做到熟练掌握、职责分明。

（5）熟练掌握计取成绩的方法及学习正确填写计时表和计时存查表的方法（表 3-3-1、表 3-3-2）。

表 3-3-1 径赛计时表

________子组 __________米 __________赛 第__________组

	名次	号码	道次	
成绩	一表		决定成绩	
	二表			
	三表			

计时员____________

表 3-3-2 人工计时存查表

第_______单元 第________道

序号	项目	组别	赛次	比赛成绩			决定成绩	误差				与电动计时比较	备注
				一表	二表	三表		一致	0.1	0.2	0.3以上		
…													
单元统计	共 一致__________次_________% 差 0.1_______次__________% 差 0.2_______次__________% 差 0.3_______次____________%												

计时员 __________ 年 月 日

（6）正确使用记录时间的符号。径赛成绩以时间为单位，通常用到时、分、秒。记录和填写卡片时应分别写上"："" ：""."。如 1 小时 25 分

34 秒应写成“1∶25∶34”1 分 2 秒 3 应写成“1∶02.3”。

（7）所有采用手计时的比赛，应当按照以下方式读取和记录成绩：在跑道上举行的径赛项目，除非时间为整 0.1 秒，否则成绩应换算并记录为下一个较长的 0.1 秒，如 10.11 秒应记录为 10.20 秒。部分或全部在场外举行的径赛项目，除非时间为整秒，否则成绩应换算并记录为下一个较长的整秒，如 2：09：44.3 应记录为 2：09：45。如果根据以上情况换算时间后，在 3 块正式计时秒表中，2 块秒表所计时间相同而第 3 块秒表所计时间不同时，应以这两块表所计时间为准；如 3 块表所计时间各不相同，应以中间时间为准；如只使用 2 块表计时，应以较长的时间为正式成绩。计时主裁判应根据上述条款判定每名运动员的正式成绩，并将成绩单交竞赛秘书组以供发布。

（8）每名计时员应独立工作，不得让其他任何人看表或讨论其所计的成绩。

2．赛中工作

（1）按照大会统一规定，组织计时员按规定路线统一进场，入场时按统一要求握持用具，计时员应在跑道外侧与终点线排成一条直线。如有可能，计时员的位置应距跑道外侧至少 5 米远。为使所有计时员都能清楚地观察到终点情况，应提供升高的计时台。到达工作位置后，由主计时员统一指挥就座，计时小组长坐在中间，小组长的左侧为第二表，右侧为第三表，候补计时员位置在第 8 道计时员之前，主计时员正对终点线延长线后就座。

（2）主计时员向计时员宣读比赛项目、顺序。赛前 5 分钟将成绩记录卡片传送给各计时小组，各小组收到卡片后，应立即核对卡片上的比赛项目、组别、道次等是否与要求相符。

（3）每次比赛开始前和更换项目后，立即提示起点烟屏的位置。

（4）在比赛中一旦某计时员秒表发生故障，不能准确计取成绩时，必须立即报告主计时员，主计时员应及时按规定指定候补计时员替补。

（5）每项每组比赛后，主计时员迅速收回卡片并核对，必要时可检查计时员的秒表（如果超纪录，必须及时核查秒表同时请有关裁判长复核），全部无误后，通知计时员“回表”，并告知终点主裁判。

（6）长距离跑和竞走比赛应与终点裁判组密切配合完成计时、记圈、报时等工作。

（7）计时员的工作程序和方法。

① 开表：计时应从发令枪发出的闪光或枪烟开始。当听到“运动员上道”的提示后，计时员应集中注意力于起点，力求能看清所计道次运动员的特征，当听到“举枪”提示后，计时员全神贯注于烟屏并按紧电子秒表的按键，作好开表准备。

② 查表：开表后立即检查秒表是否走动，如有故障立即报告主计时员，以采取补救措施。

③ 停表：当自己所负责的运动员接近终点时，应按紧表键，以主要目光看终点线后沿的垂直面，用余光看运动员，计时应至运动员躯干（不包括头、颈和四肢）的任何部位抵达终点线后沿垂直面的瞬间为止，即当运动员的躯干（不包括头、颈、手臂、腿和脚）任何部分触及终点线后沿垂直面的瞬间立即停表，应注意把“瞬间为止”正确理解为运动员躯干任何部位触及终点线后沿垂直面一刹那间停表，同时防止故意延迟停表的倾向，做到不多计、不少计、实事求是。

④ 看表：如遇运动员超纪录应立即报告主计时员。

⑤ 记录成绩：应注意核对运动员的号码是否与径赛成绩记录卡上的号码相同，然后将成绩准确无误地填写在成绩记录卡上，并填写计时存查表。

⑥ 回表：计时员不得相互对表，不得擅自回表，在主裁判检查核对后按统一指令回表。

（8）不同距离项目的计时方法。

① 分道跑项目（100 米、200 米、400 米、100 米栏、110 米栏、400 米栏、4×100 米接力）一般按主计时员事先分配的道次进行计时，即按道次计成绩。计时员固定道次，不易错漏。如出现运动员串道而分不清道次情况时，一般由本道次计时员计取先到终点运动员的成绩，跟踪看清号码，然后根据运动员号码、道次核对和调整卡片，登记成绩并及时报告主裁判。空道道次计时员计取后到运动员的成绩。

② 部分分道跑项目（800 米、4×400 米接力等）一般采用按道次盯人的计时方法。要求各道次计时员在出发前认清所计道次运动员的服装、体型等特征以及运动员的号码，注意观察运动员在比赛途中的变化情况，特别是在切入里道时。应紧盯所计运动员直至到达终点停表。在 4×400 米接力比赛时，还需特别注意认清所计道次第四棒运动员的特征与号码，以免错漏。

③ 不分道跑径赛项目（包括 1 500 米以上的各径赛项目）通常采用“一表到底”盯人的方法：即一名计时员负责记一名运动员的圈数和成绩（包括计取运动员的每圈成绩以及 3 000 米以上项目的每 1 000 米成绩）并兼记名次。在长距离项目中，计时员要计取和记下每一名运动员每次通过终点的时间，并填写在相应的长距离卡片位置内，特别要注意第一次通过终点时成绩的位置，如 10 000 米要填写在尚余 24 圈的格子内，其它各圈成绩依次类推，各圈成绩填写到整秒或 1/10 秒即可。在比赛中，如发现所示圈数与本人所记圈数不符时，应立即报告计时主裁判，由计时主裁判与终点主裁判核对，共同完成长距离项目的计时、记圈工作。

3．赛后工作

（1）每单元比赛结束后，应及时进行简要的小结，各计时小组可根据计时存查表记录的情况进行小结交流，发现问题及时解决。

（2）整个工作结束后，主计时员查收、清点计时表等用具并归还，做好全面总结工作。

四、所需器材物品（表 3-3-3）

表 3-3-3 人工计时裁判组所需器材物品表

序号	器材设备	数量
1	计时台	1 个
2	裁判桌	若干
3	电子秒表	28～30 块

续表

序号	器材设备	数量
4	带橡皮的铅笔	28～30 支
5	夹板	15 块
6	竞赛成绩记录卡	若干
7	计时存查表	若干
8	计圈计时表	若干
9	卷笔刀	4 把
10	对讲机	2 部
11	望远镜	1 架

第四节　终点摄影计时裁判工作

一、工作任务

（1）终点摄影计时组的工作任务是准确、迅速地计取径赛运动员的比赛成绩。

（2）确保分段成绩显示牌的正常工作。

（3）保证起点设备的正确使用。

二、人员设置、分工与职责（编制与职责）

摄影计时组主裁判 1～2 人；判读员 2 人；记录员 2 人；终端操作员 1 人；审核员 1 人；摄影计时器操作员 2 人；分段成绩操作员 2 人；起点工作员 3 人；录像操作员 1 人。终点摄像主裁判负责终点计时系统的运转，监督设备的安装、调试和计时器零启动操作。

三、工作程序与方法

（一）摄影计时主裁判的工作程序与方法

1．赛前工作

（1）参加主裁判会议，认真学习和研究竞赛规则、竞赛规程、补充通知等其他相关文件。了解大会基本情况，明确任务和要求；了解竞赛日程和大会活动日程。

（2）研究终点摄影裁判组的工作方法和流程，制订工作计划和细则。负责裁判员分工，明确各裁判员职责、工作方法和协调配合方法，列出所需物品和设备清单，交径赛裁判长审核。

（3）与竞赛秘书组、检录处、发令协调员、记圈组、检查组、现场指挥中心商定联络方式和协同配合方法。

（4）与风速测量员联系，商定风速测量数据的传输与接收办法。

（5）在所有比赛中要使用符合国际田联规则的全自动计时和终点摄像系统。全自动计时和终点摄像系统必须经过测试并具备在比赛举办前 4 年内所获得的精度测试合格证书，包括以下条件：① 该系统必须通过终点线延长线上的摄像机记录终点情况，并生成合成图像。规则 1.1 所述的比赛，合成图像必须提供至少每秒 1 000 帧图像。其他比赛，合成图像必须提供至少每秒 100 帧图像。在各种场合，图像必须与精确到 0.01 秒的时间标尺同步。② 计时系统必须由发令员的信号自动启动开始计时，从鸣枪或类似视觉信号到计时系统启动之间的总延误时间应是恒定的，并应等于或小于 0.001 秒。运动员的名次应使用带有标线的图像读取，该标线必须与时标垂直。

（6）该系统必须自动判定并记录运动员抵达终点的时间，且必须能打印出标明每名运动员抵达终点时间的图像。另外，该系统必须能够提供表格总览，标出每名运动员的时间或其他成绩。改变自动判读数据和手动输入数据（如起跑时间、终点时间），可从系统打印的图像时标及表格总览中自动显示出来。

（7）终点摄像主裁判应负责本系统的运转。比赛开始前带领本组裁判员与有关技术人员会面，熟悉设备的性能，检查所有的设置。熟练掌握摄影计时器、分段计时器、计算机、判读仪、传感器、起跑犯规监测仪、分段成绩显示牌、各路电缆等设备的安装、连接、操作使用方法及发生故障时的排障方法。

（8）指导场地器材组检查制作终点线上的黑色标志。为了确认摄像装置对正终点线，便于判读终点拍摄的图像，分道线与终点线的交叉点应以合适的图形着成黑色。所有的这些图形必须完全限定在交叉点内，不得大于 20 毫米，也不得向前超过终点线的前沿。类似的黑色标记可放置在分道线与终点线的交叉点的两旁，以帮助判读。

（9）与起点工作人员配合进行起、终点设备的链接与测试，并在技术官员和径赛裁判长的指导和监督下进行零测试检验，确保发令装置与终点摄影计时系统的准确工作。

（10）至少应有两台终点摄像机分别从两侧同时拍摄。更为可取的是，这些计时系统在技术上应相对独立，即采用各自不同的电源、记录、发令信号传输和电缆等。如使用两台或两台以上终点摄像机时，赛前应由技术代表（或被任命的国际终点摄像裁判员）指定其中的一台为正式摄像机。只有当有理由怀疑正式摄像机的准确性或有必要使用辅助图像来决定运动员的终点名次时（比如在正式摄像机拍摄的图像上，运动员的整体或部分图像被遮挡时），才可使用备用摄像机记录图像的时间和名次。

（11）对照所需器材物品清单进行逐一清点和检查。

（12）组织本组裁判员参加现场实习和径赛各裁判组的联调，进一步熟悉计时装置和其他各种设备的使用、工作流程及与其他相关裁判组的配合方法，发现问题及时解决。

2．赛中工作

（1）按照大会规定时间到达比赛场地，督促和检查各裁判员完成设备的安装、连接，并与发令员配合进行启动调试，确保发令枪或经批准的发令装置能自动启动终点计时系统。与各有关裁判组、现场指挥中心联络以检查无线电通讯是否畅通。提示本单元工作要点，做好各项赛前准备。

（2）在每一比赛单元开始前，终点摄像主裁判应与径赛裁判长、发令员配合，进行一次零启动测试，以确保发令员的信号能在规则规定的时间（即等于或小于 0.001 秒）内自动启动设备。保存并打印零测试图像和文件，交径赛裁判长和技术官员签名，并在每单元比赛结束后将文件交竞赛秘书组留存备查。终点摄像主裁判还要监控设备的测试，确保所有摄像机与终点线完全对齐。

（3）赛前 5 分钟，督促终端操作员提取将要比赛项目的运动员检录单，并复核运动员出席、缺席的情况。

（4）赛前 3 分钟，再次核对参赛组别、项目、赛次和组次，终点参考成绩显示牌归零，并再次检查计时设备是否处于待启动状态；与发令协调联系，一切准备就绪后向现场指挥报告，等待现场指挥下达比赛信号。

（5）发令员鸣枪后，立即检查计时装置的启动情况，如发现启动故障等异常情况应立即通知召回发令员鸣枪召回，终止比赛，并迅速排障。

（6）每组比赛结束后，在适当数量助理裁判员的协助下，终点摄像主裁判应判定运动员的名次和成绩。他要确保这些成绩准确地输入到竞赛成绩系统，并传递到竞赛秘书处。在大型比赛中技术允许的情况下，通常终点摄影照片应立刻显示在视频大屏幕上或者在网上公布。通过这种方式将相关信息提供给正要考虑提出申诉和抗议的运动员或者相关人员，以避免时间浪费在不必要的申诉和抗议上。如遇破纪录时应严格核对判读图像与成绩，并上报径赛裁判长，经审核和确认后，打印照片并签字后送竞赛秘书组，通知终点摄影组起点工作人员再打印该组运动员起跑反应时将数据交竞赛秘书组。

（7）测风速的项目需要接收并将该组风速审核无误后上传到竞赛秘书组。

（8）掌握比赛进程，协调指挥本组裁判之间的工作，与指挥中心保持密切联系。

（9）如果出现有关裁判员以任何理由确定该计时器明显不准确的情况，后备计时员计取的时间可以成为正式成绩。如有可能，可依据终点摄像图像上获得的时间间隔为基础进行调整。

（10）当全自动计时器存在任何失误的可能性时，必须任命后备手计时员。

（11）如果计时设备没有被发令鸣枪启动，在摄影图像的时标上必须能够自动标出。在这种情况下，记取的时间不能作为正式成绩，但图像可作为支持运动员名次的确定和调整他们时间成绩差异的参考。

3. 赛后工作

每单元比赛结束后，主裁判应及时组织全组人员小结，并将本单元比赛成绩归档。

（二）摄影计时组的工作程序与方法

1. 赛前工作

（1）学习有关规程、规则及有关规定，熟悉比赛日程。

（2）检查与各有关裁判组的通讯联络是否畅通。

（3）终点摄像主裁判负责终点计时器的运转。调校各种仪器、装置。在每一比赛单元开始前，终点摄像主裁判应与径赛裁判长、发令员配合，进行一次核查，确保发令枪或经批准的发令装置能自动启动终点计时系统并匹配无误。

（4）摄影计时器操作员与起点工作员商定联络信号和配合方法。

① 起点工作人员与发令员商定配合方法。

② 录像操作员、判读员与检录组商定如何按规定让运动员在短裤右侧中线处佩戴道次号码，并与终点裁判商定协调配合的方法。

2. 赛中工作

（1）赛前 1 小时各组人员到达指定岗位，检查和调试各组的仪器装置，和发令组配合完成发令和计时装置的连接与调试。

（2）起点工作人员确保传感器线路畅通，传感器指示灯亮才可发令；随时纠正发令枪距传感器的位置；检查监跑器的工作状态；每组发令前向终点摄影计时主裁判报告准备情况。

（3）赛前 5 分钟，终端操作员在终端上显示该组运动员检录单，并将运动员人数、缺席情况报告主裁判。

（4）赛前 3 分钟，计时器和显示牌归零，主裁判和摄影计时器操作员再次检查机器是否处于准备工作状态，随后密切注视起点。

（5）当发令员鸣枪后，注意观察计时装置的启动情况。运动员即将到达终点前 10 米处时，及时开动摄影装置，连续拍摄运动员抵达终点的全过程。

（6）录像员应高度集中注意力，录好各组运动员终点冲刺撞线全过程，随时为判定运动员的名次提供参考。

（7）运动员抵达终点时，两名判读员应分前 4 名和后 4 名，分别记下运动员到达终点的名次、道次以备判读参考。在不分道项目比赛时，判读员应分工记录运动员顺序和脱圈情况。记录员收听终点主裁判报告的即将到达终点的名次顺序，并及时通知摄影计时操作员即时拍摄。判读员要弄清脱圈运动员是否混夹在抵达运动员的中间。

（8）在主裁判的监督下，判读员按规则快速、准确地进行名次、道次、成绩的判读。应按下列要求从终点图像上判读和记录时间：（a）10 000 米及以下各径赛项目的成绩，除非正好为 0.01 秒，否则应进位和记录为下一个较差的 0.01 秒，如 26:17.533 应记录为 26:17.54。（b）在跑道上进行的 10 000 米以上各径赛项目的成绩，其末尾数不是 2 个 0 的，应进位和记录为下一个较差的 0.1 秒，如 59:26.322 应记为 59:26.4。（c）部分或全部在场外举行的径赛项目的成绩，其末尾数不是 3 个 0 时，应进位和记录为下一个较差的整秒，如 2:09:44.322 应记为 2:09:45。判读时要清晰，经记录员复述后再核对一下成绩。另一判读裁判员应认真核对判读与显示屏上的名次、道次和成绩，并监听记录员的复述是否正确。

（9）记录员一边记录一边复述。记录员复述时，终端操作员录入成绩。核审员边听边看屏幕上各种录入信息是否正确。一组录完后，和记录员一起按记录单核对屏幕显示，无误后通知主裁判，主裁判确认后将该组成绩传送回终点终端处。

（10）分段计时确保每圈、每分段成绩的显示和打印工作，并将打印结果交记录员。

（11）记录员将本组图像、记录单、打印结果附在一起，按顺序保存，以便查对。未经技术代表或赛事总管许可，任何人不得查看。

（12）应以全自动终点摄像计时系统的时间为正式成绩，除非有关裁判员以任何理由确定该时间明显不准确。如果出现此种情况，后备计时员计取的时间可以作为正式成绩。如有可能，可依据终点摄像图像上获得的时间间隔为基础进行调整。当全自动计时系统存在失误的可能性时，必须任命后备手计时员。

（13）在举行不是全部在体育场进行的比赛项目比赛时，应使用符合国际田联规则的感应系统计时，必须符合下列条件：① 使用的设备不得在起点、跑进路线或终点线给运动员的行进造成明显阻挡或障碍。② 运动员携带或佩戴的传感器重量和它外壳的重量不能过重。③ 该系统须由发令员的发令枪开启，或与起跑信号同步。④ 该系统不需要运动员在比赛中、在终点或任何成绩处理阶段采取任何动作。⑤ 在所有比赛中，时间的末位数不为零时，要换算并记录到下一个较差的整秒，如 2:09:44.3 应记录为 2:09:45。（正式成绩为从发令枪发出信号（或同步的起跑信号）至运动员抵达终点线之间的时间。可以让运动员知道他通过起点线和终点线所用时间，但这个时间不能成为正式成绩。）⑥ 当确定运动员通过终点的正式顺序和时间为正式成绩时，如需要，可按规则 164.2 和 165.2 处理。（建议也可采用裁判员和/或录像提供的协助来确定运动员的终点名次和区分运动员。）

（14）在使用感应计时系统时，组委会应当使用适当的备用系统，特别是在执行规则 165.24（f）的情况下。当终点裁判判定成绩接近的名次时（在这种情况下通常使用感应计时很难判定），强烈推荐使用备用计时。

查看规则
164.2、
165.2、
165.24（f）

（15）当使用感应计时系统时，应任命 1 名感应计时主裁判和足够数量的助理裁判员。感应计时主裁判应该负责感应计时系统的工作。在比赛开始前，他将与有关技术工作人员会面，使自己熟悉设备，检查所有设置。他将监控感应计时设备的测试，以及确保通过终点线的传感器能记录下运动员到达终点的时间。必要时，与裁判长合作，确保按照规则判读成绩和名次。

3．赛后工作

（1）总结本单元工作情况。

（2）清洗机器内显、定影装置；保管好传感器、监跑器，并做好防雨措施。

（3）给对讲机等设备电池充电。

（4）离开时关闭所有电源。

四、所需器材与物品（表 3-4-1）

表 3-4-1 摄影计时组所需器材物品表

序号	器材设备	数量
1	摄影计时器	2～3 台
2	OTR7	2 台
3	光电接收器	4 套
4	监跑器	1 套
5	电缆	若干
6	传感器	4 套
7	计算机终端	1 台
8	判读仪	2 台
9	对讲机	2 部
10	望远镜	1 架
11	洗印设备	1 套
12	白色背景布 4 米×0.51 米	1 块
13	分段计时显示牌	2 块

第五节 检查裁判工作

一、工作任务

（1）在径赛裁判长领导下，赛前检查径赛场地、器材和设备。

（2）在跨栏、障碍跑项目中检查栏架数、栏距、栏高是否准确。

（3）比赛中检查径赛运动员有无犯规情况。

（4）在 4×100 米接力赛跑中，组织和管理好第二、三、四棒运动员上道。

二、编制

通常设检查主裁判 1～2 人，检查员若干人。检查主裁判对径赛裁判长负责。

三、工作程序与方法

（一）检查主裁判工作程序与方法

1．赛前工作

（1）认真学习和研究竞赛规则、竞赛规程、补充通知等其他相关文件，了解竞赛日程。

（2）参加主裁判长会议，了解相关情况。研究检查工作方法，制订详尽的工作计划和细则，列出所需物品清单，交径赛裁判长审核批准。

（3）组织检查组裁判员认真学习竞赛规程和有关规则及大会相关规定，加深裁判员对规则精神的认识和理解，统一判罚尺度，明确职责、工作方法和流程，掌握检查员报告表的填写要求。

（4）检查主裁判（见规则 120）是径赛裁判长的助手，由他来指定每个检查裁判员的位置并协调其工作和报告。应由赛事总管与径赛裁判长商议，根据赛事等级、报名人数以及可用裁判人数来确定检查裁判员的数量。要指派足够数量的检查裁判员在各接力区检查接力赛跑。有关裁判长应指定检查裁判员站在能仔细观察比赛的地点。根据竞赛日程、裁判员人数和水平及各径赛项目的特点，进行编号和分组，合理安排各检查小组所负责的项目和裁判员的工作位置，确定检查区域，明确工作任务和要求。提示径赛项目与标枪、跳高项目的裁判组之间协商场地冲突时，相应位置附近的检查员的工作方法。

（5）确定每单元比赛前的集合时间和地点，各项比赛裁判员进出场、换项路线和要求及旗示联络方法。

（6）带领全体检查员复核栏架、障碍跑栏架、栏位、接力区等位置。按照所需物品清单，反复核对和检查各种器材和物品是否符合要求。

（7）组织裁判员实习，参加赛前联调，发现问题及时解决，保证比赛顺利进行。

（8）与终点主裁判和径赛裁判长商定比赛中的联络方法。

（9）有竞走比赛时，协助竞走裁判员完成裁判工作。

（10）对径赛场地进行复核测量。

① 标准跑道全长应为 400 米，应由两个平行的直道和两个半径相等的弯道组成。跑道内侧应用适宜材料制成的突沿加以分界，并漆成白色。突沿高为 0.05～0.06 米，宽度 0.05～0.25 米。两条直道上可以不设突沿，用 0.05 米宽的白线代替。

如因举行田赛项目比赛而需临时移动突沿的一部分，则应用 0.05 米宽的白线在突沿下方的原有位置标出，并在白线上放置锥形物或小旗，其高度至少 0.15 米，锥形物的底座边沿或小旗的旗杆应与白线外沿重合，间隔不超过 4 米（标志旗应朝向跑道内侧，与地面成 60° 角）。本条款（包括临时突沿设置）也适用于障碍赛跑中运动员从主跑道转向跨越水池所跑的那部分曲线跑道。跑道上所有由弯道到直道或由直道到弯道的分界点都应该由测量员用 0.05 米×0.05 米的特殊颜色标记在白线上，比赛时，在这些点上放置锥形物。

② 应在跑道突沿外沿以外 0.30 米处测量跑道长度。如在弯道（或从主跑道转向障碍水池段）无内突沿，则应在标志线外沿以外 0.20 米处进行测量（图 3-5-1）。

③ 赛跑的距离应从起跑线后沿（离终点线较远的边沿）量至终点线后沿（离起跑线较近的边沿）

④ 400 米及 400 米以下各项径赛，每名运动员应占有一条分道，分道宽应为 1.22 米±0.01 米，包括右侧的分道线，分道线为宽 0.05 米的白线。所有分道宽应相同。应按上述②的规定测量第一分道的长度，其他分道的

长度应在其内侧分道线外沿以外 0.20 米处进行测量。（在 2004 年 1 月 1 日以前建设的场地，其分道最大宽度可为 1.25 米。但是，当这样的场地重新铺设时，跑道宽应符合这一规则。）

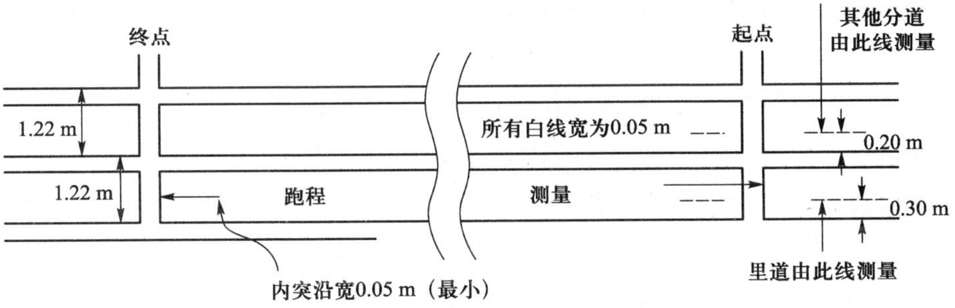

图 3-5-1　跑道的测量（内场视角）

⑤ 国际比赛，径赛跑道至少要设 8 条分道。

⑥ 跑道的左右倾斜度最大不得超过 1∶100（1%），除了由国际田联提供豁免证明的特殊情况外，并且在跑进方向上的向下倾斜度不得超过 1∶1 000（0.1%）。

所有不分道跑的径赛项目，起跑线应为弧线，从而使所有运动员从至终点相同的距离处开始起跑。所有项目的出发位置应面对跑进方向，从左至右编号。终点处应用 5 厘米宽的白线标出终点线。

⑦ 800 米跑时，运动员应在自己的分道内跑过第 1 个弯道末端，越过抢道线后沿（距起跑线较近的边）之后，即可离开各自的分道。抢道线应为一条弧线，标记在第一个弯道末端，宽 5 厘米，横跨除了第 1 道外的所有跑道。为了帮助运动员确认抢道线，可在各分道线与抢道线的交界处之前的分道线上放置锥形物、棱柱体或其他类似标志物，这些标志物规格为 5 厘米×5 厘米且最大高度不超过 0.15 米，应与抢道线和分道线的颜色不同。（在规则 1.1（d）和（h）的比赛中，参赛队可商定采用不分道跑）。

2．赛中工作

（1）赛前按规定时间和指定地点集合，检查人员报到情况，检查主裁判向径赛裁判长报到，接受任务。领取当日秩序册及所需器材、用具，做好各项准备工作。

（2）入场前，检查主裁判向裁判员提示工作要点，进一步明确本单元径赛的项目、组数、人数及各裁判员在每个项目中所处的位置和换项移动路线。

查看规则 230.2

（3）入场后，1 名主裁判在终点附近，掌握比赛进程，负责每组赛前赛后和检查员及终点主裁判和裁判长的联络。如发现运动员或其他人员犯规或违例时（规则 230.2 除外），应立即向有关裁判长提交书面报告，提示本组成绩缓送。

（4）另 1 名主裁判在每个项目运动员易犯规区域游走，并密切注意比赛的全过程和每组比赛后各检查员有无犯规旗示。如收到犯规情况的报告，应立即至犯规现场了解犯规情况，并根据事实在《检查员报告表》上填写处理建议，签名后立即交分管径赛裁判长裁决。若检查裁判员未能用特定方式报告犯规情况（或者完全没有），也不影响做出取消比赛资格的决定。

（5）掌握和检查各检查小组裁判员的工作。

3．赛后工作

每个单元比赛结束后应及时进行小结，提出改进意见；全部比赛结束后归还所借物品，组织评议和进行工作总结。

（二）检查员工作程序与方法

1．赛前工作

（1）认真参加裁判员学习和认真研究、理解规则精神，明确裁判长和主裁判的要求，统一执法尺度。明确每单元的集合时间和地点、熟记自己的号位、进退场、换项路线和各种旗示方法，掌握裁判工作方法和检查员报告表的填写方法（表 3-5-1）。

（2）在主裁判领导下参加现场实习及径赛裁判员联调。熟悉径赛场地，确认各项目的工作位置和分管区域。复核各组别跨栏和障碍赛项目的栏高和栏位，熟悉接力区的位置。

表 3-5-1　检查员报告表

________子________组_____________米_______赛________第_________组

犯规运动员号码		犯规地点		被影响的运动员号码	
犯规情况	检查员__________				
检查主裁判意见	签名__________				
径赛裁判长判决	签名__________				
赛事总管判决	签名__________				

（3）按照器材清单检查所需器材和物品，掌握裁判用具的使用方法。

（4）各种旗示

① 检查主裁判与检查员之间的旗示。

询问旗示：每组比赛结束后，检查主裁判将旗直臂上举，仔细观察每一名检查员有无犯规旗示，所有裁判员均应起立面向主裁判。在 4×100 米接力比赛时，检查主裁判将旗直臂上举，各接力区小组长面向小组长直臂上举黄旗表示准备就绪。

犯规旗示：比赛中，检查员发现有运动员犯规，立即起立面向检查主裁判将黄旗直臂上举示意，直至收到检查主裁判示意后放下黄旗。

换项旗示：检查主裁判将旗前平举左右摆动。检查员应迅速转移至下一项工作位置。

退场休息旗示：检查主裁判将旗上举在头顶上划圈。

② 检查主裁判与终点主裁判之间的旗示。

检查主裁判接到检查回旗后，面向终点立正将旗举至胸前示意准备就绪。

③ 检查主裁判与径赛裁判长的旗示。

主裁判收到检查员发出的“犯规”信号后，应面向径赛裁判长将旗在体前下方左右摆动，提示该组成绩缓报。

2．赛中工作

（1）按照大会及主裁判的要求，在指定的时间和地点集合，领取当日秩序册及所需器材、用具，做好各项准备工作，准备入场。

（2）按照事先的分工、路线和要求，在检查主裁判带领下每人左手持椅子、旗、木尺，右手持带夹记录板，列队准时到达指定地点。

（3）比赛开始后，密切注视自己所负责的号位区域动态，目光主动迎送运动员进入与跑出自己所管辖的区域。长距离项目负责起点区域的检查员要注意有无运动员起跑后即退出比赛。

（4）在举行跨栏、障碍赛等项目比赛时，认真检查栏位、栏高及配重。在举行 4×100 米接力比赛时，核查 2、3、4 棒运动员组次、单位、道次、号码及参赛证，并安排运动员上道。赛前检查工作就绪后，向主裁判示意。检查裁判员“报告”所有其认为犯规的情况是非常重要的，即使运动员或接力队当时还没有完成比赛，检查裁判员也应将任何违反规则的情况报告给有关裁判长。

（5）当比赛在塑胶跑道上进行时，通常向检查裁判员提供胶带以便其标记犯规发生的位置。当检查裁判员发现运动员离开自己的跑道进入其他分道或在接力区外交接棒，他应立即用适当的材料在跑道上标出犯规地点，或在纸上做类似标记，或通过电子手段记录。

（6）认真检查径赛运动员在所负责区域内有无犯规情况。出现违反规则的情况，应举黄旗或采用任何经技术代表批准的有效方法通知有关裁判长，按以下流程予以处理：

① 看清犯规情节和犯规运动员的号码、道次。如有被影响的运动员，则应看清受影响运动员的号码和道次。作简单记录后，立即举黄旗向主裁判示意。

② 在确认主裁判知悉后放下黄旗，迅速用胶布准确地标出犯规区域后，立即按要求准确地填写检查员报告表并签名，等待主裁判和径赛裁判

长亲临现场处理。

③ 犯规处理完毕，清理犯规标记，准备下一组的比赛。检查裁判员是裁判长的助手，无权做最后裁决。

④ 在比赛中如有运动员中退或发现其他任何非正常情况，相关区域的检查员均应做好记录，并报检查主裁判。

（7）在退场休息或换位时，各检查员应按事先确定的路线、方法迅速靠拢，并快速到达指定地点休息或转移到新的工作岗位。

（8）如径赛项目与跳高、标枪比赛在场地有交叉时，该号位检查员应加强与该项目的管理裁判联系，以确保径赛项目比赛安全、顺利进行。

3．赛后工作

（1）每单元比赛结束后，检查员依次整队退场，并在检查主裁判领导下进行小结。

（2）比赛全部结束后，清理各种手续，归还所借物品，进行总结并写成书面材料交径赛裁判长。

（三）直道分道跑项目检查员位置及分工

1．100 米跑

检查员的分工站位（图 3-5-2）

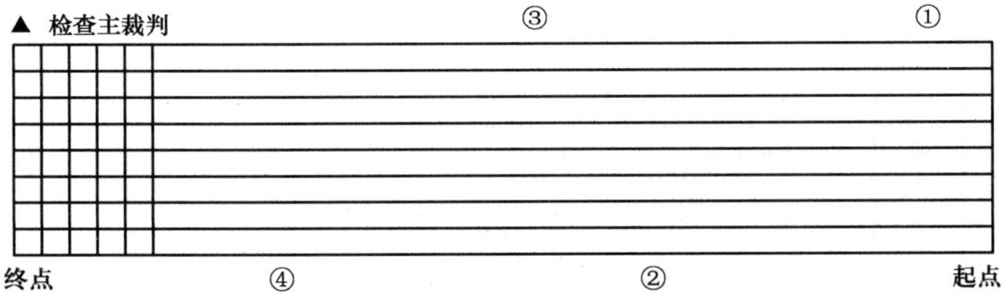

图 3-5-2　100 米比赛检查员分工站位

图中②、④号位检查员负责检查 1～4 道；①、③号位检查员负责检查 5～8 道；①号位检查员观察运动员起跑和起跑后的加速跑有无犯规情况；②、③号位检查员主要观看途中跑情况；④号位检查员检查最后 20

米跑有无摔倒、阻挡他人等情况；①、②、③、④号位检查员每人负责两道，从后面观察检查运动员是否在自己分道内跑进。检查主裁判在终点处统观全局，另一检查主裁判在起点附近观察。

检查的重点：运动员是否按自己的分道跑完全程。在分道跑及部分分道跑分道部分的比赛中，运动员应自始至终在自己的分道内跑进。运动员自愿离开跑道后将不得继续参加该项目比赛。

检查的难点：对于运动员一瞬间犯规情况能否看清抓准。

该项目易出现的犯规现象：串道阻挡影响他人。如果裁判长确认了一位裁判员、检查员或其他人员关于某运动员跑出了自己分道的报告，并且该运动员阻碍了其他运动员的跑进，则应取消该运动员的比赛资格。

检查员检查的方法：运动员出发后，目光追随运动员移动，一旦运动员进入自己的检查区域应全神贯注观察有无犯规情况。

2．100 米栏和 110 米跨栏跑

（1）100 米栏、110 米栏检查员的分工站位（图 3-5-3）。

①～⑩号位检查员每人负责检查一排栏，应特别注意观察运动员过第一架栏和最后一架栏以及第一道次栏和第八道次栏的情况。每位检查员的位置应在所负责判罚栏架前大约 2 米，距跑道外侧大约 3 米的地方。检查主裁判在终点统观全局，另一检查主裁判在起点。

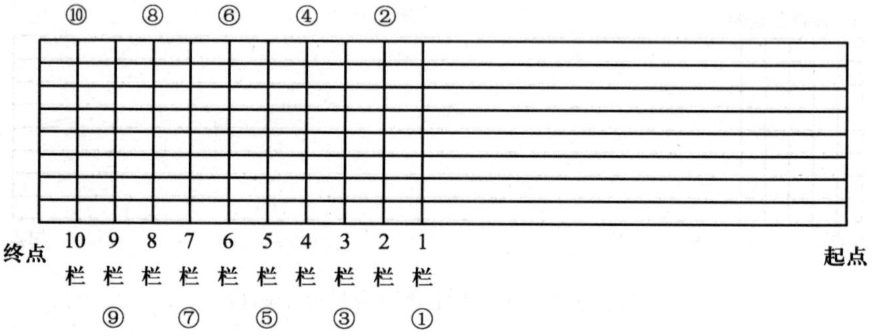

图 3-5-3 直道栏项目检查员分工站位

（2）跨栏项目标准比赛距离为：成年男子、青年男子（U20）和少年男子（U18）110 米、400 米；成年女子、青年女子（U20）和少年女子（U18）

100 米、400 米；每条分道按下表设置 10 个栏架，各项目栏架的设置如下：成年男子、青年男子（U20）和少年男子（U18）栏架的设置（表 3-5-2、表 3-5-3）。

表 3-5-2　成年男子、青年男子（U20）和少年男子（U18）栏架的设置

全程距离	起点至第一栏	栏间距离	最后一栏至终点
110 m	13.72 m	9.14 m	14.02 m
400 m	45.00 m	35.00 m	40.00 m

表 3-5-3　成年女子、青年女子（U20）和少年女子（U18）栏架的设置

全程距离	起点至第一栏	栏间距离	最后一栏至终点
100 m	13.00 m	8.50 m	10.50 m
400 m	45.00 m	35.00 m	40.00 m

放置在跑道上的栏架底座的支架应指向运动员的跑来方向。放置栏架时，栏板后沿应与跑道上放置栏架的标记后沿重合。

（3）栏架应用金属或其他适宜材料制成，栏顶横木为木料或其他非金属材料。栏架应包括两个底座支架和用一条或数条横木加固的、用以支撑长方形框架的两根立柱。立柱固定于底座的末端。在横木顶端中央至少要在水平方向施加 3.6 千克的力才能使栏架翻倒，栏架设计方为合格。栏架高度可按不同项目进行调整，并按栏架的不同高度调整栏架配重，使各种高度的栏架均需 3.6 千克最多不超过 4 千克的力方可被推倒。当中心受到相当于 10 千克外力时，栏板的最大水平偏移（包括立柱的偏移）不应超过 35 毫米。

（4）栏架规格（表 3-5-4）

① 制作栏架时，栏架高度的允许误差为 ±3 毫米，栏架宽度应为 1.18～1.20 米，栏架底座最长为 0.70 米。栏架总重量不得少于 10 千克。由于制造的差异，青年男子 110 米栏架高度最高为 1.00 米。

表 3-5-4 栏架的标准高度

全程距离	成年男子	青年男子（U20）	少年男子（U18）	成年女子、青年女子（U20）	少年女子（U18）
100 m/110 m	1.067 m	0.991 m	0.914 m	0.838 m	0.762 m
400 m	0.914 m	0.914 m	0.838 m	0.762 m	0.762 m

注：由于制造的差异，青年男子 110 米栏架高度最高为 1.000 米。

② 栏顶横木高 70 毫米±5 毫米，厚 10～25 毫米，上边缘应圆滑，两端应固定在支架上。

③ 栏顶横木应漆成黑白相间的颜色或涂以其他强烈醒目的对比颜色（要与周围环境区分开）。位于两端的浅色条纹宽度至少为 0.225 米。应是所有视力正常运动员可见的颜色（图 3-5-4）。

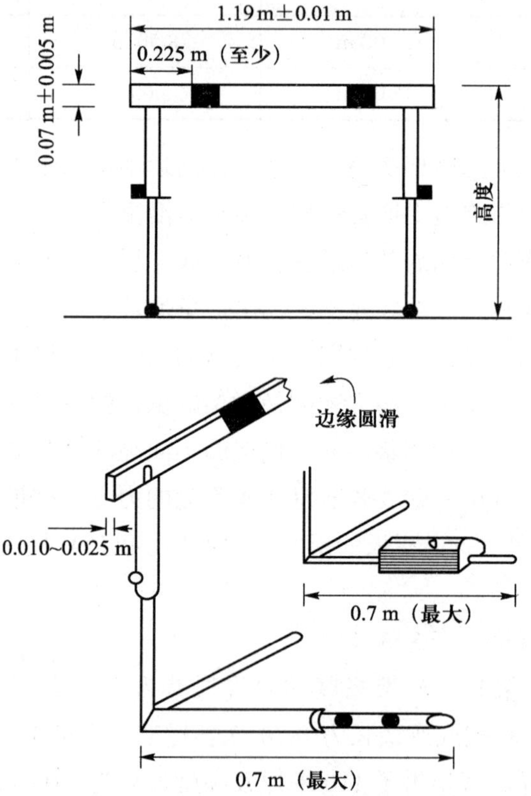

图 3-5-4 比赛用栏架

④ 所有跨栏跑项目均为分道跑，运动员应自始至终在各自分道内并跨越每个栏架完成比赛。如果运动员直接或间接撞倒另一分道的栏架或使其明显移位时，除非他没有影响或阻挡比赛中的其他运动员，也没有违反规则，否则将会被取消资格。因为考虑到遵循规则，跨越每个栏架不应该理解为跨越各自分道内的栏架。但当一名运动员踢倒或者移动其他分道上的栏架，影响其他运动员的跑进时，该运动员将被取消比赛资格。

应使用符合逻辑的方式解释一名运动员推倒或移动其他分道栏架的情况。例如，当一名运动员推倒或移动其他分道的栏架，该分道中的运动员已经跨越此栏架，那么不应该取消该运动员的比赛资格，除非他违反了其他规则，例如移动到侧分道。此条规则在于解释清楚在何种情况下运动员将被取消比赛资格。

因此，裁判长和检查裁判必须注意并确定每名运动员在各自分道内。此外，在跨栏比赛中，运动员越过栏架时摆臂幅度经常会很大，击打或者干扰到其他道次的运动员。这种情况通常会被检查员和正对跑道的摄像机发现。

（5）运动员应跨越每个栏架，否则将被取消比赛资格。此外，出现下列情况，运动员也将被取消比赛资格：① 在过栏瞬间，其脚或腿在栏架两侧以外（栏架任意一边），低于栏顶的水平面；② 裁判长认为运动员有意撞倒任一栏架。如果没有违反此规则，栏架没有移位或者其高度没有降低，包括在任何方向的倾斜，运动员可以以任何方式跨越。该情况主要发生在低水平的比赛中，但适用于所有比赛。

（6）推倒栏架不一定会导致取消运动员比赛资格。许多运动员在拉回起跨腿的时候将栏架带倒。故意推倒栏架是一种犯规行为（例如运动员离栏架过近）。裁判长应当确认运动员是否故意推倒栏架，最明显的例子是运动员使用手。在其他情况中，例如运动员可能故意使用脚或者大腿下部，裁判长必须明确此种行为是故意的，并且故意违反了规则规定。一种情况就是，运动员没有抬高攻栏腿越过栏架而导致栏架被推倒。允许运动员将手放于栏架上，并且爬越过去，通常在这种情况下，运动员会向前倾倒或者失去平衡。

（7）检查的重点：运动员跨越栏架的动作；手臂的摆动是否影响他人。

（8）检查的难点：运动员是否有意或无意踢倒和撞倒栏架，过栏时腿和脚是否低于栏顶水平面（特别是第一道和第八道），是否跨越他人栏架。该项目易出现的几种犯规现象：运动员没有跨越任何栏架；在过栏瞬间其脚或腿低于任何栏架顶端的水平面；跨越其他分道内的栏；裁判长认为运动员有意撞倒栏架；手臂摆动影响或阻碍他人跑进；因跌入邻道阻碍他人。当出现以上几种情况时，将被取消比赛资格。

检查员检查的方法：先从斜前、侧面再到背后观察；仔细观察，以辨明运动员是否试图把栏架高度压低并趁机尽快跨越栏架；仔细观察运动员摆动腿碰倒栏架的细节。

（四）弯道分道跑和部分分道跑项目检查员位置及分工

1．200 米跑和 400 米跑（图 3-5-5、图 3-5-6）

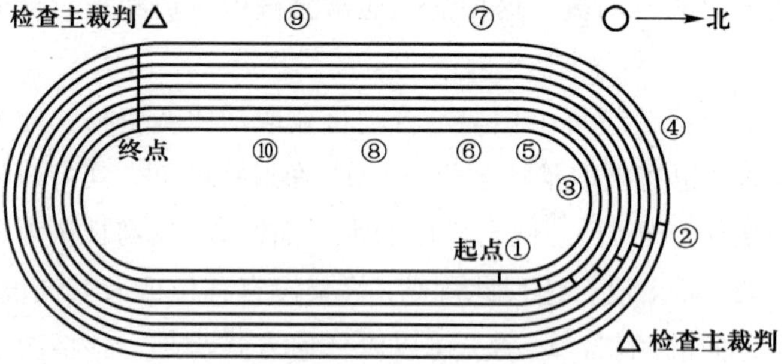

图 3-5-5　200 米跑检查员的分工站位

（1）200 米跑时检查员的基本站位：①、②号位检查员重点检查运动员起跑后疾跑的情况；③、④、⑤号位检查员重点检查运动员在弯道跑时是否踩踏左侧分道线；⑥、⑦号位检查下弯道时有无犯规情况，有无切入内道情况；⑧、⑨、⑩号位检查员注意直道跑进中，特别是终点冲刺有无犯规情况。两位检查主裁判分别在起点和终点。

400 米跑时检查员的基本站位：两个弯道处和从弯道进入直道处应重点布局，重点检查。

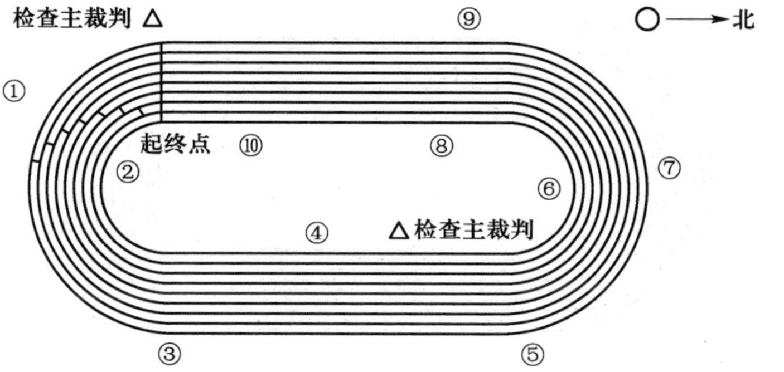

图 3-5-6 400 米跑检查员分工站位

（2）检查的重点：运动员在弯道跑进中有无犯规情况。如果运动员在直道上跑出自己分道，没有获得实际利益并且没有阻碍其他运动员跑进；在弯道上跑出自己分道的外侧分道线，未从中获得实际利益并且没有阻碍其他运动员跑进，则不应取消该运动员该项目比赛资格；在分道跑及部分分道跑项目的分道部分，运动员由于受他人推、挤或被迫跑出自己的分道，但未阻挡其他运动员，也未从中获得实际利益，不应取消其比赛资格。

（3）检查的难点：运动员由直道进入弯道，由弯道进入直道时串道。该项目易出现的犯规现象主要是：踩踏左侧分道线；弯道进入直道时或直道进入弯道时串入其他分道，阻挡影响他人；终点冲刺跌倒或摆臂影响他人。检查员检查的方法：应把检查重点放在弯道上，弯道检查员开始应正面观察运动员跑进，当运动员跑过自己的位置，则转身从背后观察。

2．400 米栏（图 3-5-7）

（1）每位检查员负责检查一排栏，重点注意观察弯道跑及弯道跨栏动作。

（2）检查的重点：弯道上跨越栏架及弯道栏间跑动作。

（3）检查的难点：运动员是否有意踢倒栏架；过栏时特别是过弯道栏时，运动员过栏是否低于栏顶水平面。

（4）该项目易出现的犯规现象有：上栏及下栏起跨腿或摆动腿踩踏左侧分道线；经过最后几栏有意用手或脚弄倒栏架；过栏时脚或腿低于栏顶水平面（特别是起跨腿或摆动腿过弯道栏时）。

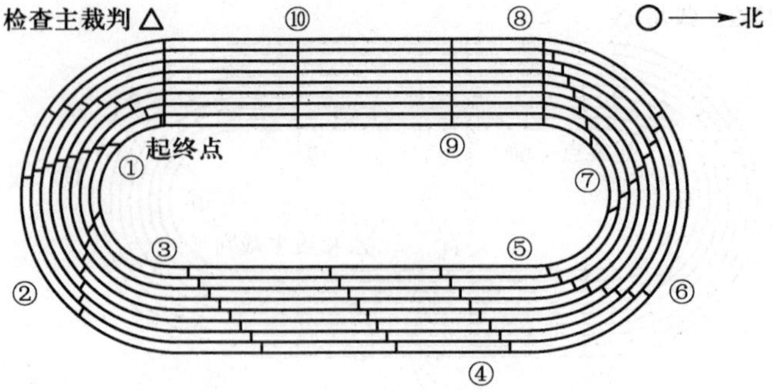

图 3-5-7 400 米栏比赛检查员分工及站位

检查员检查的方法：基本同直道栏检查方法，但由于 400 米栏距离长，检查员少，检查员应发挥主观能动性，实行相对固定及流动检查相结合的方法。①～⑩号位检查员每人负责一排栏，重点检查弯道跨栏和弯道栏间跑动作。

3．800 米跑（图 3-5-8）

（1）800 米跑是在第一个弯道末端的抢道线后沿之后为分道跑，当运动员越过此线后即可切入里道。

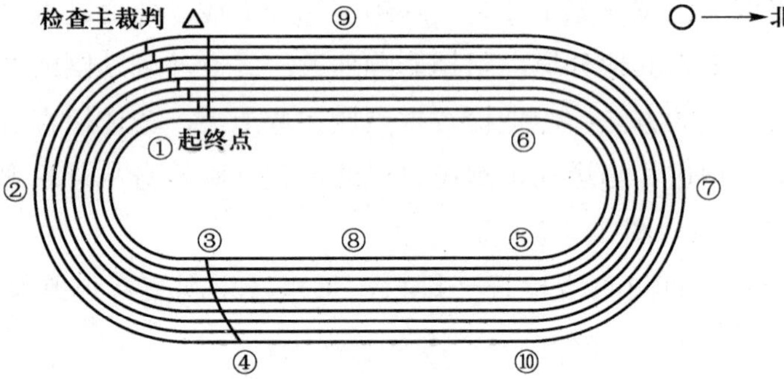

图 3-5-8 检查员的分工与站位

（2）①、②号位检查员检查运动员起跑和起跑后的加速跑及弯道跑情况；③、④号位检查员在抢道标志线两端，重点检查运动员是否提前抢道进入里道；⑤、⑥号位检查员检查运动员上、下弯道及弯道跑情况；⑦号位检查员重点观察弯道跑情况；⑧、⑨、⑩号位检查员在直道上检查运动员跑进情况。

（3）检查的重点：弯道跑情况；是否未跑过抢道标志线即切入里道。

（4）检查的难点：准确判断跑过抢道标志线及下最后一个弯道转入直道时有无犯规情况。

（5）该项目易出现犯规的现象有：未跑过抢道标志线提前切入里道或过标志线后强行切入内道阻挡他人；在下最后一个弯道转入直道时，有挤、撞、阻挡他人或以不合理动作超越对手。

检查员检查的方法：在抢道标志线切入处，观察运动员是否提前跑入里道；观察下最后一个弯道转入直道时的情况。要求做到目迎目送。

4．接力比赛

（1）接力比赛标准距离为：4×100 米、4×200 米、100 米-200 米-300 米-400 米异程接力、4×400 米、4×800 米、1 200 米-400 米-800 米-1 600 米的长距离异程接力、4×1 500 米。（异程接力赛可以不同的棒次顺序进行比赛，在此种情况下，规则的运用应当有适当的调整。）

（2）应在跑道上画出 50 毫米宽的横线标明各棒次之间的距离和接力区标志线。在 4×100 米、4×200 米接力，以及异程接力的第一、第二次交接棒中，各接力区的长度为 30 米，标志线位于距接力区开始分界线 20 米处。在异程接力的第三次交接棒和 4×400 米及更长距离的接力中，每个接力区的长度为 20 米标志线位于中间。接力区的开始和结束都从接力区分界线跑进方向的后沿算起。在每次分道的交接棒过程中，专门指定 1 名裁判员以确保运动员处于各自接力区内的正确位置。这名指定的裁判员应保证规则 170.4 运动员在跑道上做标志的相关规定的执行。

查看规则 170.4

（3）检查员必须确保每支接力队的每名运动员站在正确的道次和棒次上。助理发令员负责安排第一棒运动员的位置，并且确保每名运动员都分配到接力棒。他们也可能被安排，协助在起跑线上完成交接棒过程的任务。每个接力区的检查主裁判和他们安排的每个检查裁判将负责安排后继棒次运动员的位置。当每名运动员被安排好各自位置后，检查主裁判将通过事先确定好的通信方式通知其他相关裁判（通常在大赛中使用对讲机进行通讯）。他们必须确保在每次交接棒过程中，在接棒跑动开始前，接棒运动员的脚要完全在接力区内。接棒跑动不能在接力区外开始。

（4）当接力的全程或第一棒为分道跑时，运动员可在自己分道内用胶布做一个标志，其最大尺寸为 0.05 米×0.40 米，颜色应明显区别于跑道上其他永久性标志，不得使用其他标记。裁判员可以指导相关运动员执行规则或移除不符合规则的标记。如果他们不执行，裁判员将移除这些标记。情况严重的可以给予警告或者取消比赛资格。

（5）接力棒必须在接力区内交接。接力棒的交接，从接力棒初次触及接棒运动员开始，到完全由接棒运动员手持接力棒才算完成。以接力棒的位置决定是否在接力区内完成接力。在接力区外交接棒将被取消比赛资格（在决定接力棒的位置时，要考虑接力棒的整体位置）。

（6）检查裁判员必须确保他们能够观察到接棒运动员在接力棒进入到接力区前接触到接力棒，特别是在 4×400 米或其他长距离项目上。接棒运动员在接力棒进入接力区之前接触到接力棒，该运动员所在接力队将被判取消比赛资格。他们还必须确保接力棒离开接力区前只在接棒运动员手中。

（7）① 在体育场内举行的所有接力赛跑必须使用接力棒，运动员必须手持接力棒跑完全程。至少在规则 1.1（a）、（b）、（c）和（f）的比赛中，每支接力棒必须有编号和不同的颜色，还可包括计时传感器。② 不允许运动员戴手套或在手/双手上放置某种材料或物质以便更好地抓握接力棒。③ 如发生掉棒，必须由掉棒运动员拾起。允许掉棒运动员离开自己的分道拾棒，但不得因此缩短比赛距离。此外，接力棒掉在跑道两侧或跑进方向时（包括越过终点线），掉棒的运动员在拾回棒后，必须至少回到他上次手持棒的位置并继续跑进。如果遵守上述程序，且未侵犯其他运动员，不得因掉棒取消比赛资格。如果运动员没有遵守此规则，则他所属的接力队将被取消比赛资格。

（8）运动员在接棒之前和（或）交棒之后，应留在各自分道或保持位置直到跑道畅通，以免阻挡其他运动员。如果运动员阻碍其他接力队运动员，包括跑离所在位置或跑出分道，则按规则 163.2 处理。

查看规则
163.2

（9）在比赛过程中，任何运动员手持或捡拾其他接力队的接力棒时，该接力队将被取消资格，其他接力队不应受到惩罚，除非从中获得利益。

（10）接力队的每位成员只能参加接力赛的其中一棒，参加接力比赛任何赛次的 4 名运动员，可以是报名参加其他项目比赛的任何运动员。然而，一旦开始比赛，每队只允许有两名替补队员参加比赛。如果违反此规定，将取消该队比赛资格。

（11）接力队的成员组成和各棒顺序，必须在公布的每一赛次比赛的第一组的检录开始时间（指运动员必须到检录处报到的时间）之前至少 1 小时正式申报。如再次变动，必须经由组委会任命的医务官员进行核实，但也只能在该接力队所在组的检录结束时间（运动员离开检录处的时间）之前提出。接力队必须按正式申报名单和各棒次顺序参加比赛。如不遵守此规则，将取消比赛资格。

（12）4×100 米接力比赛，应为全程分道跑。4×200 米接力比赛，可以采用以下任何一种方法进行：① 如有可能，应为全程分道跑（4 个弯道均为分道跑）。② 前两棒是分道跑，第三棒运动员分道跑越过规则 163.5 所述的抢道线后沿以后，可离开自己的分道（3 个弯道为分道跑）。③ 第一棒运动员分道跑越过规则 163.5 所述的抢道线后沿以后，可离开自己的分道（1 个弯道为分道跑）。④ 如果参赛队不多于 4 队，并且没有条件选择本规则方式，建议按本规则方式进行比赛。

查看规则 163.5

（13）异程接力比赛，前两棒是分道跑，第三棒运动员越过规则 163.5 所述的抢道线后沿以后，可离开自己的分道（2 个弯道为分道跑）。

（14）4×400 米接力比赛，可以用以下的任何一种方法跑进：① 第一棒是分道跑，第二棒运动员越过规则 163.5 所述的抢道线后沿以后，可离开自己的分道（3 个弯道为分道跑）；② 第一棒运动员越过规则 163.5 所述的抢道线后沿以后，可离开自己的分道（1 个弯道为分道跑）。③ 如果参赛队不多于 4 队，建议使用本规则方式进行比赛。

（15）4×800 米接力比赛，可用以下的任何一种方法跑进：① 第一棒运动员越过规则 163.5 所述的抢道线后沿以后，可离开自己的分道（1 个弯道为分道跑）。② 不采用分道跑。

（16）如果运动员不遵守规则 170.13、170.14、170.15 或 170.16（a），他所在的接力队将被取消比赛资格。

（17）长距离异程接力及 4×1 500 米接力比赛，采用不分道跑的方法跑进。

（18）不允许在接力区外开始跑进的运动员，必须在接力区内起跑。如果运动员不遵守本规则，他所在的接力队将被取消比赛资格。

（19）异程接力最后一棒运动员和 4×400 米比赛的第三、第四棒（或依据规则 170.15（b）第二棒）运动员应在指定裁判员的指挥下，按照同队交棒运动员进入最后一个弯道时的先后顺序（由内向外）排列各自的接棒位置。一旦交棒运动员跑过该点，接棒运动员须保持其排列顺序，不能改变其在接力区起点处的位置。如果运动员不遵守本规定，其接力队将被取消比赛资格。

（20）4×200 米接力比赛（如不是全程分道跑时），若前一棒为不分道跑，运动员将按照检录单的顺序排列（由内向外）。

（21）在不分道跑的接力比赛中，如适用，也包括 4×200 米、异程接力和 4×400 米接力项目，接棒运动员在同队交棒队员即将到达时，可移向跑道内侧的位置接棒，但不得冲撞、阻挡其他运动员以致妨碍其跑进。在 4×200 米、异程接力和 4×400 米接力比赛中接棒运动员须根据规则 170.20 的规定保持他们的顺序。如果运动员没有遵守本规则，其接力队将被取消比赛资格。检查主裁判和他的检查裁判必须在被分配的接力区内。当运动员被正确地安排在各自分道上，并且比赛已经开始，接力区检查主裁判和检查裁判员将负责报告以上规则，特别是规则 163 中的犯规情况。

（22）4×100 米接力跑检查员分工站位示意图（图 3-5-9）。

①～③号位检查员在第一接力区，工作分别为：①号位检查员负责掌握运动员进入接力区时传接棒情况；②号位和③号位检查员分别负责观察 1～4 道与 5～8 道运动员是否在接力区传接棒。④、⑤、⑥号位和⑦、⑧、⑨号位检查员分别负责观察第二、三接力区的传接棒情况。⑩号位检查员在终点直道观察有无犯规情况。

5．1 500 米、3 000 米、5 000 米、10 000 米等中长跑项目，都属于不分道跑项目。

（1）检查员的分工及站位：中长跑的裁判员分工和站位应全场布局，

在2个弯道处应重点布局。在安排检查员时，应做到在易出现犯规的地点有两名以上检查员观察。

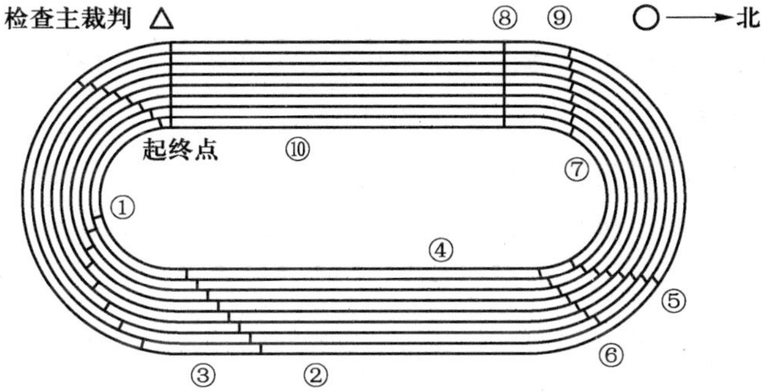

图3-5-9 4×100米接力跑检查员分工站位示意图

（2）检查的重点：起跑出发时，在弯道超越对手时所发生的冲撞、推挤或踩踏他人的犯规现象；是否有擅自离开跑道或比赛路线，在超越时是否有阻挡动作。800米不分道部分的比赛及长距离比赛项目比赛时，运动员挤撞或阻挡别人从而妨碍其他运动员走或跑进时，应取消其该项目的比赛资格。在比赛中如发生此类情况，有关裁判长有权命令除被取消资格以外的运动员重赛。如发生于预赛，则可允许任何由于受推或阻挡而受到严重影响的运动员参加下一赛次的比赛（被取消资格的运动员除外）。通常，这些运动员应经过真诚的努力完成了该项目的比赛。不管是否存在取消比赛资格的情况，在特殊情况下，裁判长如认为重新比赛是公正和有理由的，即可下令重赛。

（3）检查的难点：起跑出发或运动员形成密集集团时，犯规者和受影响者的详情难以分清。

（4）常见的犯规情况：在起跑出发时强行切入里道阻挡他人；在弯道或直道上采用不合理的手段超越他人；领先者曲线跑，故意阻挡他人跑进；形成密集集团跑进时，出现冲撞、推挤、踩踢等动作影响他人。

（5）检查员检查的方法：在起跑后的跑进中，检查员要全神贯注看清情况，目光主动地“迎送”运动员跑进或跑出自己的检查区域；掌握每个运动员的特征，特别要注意激烈争夺时位置的变化，此时最容易出现犯规。检查员的目光要随运动员跑进而移动。

6．障碍赛跑

（1）障碍赛跑标准距离应为2 000米和3 000米。3 000米障碍跑全程要跨越28次障碍架和7次水池；2 000米障碍赛跑，应越过18次栏架和5次水池。在第一次过终点线后，障碍赛跑每整圈应设5个障碍，水池栏架为其中第四个障碍。障碍应均匀分布，各个障碍之间的距离约为1圈标准长度的五分之一。

（2）在3 000米障碍赛跑中，从起点至第一圈开始处之间不放置障碍栏架，待运动员进入第一圈后再在这段距离内放置。在2 000米障碍赛跑中，第一个要跨越的是常规圈中的第三个障碍栏架。此前的栏架在运动员第一次跑过时要移开。

（3）障碍栏架高度，男子应为0.914米，女子应为0.762米。男女栏架宽度至少为3.94米。所有栏架顶端横木的横截面应为0.127米×0.127米。栏架重量为80～100千克。栏架两边各装有一个底座支架，其长度为1.20～1.40米。水池边栏架的宽度应为3.66米，应牢固地固定于地面，栏架不能有任何水平方向的移动。障碍栏架的顶端横木应漆成黑白相间的条纹或其他强烈醒目的对比颜色（要与周围的颜色区分开），横木两端为浅色条纹，宽度至少0.225米，应被漆成视力正常运动员可见的颜色。放置栏架时，应使顶端横木的一端伸入跑道内沿以内0.3米。建议比赛中第一个障碍栏架宽至少5米。

（4）水池，包括水池边栏架，长度应为3.66米。水池宽度应为3.66米。水池底部应铺设有足够厚度的人工合成材料或垫子，保证落地安全并使鞋钉抓牢地面。靠近栏架一侧的池底深0.70米，池壁前为0.3米宽的水平池底，然后均匀地升高呈斜坡状，直至远端与跑道地面齐平。在比赛开始阶段，水面应与跑道表面齐平，最多不能低于20毫米。

（5）检查员的分工和站位：每个障碍物处应有一名检查员，水池附近应有2～3名检查员，在水池一侧弯道处应加强检查工作。

（6）检查的重点：运动员跨越栏架瞬间其脚或腿是否低于栏顶水平

面；过水池障碍时是否踏在水池边上越过水池。运动员没有成功跨越一个或多个栏架；没有越过或涉过水面；踏上水池两边的任意一边；过栏瞬间其脚或腿在栏架侧面以外（任意一边），低于栏架顶端水平面，出现以上情况均应取消其比赛资格。只要遵守本规则的规定，运动员可用任何方式跨越栏架。

（7）检查的难点：空间犯规多，判断困难，特别是过弯道栏时腿和脚是否低于栏顶水平面。

（8）该项目通常的犯规表现：过障碍栏时，踩在栏架边跌倒而影响他人跑进。

（9）检查员检查的方法：全面观察运动员障碍跑越过水池或其他栏架时是否犯规。

四、所需器材物品（表 3-5-5）

表 3-5-5 检查组所需器材物品表

序号	器材设备	数量
1	黄旗	14 面以上
2	红旗	1 面
3	折叠椅	14 把以上
4	记录板夹	14 个
5	栏高丈量尺	14 把
6	线绳（12 米长）	5 根
7	对讲机	1 副
8	红色铅笔	14 支
9	卷笔刀	5 把
10	检查报告表	若干
11	胶布	若干

思考题

1．简述终点摄影计时裁判组的职责、工作程序与方法。

2．简述发令裁判组的主要裁判工作任务、人员分工与职责、工作程序与方法和所需器材物品。

3．简述长距离跑比赛运动员名次判定方法。

4．简述终点裁判组和人工计时组的工作任务、程序与方法。

5．简述检查裁判组的主要工作任务、分工与职责、工作程序与方法和所需器材物品等。

6．接力跑项目比赛中检查工作的特点和重点是什么？

第四章

田赛裁判工作

本章导读

通过本章学习，初步了解田赛中撑竿跳高、链球项目裁判工作任务、人员分工与职责、工作程序与方法；初步掌握三级跳远、铁饼、标枪项目裁判的工作任务、人员分工与职责、工作程序与方法及场地器材要求；重点掌握跳远、跳高、铅球项目裁判工作任务、人员分工与职责、工作程序与方法及场地器材要求。

第一节　田赛常用通则

一、及格赛

（1）在田赛项目中，如果参赛运动员人数较多而无法顺利地在一个轮次（决赛）完成比赛时，应举行及格赛。举行及格赛时，所有运动员都必须参加及格赛，除非相关组织机构规定，在本次赛会或前面的一项或多项比赛中，就一个或多个比赛项目，举行附加预选赛，才能决定部分或全部运动员的参赛资格。运动员参加比赛的程序和方法（如在特定时间内达到报名标准、在指定比赛中的名次要求，以及运动员的排位等）应在相关比赛的竞赛规程中说明。及格赛的成绩不能作为决赛成绩的一部分。

（2）在通常情况下，运动员应随机分成两组或多组进行及格赛。如果可能，应将同一会员协会或代表队的运动员编排在不同的组。除非场地设施允许各组同时比赛，否则应在上一组比赛结束后，立即进行下一组的试跳（掷）练习。如果运动会超过 3 天，建议在高度跳跃项目的及格赛与决赛之间安排 1 天休息。

（3）由技术代表决定及格条件、及格标准和进入决赛的运动员人数。如果没有任命技术代表，应由比赛组织者决定。举行规则 1.1（a）、（b）、（c）和（f）的比赛，除非在竞赛规程中有其他规定，应有至少 12 名运动员进入决赛。

（4）在及格赛中，除跳高和撑竿跳高之外，每名运动员最多有 3 次试跳（掷）机会。一旦运动员达到及格标准，不得继续参加及格赛。

（5）在跳高和撑竿跳高及格赛中，如果没有因连续 3 次试跳失败而被淘汰的运动员，则要根据规则 181.2（包括免跳）的规定继续比赛，直至及格高度上的最后一次试跳结束，除非按规则 180.12 确定决赛的人数达到

查看规则
181.2、
180.12

要求。一旦确定运动员进入决赛，则不得继续参加及格赛。

（6）如果运动员均未达到事先制定的及格标准或达标人数少于规定人数，则应根据运动员在及格赛中的成绩，补齐进入决赛的人数。在及格赛决定最后一个进入决赛名额时，如果 2 名或更多运动员成绩相等，应根据规则 180.22 或 181.8 的有关规定处理。如果运动员的成绩仍相等，那么成绩相等的运动员都应进入决赛。

查看规则 180.22、181.8

（7）当跳高或撑竿跳高及格赛分两组同时进行时，建议两组在相同的时间提升横杆的高度，还建议这两组运动员的水平大致相等。

二、在比赛区域的赛前热身练习

（1）比赛开始前，每名运动员均可在比赛区域进行试跳（掷）练习。但是，投掷项目试掷练习应始终在裁判员的监督下，按抽签排定的顺序进行。

（2）一旦比赛开始，运动员不得以练习为目的使用下列场地设施和器械：① 助跑道或起跳区。② 撑竿。③ 各种投掷器械。④ 投掷圈或落地区地面，无论徒手或持器械。

三、比赛过程中的规定

（1）开始比赛要求

运动员应按抽签排定的顺序参加比赛，如果运动员没有按照此要求进行比赛，可以按照规则规定给予警告或取消比赛资格。如果举行及格赛，决赛应重新抽签决定比赛顺序。

（2）试跳和试掷

① 除跳高和撑竿跳高外，在任何一轮比赛中，不允许记录运动员一次以上的试跳或试掷成绩。

② 除跳高和撑竿跳高外的其他田赛项目，如参赛运动员多于 8 人，每名运动员有 3 次试跳或试掷机会，有效成绩最优的前 8 名运动员可再有 3 次试跳或试掷机会。除非竞赛规程另有规定。

③ 当涉及最后一名晋级决赛名额时，如果 2 名或多名运动员的最优成绩相同，应按远度项目成绩相等时的处理方法进行录取。如果成绩仍然相等，在竞赛规程允许的情况下，可允许成绩相等的运动员增加若干试跳（掷）机会。

④ 除非竞赛规程有规定，当运动员人数为 8 人或少于 8 人时，每人均有 6 次试跳（掷）机会。如果多于 1 名运动员在前 3 轮的试跳（掷）中没有取得有效成绩，在后 3 轮的比赛时，他们将按照原抽签的相对顺序，在取得有效成绩的运动员之前进行试跳（掷）。

在以下两种情况中：

a. 除相关竞赛规程规定外，前 3 次的试跳（掷）结束后，按运动员成绩进行排序，后续轮次试跳（掷）应按成绩排序的倒序进行。

b. 当比赛顺序改变，并且任何排位成绩相等时，成绩相等运动员的试跳（掷）将按原抽签顺序进行。

⑤ 如果裁判长允许 1 名或多名运动员在“抗议下”比赛，那么这些运动员后继轮次的试跳（掷）顺序应排在其他继续比赛的运动员之前；如果他们超过 1 人，应按其原抽签的相对顺序进行比赛。

⑥ 有关管理机构可在比赛规程中明确规定，运动员试跳（掷）的次数（不超过 6 次）与前 3 轮试跳（掷）后可进行后续每一轮试跳（掷）的运动员人数。

（3）比赛时阻挡

无论什么原因，如果运动员在试跳（掷）时受阻，有关裁判长有权予以补试机会。

（4）试跳（掷）时限

相关裁判员应向运动员显示一切准备就绪、可以试跳（掷），本次试跳（掷）时限开始计算。在撑竿跳高中，时限从横杆按照运动员事前的意愿调整后开始计算，随后进行调整不得增加时限。如果时限结束时，运动员已开始了试跳（掷），应允许其比赛，进行该次试跳（掷）。如果时限开始计算，运动员决定不进行试跳（掷），一旦时限结束，将记录为失败。

下列时限不得超过，如果超过时限，除了根据规则 180.18 的决定，该试跳（掷）将记录为失败（表 4-1-1）。

查看规则 180.18

表 4-1-1 单项和全能项目时限 （单位：min）

仍在参赛的运动员人数	单项			全能		
	跳高	撑竿跳高	其他	跳高	撑竿跳高	其他
超过 3 人（或每人的第一次试跳（掷））	0.5	1	0.5	0.5	1	0.5
2 或 3 人	1.5	2	1	1.5	2	1
1 人	3	5	—	2	3	—
连续试跳（掷）	2	3	2	2	3	2

注：1. 应设置向运动员显示剩余时限的时钟。此外，一名裁判员在时限尚余 15 秒钟的时间内应持续举起黄旗或以其他方式示意。

2. 在跳高和撑竿跳高比赛中，在同一高度上不允许改变试跳的时限，但是当同一名运动员连续试跳时允许改变时限。在田赛的其他项目中除了连续试跳（掷）的时限可以改变，其他的时限不得改变。

3. 当计算仍在参赛的运动员人数时，应该包括参加因成绩相等时决定第一名比赛的运动员。

4. 在跳高和撑竿跳高比赛中，只剩下一名运动员（他已赢得比赛），他尝试破世界纪录或相关比赛纪录时，时限在上述基础上增加一分钟。

（5）在所有田赛项目中，有关裁判员应判定和记录运动员每次的试跳或试掷，测量运动员每次有效试跳（掷）的成绩。在跳高和撑竿跳高比赛中，要精确测量横杆每次提升的高度，特别是在运动员尝试创纪录的试跳时。至少应有两名裁判员负责全部试跳（掷）的记录，并在每轮比赛结束时核对他们的记录。

（6）除了裁判员确认有违反规则的情况，不对裁判员有任何怀疑，做出成功试跳（掷）的决定并举白旗示意。但有当值录像裁判长且可以查看田赛录像时，裁判员若有疑虑，可与在场裁判长商议延迟举旗，在征得录像裁判长的意见后再做决定——试跳（掷）有效的话要始终确保保护好落地点或者测量距离。或者，裁判员若确实有疑问可以在举红旗后，确保保护好落地点或测量距离，然后征求录像裁判长的意见。

（7）建议田赛每个项目只使用一套红白旗，以减少对于试跳（掷）有效性判罚的混乱情况。若在远度跳跃项目中没有可以指示风速的显示板，应使用除了红旗以外的方式来指示读数。

（8）在投掷项目中，针对指示方式：

① 投掷圈裁判员向举旗裁判员提示动作犯规时，建议用非举旗的方式，例如手持小红牌。

② 投掷器械落地点在落地区角度线上或在落地区角度线以外时，建议用非举旗的方式提示，例如裁判员伸展手臂并让手臂平行于地面。

③ 判定标枪的金属枪头未先于标枪的其他部位触地时，建议用非举旗的方式提示，例如裁判员张开手掌推向地面。

（9）比赛中缺席

在比赛中，运动员得到许可并由一位裁判员陪同时，才能离开该项目的比赛场地，否则，该运动员将会被取消比赛资格。

（10）变更比赛场地

技术代表或有关裁判长认为情况需要，有权变更比赛场地或时间。此类变更应在一轮试跳（掷）结束之后进行。但不得因风向和风力的变化而变更比赛场地或比赛时间。

（11）兼项

不允许运动员因为与其他项目冲突而变更最后一轮比赛的顺序（不管总共多少轮次）。如果运动员在最后一轮比赛中未能出现且未事先告知将免跳（掷），从其试跳（掷）的时间开始计时后，若在时限内未能返回，则被记录为免跳（掷）。

（12）成绩标志和风标

① 可放置明显的旗帜或标志物以标明当前的世界纪录。如情况允许，还可放置适宜的地区、国家或赛会纪录标志。

② 在所有跳跃项目、掷铁饼和掷标枪比赛中，场地适宜的位置应放置一个或多个风标，以便向运动员显示大致的风向和风力。

（13）成绩和成绩相等决定名次

① 每名运动员的成绩，取其所有试跳（掷）中最优的，包括撑竿跳高或者跳高比赛中因成绩相等决定每一名的比赛成绩。

② 除了跳高和撑竿跳高项目外，如果成绩相等，应以其次优成绩判定名次。如次优成绩仍相等，则以第三较优成绩判定，依次类推。如果运动员成绩仍然相等，应判定运动员的比赛名次并列。

除了高度跳跃项目，无论任何名次，包括涉及第一名，成绩相等的运动员的名次应并列。

③ 决定名次。

如果 2 名或者 2 名以上运动员最后跳过的高度相同，将按以下程序决定名次：a．在最后跳过的高度上，试跳次数较少者名次列前。b．如成绩仍然相等，则在包括最后跳过的高度在内的全部比赛中，试跳失败次数较少者名次列前。c．如成绩仍相等，不涉及第一名时，则运动员的名次并列。d．如涉及第一名时，将按规则规定，在成绩相等的运动员间进行决名次跳，除非根据比赛前制定的竞赛规程或根据在赛事中该项比赛开始前技术代表（如没有任命技术代表，将由裁判长）做出的决定。如果不进行决名次跳，包括相关运动员在比赛的任何阶段决定不再继续进行试跳，保留并列第一名。

可以不进行决名次跳的几种情况：a．在赛前的竞赛规程中有明确的规定。b．在赛事中技术代表（未设技术代表时由裁判长）的决定。c．运动员在决名次跳之前或决名次跳过程中的任何阶段决定不再继续试跳。技术代表或裁判长应该在该项比赛开始前提出不执行决名次跳的决定，可能因为赛场的环境和条件不适宜执行或继续进行决名次跳。裁判长应按规则 125 和 180 的规定处理该问题。

④ 决名次跳。

a．相关运动员必须在每个高度进行试跳，直到决出名次，或者所有相关运动员决定不再试跳。

b．每名运动员在每个高度上只有一次试跳机会。

c．运动员应在根据规则规定的最后越过高度的下一高度上进行决名次跳。

d．如果有 1 名以上运动员试跳成功，但未能决出名次，则横杆将升至下一高度，如果所有运动员都失败了，横杆将降低一个高度，横杆每次升降高度：跳高为 2 厘米，撑竿跳高为 5 厘米。

e．如果运动员在某一高度上不进行试跳，他将自动失去争夺更高名次的资格。如果比赛中还剩下一名运动员，不管他是否试跳这一高度，他都将获得冠军。

f．跳高案例（表 4-1-2）。

比赛开始时，主裁判宣布横杆升高计划：1.75 米、1.80 米、188 米、1.91 米、1.94 米、1.99 米……

表 4-1-2　跳 高 案 例

运动员	跳跃高度（m）							失败次数	决定名次跳（m）			名次
	1.75	1.80	1.84	1.88	1.91	1.94	1.97		1.91	1.89	1.91	
A	O	×O	O	×O	×–	××		2	×	O	×	2
B	–	×O	–	×O	–	–	×××	2	×	O	O	1
C	–	O	×O	×O	–	×××		2	×	×		3
D	–	×O	×O	×O	×××			3				4

注：O 为成功；× 为失败；– 为免跳。A、B、C 和 D 都跳过 1.88 米。

开始适用成绩相等的有关规则 181.8 和 181.9，有关裁判员计算从起跳至最后跳过的 1.88 米在内的每人的失败总次数：D 的试跳失败总次数最多，因此获得第四名。A、B 和 C 的名次依然相等，并涉及第一名。由于 1.91 米是他们最后跳过高度的下一高度，因此从 1.91 米开始进行决名次试跳，每人有一次试跳机会，但这 3 人都未跳过。横杆降至 1.89 米，进行第二次决名次试跳，C 未跳过，因而获得第三名、A 和 B 都跳过，因成绩相等又获得了第三次试跳的机会。横杆升至 1.91 米，B 跳过，因而获得第一名。

如果某一运动员单方面决定退出决名次跳，则其他运动员（如仅剩 1 名）可根据规则 181.9（e）被宣布获胜，该运动员没有必要继续进行某高度的试跳。如果剩余运动员超过 1 名，这些运动员应继续进行决名次跳，退出决名次跳的运动员按照结束退出时的成绩排名，他也失去了获得更高排名（包括第一名）的机会。

（14）在田赛项目中，如果运动员对试跳失败的判罚立即做出口头抗议，该项目的裁判长对此存有疑虑，可以下令测量并记录该次试跳（掷）的成绩，以便保留所有相关的权利。如果发生以下抗议：1. 在远度项目比赛的前 3 轮中，有 8 名以上运动员参赛，如果抗议或随后的申诉成立，运动员将晋级下一轮次的比赛。2. 在高度项目中，只有抗议或随后的申诉成立，运动员才能进入下一个高度的比赛，裁判长如对此存有疑虑，可以允许运动员“在抗议下”继续比赛，并保留所有相关的权利。

当裁判长确信裁判员的判罚是正确的，特别是通过其自身观察或录像裁判长的意见，运动员则不应允许继续比赛。但当口头抗议当场做出时，裁判长在考虑是否下令测量试跳（掷）成绩时：1. 当有明显的违反规则的情况，例如在跳远比赛中该运动员在橡皮泥上留下了明显痕迹，或在投掷项目中器械明显落于扇形落地区外，则不应测量。2. 若有任何疑虑，则都要测量（并立即执行，以确保不延误比赛进程）。此规则的良好运用在于定点裁判员应随时标记器械落地点（投掷项目中器械明显落于扇形落地区外的情况除外），即便是他们看到了红旗示意。除了运动员可能立即口头抗议外，也有可能是举旗裁判员错误或者意外地举错了旗。

查看规则
146.6

只有当裁判长的裁决或仲裁委员会裁决申诉成立时，该运动员有争议的成绩和其“在抗议下”取得的成绩才将成为有效成绩。规则 146.6 适用于所有项目，不仅是田赛。但是在田赛中，如有运动员“在抗议下”比赛，另一运动员被允许继续比赛，如非这种情况他也不能继续比赛，则该运动员的成绩及最终成绩应保持有效，无论“在抗议下”的运动员的口头抗议是否成功。

第二节　跳跃高度项目裁判工作

一、工作任务

在田赛裁判长领导下，按照《田径竞赛规则》、《竞赛规程》和《竞赛须知》有关条款的规定，准确无误地完成有关裁判工作，保证跳高和撑竿跳高比赛的顺利进行。

二、编制

主裁判 1 人；起跳点（兼放置横杆）裁判员 2 人；记录员 1 人；成绩显示裁判员兼检查记录员 1 人；计时裁判员 1 人；管理裁判员 1 人；服务员 1～2 人。根据比赛规模及比赛项目的设置，决定跳跃高度项目的裁判员编制，可作适当增减。撑竿跳高组可适当增加裁判员编制。

三、职责与分工

（一）主裁判（①号位）

（1）认真学习和研究有关竞赛规则、竞赛规程及其他各种有关竞赛文件和补充通知。

（2）参加主裁判会议，明确分工、职责和裁判工作要求；和田赛裁判长一起研究确定提交技术代表的建议起跳高度和升高计划。

（3）认真研究裁判工作方法，制订本裁判组工作计划和裁判工作细则，与各相关裁判组商定协调配合方法；确定裁判员、运动员的进、退场路线；拟定所需器材和物品的清单。

（4）组织裁判员学习。负责裁判员分工，明确各岗位的职责、要求、工作方法及裁判组的工作流程和配合方法。

（5）赛前检查落实场地、器材和设备，布置比赛场地。检查电子设备的运行和链接状况。

（6）组织裁判员进行现场实习，发现问题及时解决。

（7）领导本组裁判员按时开始比赛，控制比赛进程，保证比赛规则在比赛中得到正确执行。

（8）关注本场比赛的进行，并核实高度的测量，保证比赛的公正、准确。在撑竿跳高比赛中，管控比赛的全过程并且审核高度的丈量。主裁判必须根据横杆的位置和状况，做出何时举旗、何时扶停颤动的横杆的决定。由于运动员在起跳前不得触及插斗前壁上沿垂直面之前的地面，裁判员的站位必须确保他能对此做出清晰的判断。

（9）判定试跳成功或失败。主裁判应该准备两面旗帜，白旗表示试跳成功，红旗表示失败。

（10）比赛中经常发生的是横杆被运动员触碰后，在横杆托上不停地颤动。主裁判应依据横杆的位置，判断横杆何时能够停止振动，然后再合理举旗。

（11）由于运动员可能并不触碰横杆，应重点关注运动员脚的位置，运动员可能助跑后又决定不起跳，看他的身体是否触及立柱垂直面或横杆后沿垂直面以前的地面或落地区，或穿过横杆下方。

（12）按规则和大会规定审批运动员请假事宜，处理比赛中的有关问题。

（13）审查比赛成绩和录取的名次。

（14）组织本组裁判员进行单元小结和全赛总结，及时提出改进意见。

（二）起跳点兼横杆放置裁判员（②号位和③号位）

（1）协助主裁判判定试跳成功或失败。

（2）协助主裁判掌握比赛进程、执行规则。

（3）协助主裁判丈量试跳高度。

在撑竿跳高比赛中，位于插斗外侧的两边，负责架设横杆和协助主裁判执行规则。他们还负责移动由记录员通知的运动员每次试跳的架距。

（4）负责放置横杆，准确迅速地升、降横杆，并注意在横杆的两端做好标记，保证放置横杆时各个面始终朝向原定的方位。

（5）在落地区两端稍微靠后的位置，负责横杆掉落后的重新放置。

（6）协助主裁判判定运动员试跳是否犯规。

（7）在撑竿跳高比赛时，根据运动员的要求，负责前后移动撑竿跳高架立柱的位置，负责接护撑竿。

（8）指挥服务员整理好海绵包。

（三）记录裁判员（④号位）

（1）领取并核对高度成绩记录表，按时到检录处协助管理裁判员进行检录。

（2）登记起跳及免跳高度，与起跳点裁判员、管理裁判员一起组织运动员进行赛前练习。

（3）报告试跳高度和试跳轮次，报告试跳及准备试跳运动员的号码。

在撑竿跳高比赛中，记录和通知运动员每次试跳的架距，记录成绩。宣布横杆高度，通知试跳和准备试跳的运动员。

（4）准确迅速地以符号记录每名运动员的试跳情况。

（5）比赛结束时，记录每名运动员的成绩，排定录取名次后交主裁判、技术官员和田赛裁判长审核签字。

（四）成绩显示裁判员兼检查记录员（⑤号位）

（1）检查核对记录员的记录（符号和成绩）是否正确，并独立对运动员的试跳进行记录。

（2）操作成绩公告牌，及时显示横杆的高度，如可能还应显示试跳运动员的号码和试跳次数。

（五）计时裁判员（⑥号位）

负责向运动员展示某次试跳时限。当每次试跳时限仅剩 15 秒时，举黄旗向主裁判、起跳点裁判员和运动员示意。

（六）管理裁判员（⑦号位）

（1）负责到检录处检录，并带领运动员整队按指定路线到达比赛场地，交给主裁判。

（2）负责运动员的管理，在比赛中陪同请假运动员离开比赛现场，监督运动员不得接受规则不允许的帮助，带领比赛结束的运动员退场或到赛后控制中心。

（3）负责维持赛场的秩序，检查运动员使用的助跑标志物是否符合规则要求，督促运动员提前做好试跳准备。

（4）与径赛项目发生场地冲突时，负责和检查组配合，协助主裁判控制比赛进程，保证运动员安全和比赛的顺利进行。

（七）服务员（⑧、⑨号位）

（1）赛前按主裁判要求，布置比赛场地，正确放置各种器材设备和设施。

（2）保持比赛场地整洁，整理比赛场地，保证海绵包平整。

（3）协助裁判员迅速调整好撑竿跳高架立柱的位置。

（4）完成主裁判交给的其他临时性服务工作。

注：① 在大赛中，田赛项目的比赛进程和记录同时需要裁判员人工记录和数字系统记录。② 裁判员和相关器械设备必须合理布置，既不能影响运动员的活动，也不能阻挡观众的视线。③ 应该在合理位置放置风标，用于显示风向和风力。

（八）跳高比赛裁判员工作位置示意图（图 4-2-1）

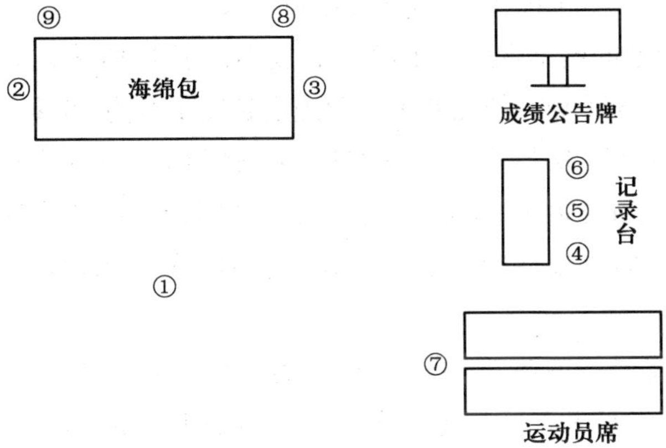

①主裁判　②、③起跳点（兼放置横杆裁判员）　④记录员　⑤成绩显示裁判员兼检查记录员　⑥计时裁判员　⑦管理裁判员　⑧、⑨服务员

图 4-2-1　跳高比赛裁判员工作位置示意图

（九）撑竿跳高比赛裁判员工作位置示意图（图 4-2-2）

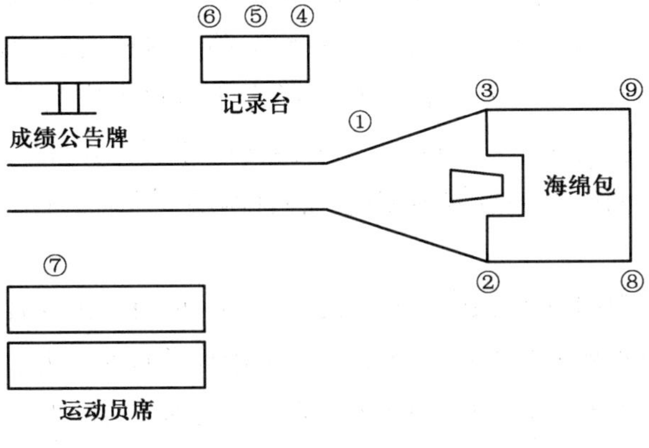

①主裁判　②、③起跳点（兼放置横杆裁判员）　④记录员　⑤成绩显示裁判员兼检查记录员　⑥计时裁判员　⑦管理裁判员　⑧、⑨服务员

图 4-2-2　撑竿跳高比赛裁判员工作位置示意图

（十）检查和布置场地器材及其要求

1．跳高比赛的助跑道、器材规定和要求

（1）助跑道的最小宽度为16米，长度不得短于15米。在规则1.1（a）、（b）、（c）、（e）和（f）的比赛中，助跑道长度至少为25米。

（2）起跳区应保持水平。助跑道和起跳区最后15米向下的最大倾斜度不得超过1:250（0.4%）。该区域为半圆形，圆心在立柱之间的中心部位，最小半径见规则182.3说明。落地区应在运动员的助跑上坡的位置。

查看规则
182.3

（3）跳高架。各种类型结构坚固的立柱或跳高架均可使用（规则182图）。跳高架应有能稳定放置横杆的横杆托。跳高架应有足够的高度，至少应超过横杆实际提升高度0.10米。两立柱之间的距离为4.00～4.04米。

（4）在比赛过程中不得移动立柱或跳高架，除非有关裁判长认为该起跳区或落地区已变得不适合比赛。如需移动跳高架或立柱，应在试跳完一轮次之后进行。

（5）横杆托应水平放置。横杆托呈长方形，宽40毫米，长60毫米。在跳跃过程中，横杆托必须牢固地固定在立柱上且不可移动，朝向对面立柱。横杆两端放置于横杆托上，若被运动员触碰时，应易于向前或向后掉落。横杆托表面应该光滑。横杆托上不得包裹橡胶或其他能够增大与横杆之间摩擦力的任何物质，亦不得使用任何有弹性的物质。横杆托在起跳区横杆两端的高度应该相同。横杆两端与立柱之间至少应有10毫米的空隙。

（6）举行规则1.1（a）、（b）、（c）、（e）和（f）比赛时，落地区长宽高不应该小于6米×4米×0.7米，放置于横杆垂直面后方。其他比赛落地区长宽高最小为5米×3米×0.7米。跳高比赛时，跳高架立柱与落地区之间至少应该有0.1米的空隙，以免由于落地区移动而触及立柱，引起横杆掉落。

（7）横杆。横杆应用玻璃纤维或其他适宜材料制成，不得使用金属材料。除两端外，横杆的横截面呈圆形。跳高横杆全长为4.00米（±2厘米），最大重量 2 千克，横杆应无弯斜，放在横杆托上时，跳高横杆最多下垂 2 厘米，横杆的弹性检查：放好横杆后，在横杆中央悬挂 3 千克重物，跳高横杆最多允许下垂 7 厘米（图 4-2-3）。

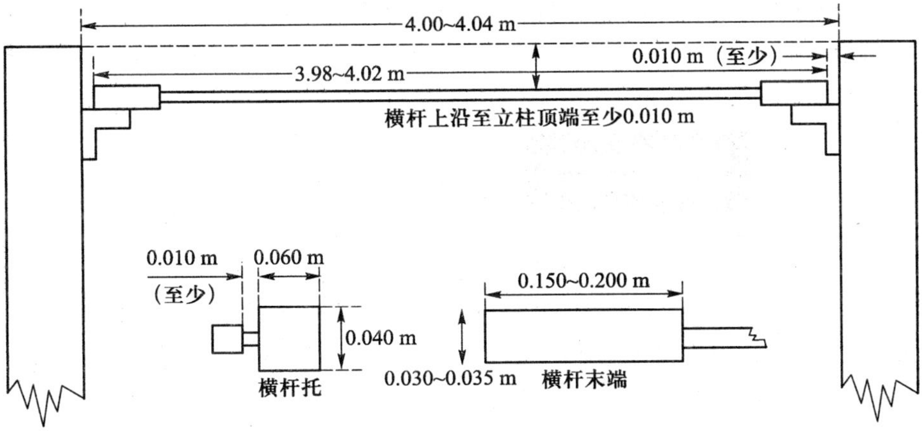

图 4-2-3　横杆和立柱

2．撑竿跳高比赛的场地、器材规定和要求

（1）从“零”线量起，助跑道长度至少应为 40 米，条件允许时应长 45 米。助跑道宽度应为 1.22 米±0.01 米。助跑道的标志线为宽 50 毫米的白线。（2004 年 1 月 1 日以前建造的场地可以使用 1.25 米宽的助跑道。如果助跑道完全重新铺设面层，宽度应符合本规则要求。）

（2）助跑道的左右倾斜度不得超过 1:100（1%），在助跑道最后 40 米的跑进方向上、向下总的倾斜度不得超过 1:1000（0.1%）。

（3）撑竿跳高在起跳时，撑竿必须插在插斗内。应采用适宜的材料制作插斗，插斗上沿为圆弧形或软性材料，插斗埋入地下，上沿与地面齐平。插斗底部的斜面长度为 1 米。底部的宽度自后向前逐渐变窄，后端为 0.60 米，前端为 0.15 米。插斗长度与助跑道同水平测量，其深度由插斗底板与前壁构成的 105° 角所决定（插斗的尺寸和角度的容差是 ±0.01 米和 -0/+1° ）。插斗底板自与地面齐平的后端向前下方倾斜到与前壁结合处，距地面的垂直深度为 20 厘米。插斗的左右两壁向外倾斜，与前壁衔接处形成的角度约为 120°。运动员在进行每一次试跳时，可以在插斗四周放置垫子，以便进一步保护。放置这一器械应在运动员的试跳时限内完成，并且在他结束本次试跳后立即移除。在规则第 1.1(a)、(b)、(c)、(e) 和 (f) 的比赛中，这种器械由组委会提供（图 4-2-4、图 4-2-5）。

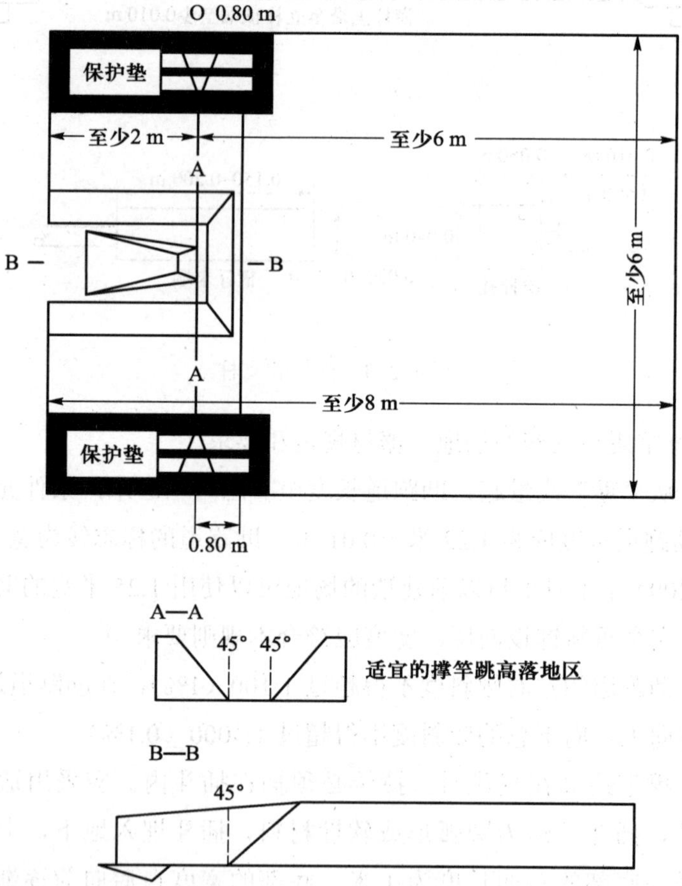

图 4-2-4 撑竿跳高落地区

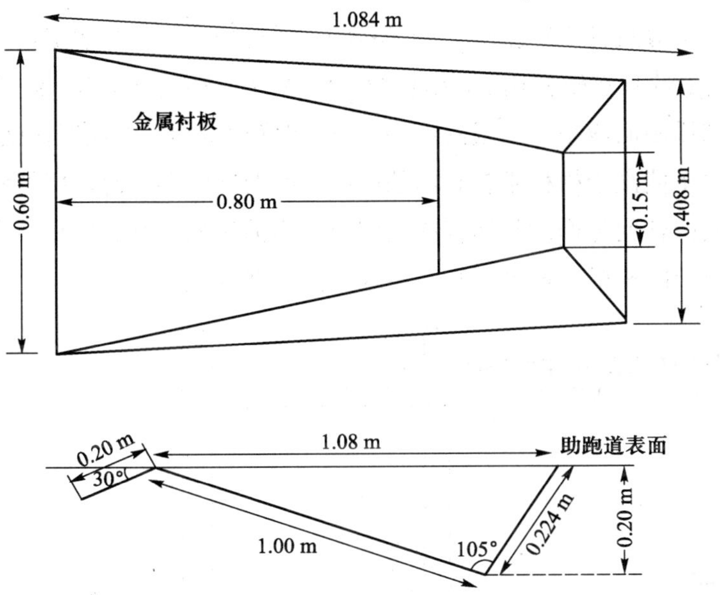

图 4-2-5 撑竿插斗

（4）任何坚固的撑竿跳高架和立柱均可使用。必须用适宜材料制作的垫子，包裹跳高架底座的金属结构以及在落地区以上的支架下部，以保护运动员和撑竿。

（5）横杆应放置在水平方向上突出的横杆托上，以便运动员或撑竿触及横杆时，横杆易向落地区方向掉落。横杆托上不得有刻痕或缺口，横杆托应粗细均匀，直径不超过 13 毫米。

（6）横杆托伸出支架的长度不超过 55 毫米，必须光滑。垂直的横杆托的背面也必须光滑。支架应高于横杆托 35～40 毫米。横杆托之间的距离为 4.28～4.37 米。在横杆托上不得包裹橡胶或任何能够增大与横杆之间摩擦力的物质，亦不能有任何弹性。横杆托应支撑在横杆两端的中间部位（为了减少运动员落在立柱底座上受伤的可能性，可将横杆托置于永久性固定在立柱上的延伸臂上面，以增加两个立柱之间的距离，而横杆的长度不变）。

（7）撑竿跳高横杆全长为 4.50 米（±2 厘米），最大重量 2.25 千克。

横杆圆形部分直径 30 毫米（±1 毫米）。横杆应由三部分组成，圆杆和两端。为便于放置在横杆托上，横杆两端应宽 30～35 毫米，长 15～20 厘米。横杆两端横断面应呈半圆或圆形，并且有明确规定的平面放置在横杆托上。这个平面不能高于横杆垂直断面的中心，并要坚硬和平滑。横杆两端不得包裹橡胶或任何能增大与横杆托之间摩擦力的物质。跳高横杆最多下垂 2 厘米，撑竿跳高横杆最多下垂 3 厘米（图 4-2-6）。

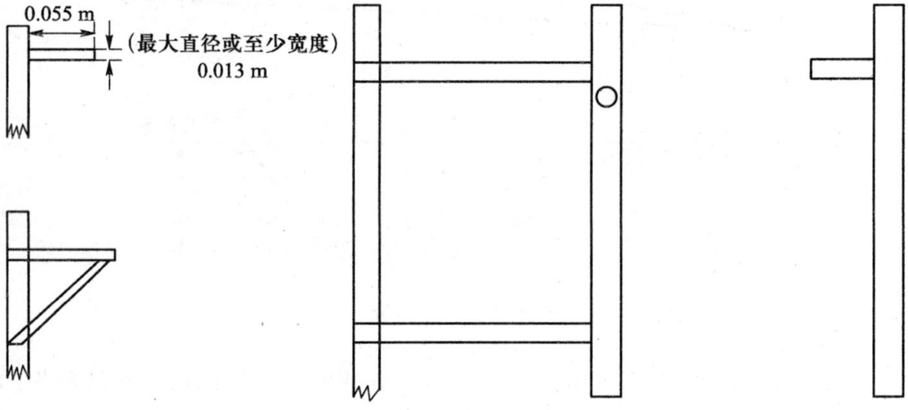

图 4-2-6　撑竿跳高架横杆托和延伸臂

四、工作程序与方法

（一）赛前工作

（1）主裁判领导全组裁判员认真学习和研究有关竞赛规则、竞赛规程及其他各种有关竞赛文件和补充通知，统一对规则有关条款精神的理解；了解每单元本裁判组负责各比赛项目的比赛地点、时间和参赛人数等基本情况。

（2）主裁判负责分工，明确各岗位的职责、要求、工作方法、工作流程和配合方法；明确与竞赛秘书组、场地器材组、检录处、赛后控制中心、现场指挥中心、检查等各裁判组的协调配合方法。明确裁判员、运动员的进、退场路线。

（3）在主裁判带领下，对照所需器材物品清单检查场地、器材和设备，校验高度尺的准确性并作好校验标记。指导服务人员按比赛要求布置比赛场地，正确摆放各器材设备和设施。有关裁判员进行电子设备的连接调试，检查电子设备的运行状况;发现问题要及时向田赛裁判长和有关部门反映，争取尽早解决。

（4）在主裁判带领下，按计划进行现场实习；通过实习，各岗位裁判员要进一步明确工作任务、工作位置；掌握各种器材、设备和裁判器具性能，掌握使用方法，熟练掌握工作方法、工作程序和相互间的配合方法，发现问题及时解决。熟练掌握各种记录符号的运用及名次判定方法和成绩相等时的处理方法，熟练掌握比赛过程中的时限规定。

（5）及时进行实习工作小结，发现问题及时解决。

（6）赛前一个单元，记录员领取高度成绩记录表，并与秩序册进行核对。

（二）赛中工作

（1）按大会规定时间到达指定地点集中，主裁判检查本组裁判员出席情况，并向田赛裁判长报告，主裁判提示本单元裁判工作要点和注意事项，提出工作要求。

（2）领取比赛器材、用具和设备，检查和布置比赛场地，完成电子设备的连接调试；检查计时钟和秒表的性能，调整好跳高（撑竿跳高）架的位置，检查立柱与落地区之间的间隔，检查两立柱之间的距离，检查落地区分界线及延长线，检查横杆是否弯斜，检查横杆托的牢固程度，丈量好练习高度，在撑竿跳高助跑道外侧拉好皮尺，落实安全措施等；做好各项赛前准备工作后退场。

（3）赛前 40～45 分钟（撑竿跳高比赛适当提前，以下同），管理裁判员和记录员到检录处进行检录，主裁判组织其余裁判员整队进入比赛场地。

（4）管理裁判员和记录员按大会规定的检录时间准时召集运动员点名，并按规则规定和大会要求严格检查运动员的服装、号码、商标、钉鞋等物品，严禁运动员随身携带盒式录音机、收音机或类似装置。检录工作结束后，按预定路线带领运动员整队入场。

（5）赛前30～35分钟，主裁判接收由管理裁判员带入场内的参赛运动员，裁判长或主裁判应向运动员宣布起跳高度和每轮结束后横杆的提升高度，直至比赛中只剩下一名已获胜的运动员或存在并列第一名的情形，同时提示其他注意事项。然后组织运动员开始丈量助跑步点，为运动员提供胶布或助跑标志物。跳高助跑的标志物可放置在助跑道上。撑竿跳高项目的运动员应沿助跑道旁放置标志物。每名运动员可放置一至两个标志物（由组委会批准或提供），以帮助运动员助跑和起跳。如未提供此类标志物，运动员可使用胶布，但不得使用粉笔或任何不易去除痕迹的类似物质。

（6）在举行撑竿跳高比赛时，记录员应登记运动员拟移动撑竿跳高架立柱的距离，向落地区移动记正号“+”，向助跑道方向移动记负号“-”。如要求移动横杆托，也要登记。

（7）赛前20～25分钟，由起跳点裁判员、记录员和管理裁判员一起组织运动员按比赛顺序进行不少于2次的赛前试跳练习。

（8）赛前5分钟，运动员停止练习，起跳点裁判员放置暂停标志，主裁判召集参赛运动员整队，并向田赛裁判长报告准备就绪。田赛裁判长与展示主管联系介绍参赛运动员事宜。

（9）运动员介绍完毕，运动员在休息处等候比赛，记录员登记运动员免跳高度。主裁判监督核实丈量第一个试跳高度，其他裁判员整理场地。

（10）所有高度项目的测量均应以厘米为单位，从地面垂直量至横杆上沿最低点。每次升高横杆，在运动员试跳之前，均应测量横杆高度。当横杆放置在纪录高度时，有关裁判员必须进行复核测量。如果自上一次测量纪录高度后横杆又被触及，在后续纪录高度试跳之前，裁判员必须再次测量横杆高度。在撑竿跳高比赛时要调整好第一位试跳运动员所要求的撑竿跳高架立柱位置。检查记录员在成绩显示牌上显示试跳高度和第一位试跳运动员的号码和跳次。管理裁判员通知第一位运动员做好试跳准备，可用一块显示牌公布运动员的试跳顺序、起跳高度、免跳情况及试跳结果，便于运动员随时掌握情况，保持赛场秩序。

（11）按竞赛日程规定的比赛时间，主裁判准时宣布比赛开始。跳高起跳点裁判员站在落地区两端稍微靠后的位置（或站在落地区分界线外侧 3 米处），撑竿跳高起跳点裁判员站在助跑道旁。记录员宣告试跳的高度和跳次后喊号："×××号跳，×××号准备。"主裁判移走暂停标志，计时裁判员启动计时钟（或开动秒表）计取试跳时限，运动员试跳开始，主裁判和起跳点裁判员集中注意力，观看试跳的全过程。

（12）运动员试跳结束，主裁判根据运动员的试跳情况做出相应旗示。试跳成功，上举白旗，如试跳失败，则应上举红旗，旗应直臂上举，并作短暂停顿后放下，之后放置暂停标志；如果运动员在试跳中触及了横杆，主裁判应等待横杆晃动逐渐稳定或落下后，再举旗；如晃动时间较长，并确认横杆不会掉落，应以眼光与起点裁判员联系后再举旗。起点裁判员应配合旗示迅速稳定横杆，以保证比赛进程顺利进行。

当横杆明显受外力（如阵风）作用而掉落且与运动员无关的情况，如果运动员越过横杆时身体并未触及横杆，但在过杆后横杆掉落，该次试跳应视为成功；如果在其他情况下发生横杆掉落，则应给予运动员一次重新试跳的机会。

（13）记录员根据起跳点裁判员旗示在高度成绩记录表（表 4-2-1）上记下试跳成功或失败的符号，记录要整洁、清楚、准确。为避免差错，可用一透明直角三角板对准记录表的横、竖行依次记录。检查记录员负责检查核对，并及时在成绩显示牌上显示试跳结果，并显示下一位试跳运动员的号码和跳次。

表 4-2-1 高度成绩记录表（跳高、撑竿跳高通用）

（正面）

项目＿＿＿＿＿ 组别＿＿＿＿＿＿ ＿＿＿月＿＿＿日

号码	姓名	单位									失败总次数	成绩	名次	备注

（背面）

名次	号码	姓名	单位	成绩	备注	签字
1						记录员＿＿＿＿＿ 主裁判＿＿＿＿＿ 田赛裁判＿＿＿＿ 技术官员＿＿＿＿
2						
3						
4						
5						
6						
7						
…						

（14）比赛中，当试跳时限只剩下 15 秒时，计时裁判员应立即举黄旗向主裁判、起跳点裁判员、管理裁判员示意，并提醒运动员注意时限。当试跳时限到时，黄旗落下，如果此时该运动员依然没有开始试跳，主裁判应立即上举红旗，判定该运动员该次试跳因无故延误时间而记为失败，记录员作相应的记录，检查记录员在成绩显示牌上显示该运动员该次试跳失

败。如果时限到时，该运动员已经开始试跳，则应允许其进行该次试跳。

（15）运动员可以在裁判长或主裁判事先宣布的横杆升高计划中的任何一个高度上开始试跳，也可在以后任何一个高度上根据自己的愿望决定是否试跳。只要运动员连续3次试跳失败，不管发生在任何高度，即失去继续比赛的资格，因第一名成绩相等而进行决名次跳的情况除外。允许运动员在某一高度上第一次或第二次试跳失败后，在其第二次或第三次试跳时请求免跳，并在后续的高度上继续试跳。运动员在某一高度上请求免跳后，不得在该高度上恢复试跳，除非出现第一名成绩相等时决名次跳的情况。在跳高和撑竿跳高比赛中，如果一名运动员在其他运动员完成比赛后仍未出现，在又一次试跳时限结束后，相关裁判长应视为该运动员已放弃比赛。

（16）即使所有其他运动员均已失败，第一名运动员仍有资格继续试跳，直至他放弃继续比赛的权利。

（17）除非比赛中只剩下一名运动员，并且他已获得该项目比赛的冠军，否则：① 每轮次试跳结束后，跳高的横杆升高不得少于2厘米，撑竿跳高的横杆升高不得少于5厘米；② 横杆升高的幅度不得增大。该规则不适用于仍在试跳的所有运动员都同意将横杆直接升到世界纪录（或其他相关比赛的纪录）的高度。当某运动员已在比赛中获胜时，经与相关裁判员或裁判长协商，由该运动员决定横杆提升的高度。此规定不适用于全能比赛项目。

（18）在撑杆跳高比赛中，运动员可要求向落地区方向移动横杆，并可使距运动员最近的横杆边缘移动至从插斗前壁顶端内沿向落地区方向80厘米之内的任一位置。运动员应在比赛开始前将其第一次试跳需采用的横杆移动距离通知有关裁判员，移动距离应被记录下来。此后，如果运动员要求改变横杆的移动距离（译者注：架距），应在按其原要求调整横杆位置（架距）之前及时通知有关裁判员。否则，应开始计算该运动员的试跳时间（需画一条10毫米宽颜色明显的线（零线），该线与插斗前壁顶端的内沿齐平，与助跑道的中轴线垂直。一条相似的线，宽度不超过50毫米，此线也要通过落地区的表面，延伸至两立柱的外侧。此线靠近运动员助跑侧的边沿，必须与插斗的后端相吻合)。

(19) 运动员必须用单脚起跳。

(20) 在跳高项目比赛中如出现下列情况之一者，应判为试跳失败：

① 试跳后，由于运动员的试跳动作，致使横杆未能留在横杆托上。

② 在越过横杆之前，运动员身体的任何部位触及横杆后沿（靠近助跑道）垂直面以前的（在两个立柱之间或之外的）地面或落地区。如果运动员在试跳中一只脚触及落地区，而裁判员认为他并未从中获得利益，则不应因此原因判该次试跳失败（为有助于执行规则，应在位于两个立柱外3米处标出一条50毫米宽的白线，通常可用胶布或类似物质，该白线后沿应与横杆后沿垂直面在一条线上，并延伸至立柱以外3米处）。

③ 运动员助跑后未起跳，触及横杆或两立柱垂直面以前的地面或落地区。

(21) 在撑竿跳高项目比赛中出现下列情况之一者，应判为试跳失败：

① 试跳后，由于运动员的试跳动作，致使横杆未能留在两边的横杆托上。

② 在越过横杆之前，运动员的身体或所用撑竿的任何部位触及插斗前壁上沿垂直面以前的地面和落地区。

③ 起跳离地后，将原来握在下方的手移握至上方手以上或原来握在上方的手向上移握。

④ 试跳时，运动员用手稳定横杆或将横杆放回横杆托上（运动员助跑时，在任何位置跑出助跑道白色标线不视为试跳失败。运动员在试跳中，撑竿正确插入插斗后，撑竿触及落地区垫子将不视为试跳失败）。

运动员可使用自备撑竿。未经物主同意，不得使用他人的撑竿。撑竿可用任何材料或混合材料制成，长度和直径不限，基本面层必须光滑。可在撑竿的抓握端缠上多层胶布（以保护手），和/或在撑竿下端缠上其他适当材料和胶布（以保护撑杆）。任何在撑竿上抓握端的胶布，除了偶尔重叠以外必须一致，不能出现直径的突然改变，比如不能在撑竿上增设任何“环状”结构。

比赛中允许运动员在双手或撑竿上使用有利于抓握的物质，并允许使用手套（允许运动员使用手套，被许可的物质也可以在手套上涂抹，但是相关裁判长应注意观察运动员的使用过程，并关注这样的做法是否有违公平）。

（22）撑竿离开运动员手之后，除非撑竿朝向远离横杆立柱的方向倾倒，否则不准有人（包括运动员）接触撑竿。如果有人接触撑竿，而裁判长认为如果撑竿不被接触将会碰落横杆，则应判此次试跳失败（立柱侧的裁判员不要触及运动员的撑竿，除非运动员已越过横杆，且撑竿朝向远离横杆或立柱的方向倾倒）。

（23）试跳时，撑竿折断，不应判为试跳失败，应给予该运动员一次重新试跳的机会。

（24）管理裁判员通知下一位试跳运动员做好试跳准备。按照上述工作程序组织运动员依次试跳。

（25）横杆升高丈量高度时，必须使丈量尺与地面保持垂直，所有高度项目测量应以厘米为单位，从地面垂直量至横杆上沿最低点。要先在横杆中部处丈量，再在横杆两端处丈量，以保证横杆处于水平位置。每次升高横杆后，在运动员试跳之前，均应测量横杆高度。当横杆放置在纪录高度时，有关裁判员必须进行审核测量。如果自上一次测量纪录高度后，横杆又被触及，在后继的纪录高度的试跳之前，裁判员必须再次测量横杆高度。裁判员应在比赛前仔细辨认横杆的下面和前面。

（26）运动员准备试跳的高度超或创纪录时，主裁判应请技术官员和田赛裁判长对横杆的高度进行审核检查。如运动员试跳成功，要请技术官员和田赛裁判长再次检查丈量高度，无误后签字。

（27）在比赛过程中不得更改比赛场地，除非田赛裁判长认为该起跳区或落地区已变得不适于比赛。如需变更比赛场地，则应在试跳完一轮之后变更。

（28）在撑竿跳高比赛时，要在移动撑竿跳高架立柱并重新丈量高度之后，起跳点裁判员才移开暂停标志，表示比赛开始。放置横杆裁判员准备接护撑竿，接竿时要迅速准确判断撑竿可能倾倒的方向，只有在撑竿朝远离横杆或架子的方向倾倒而不会碰落横杆的情况下才可以接护撑竿。试跳完毕，起跳点裁判员应走入助跑道，背对海绵包，举旗表示成功或失败，然后退到助跑道旁站立。

（29）一个高度比赛结束后，被淘汰的运动员由管理裁判员带领其按预定路线退场。最后三至八名运动员在比赛结束后，由管理裁判员带至赛后控制中心。

（30）在比赛结束时，记录员整理好所记录的成绩与名次，核对无误后交主裁判、技术官员、田赛裁判长审核签字，然后送竞赛秘书组。

（31）主裁判集合全组人员整队退场，清还器材用具和设备，准备下一个比赛。

（三）赛后工作

（1）每单元比赛结束后立即进行简要的小结，肯定成绩，明确不足，提出改进要求。

（2）全部比赛结束后，进行全面工作总结，写出书面材料交田赛裁判长。

（3）归还所借的用具和物品，办理有关归还手续。

五、裁判组使用的器材清单（表 4-2-2）

表 4-2-2 撑竿跳高裁判组所需器材表

序号	器材设备	跳高组数量	撑竿跳高组数量
1	海绵包、罩	1 套	1 套
2	跳高架、撑竿跳高架	1～2 副	1 副
3	横杆	6 根	6 根
4	横杆搁架	1 个	1 个
5	撑竿搁架		1 个
6	丈量尺	1 个	1 个
7	风向袋	1 个	1 个
8	助跑标记本	若干	若干

续表

序号	器材设备	跳高组数量	撑竿跳高组数量
9	成绩公告牌	1 个	1 个
10	30～50 米皮尺	1 个	1 个
11	红、白、黄旗	各 1 面	各 1 面
12	裁判桌	2 张	2 张
13	椅子	6～8 把	6～8 把
14	运动员休息凳	若干	若干
15	带夹书写本	3 块	3 块
16	圆珠笔	3 支	3 支
17	记号笔	1 支	1 支
18	秒表	1 块	1 块
19	记时钟	1 个	1 个
20	显示牌	1 块	1 块
21	遮阳伞	4 把	4 把
22	扫帚	2 把	2 把
23	田赛高度成绩记录表	若干	若干
24	手提喇叭	1 只	1 只
25	横杆架叉		2 只

第三节　跳跃远度项目裁判工作

一、工作任务

在田赛裁判长领导下，按照竞赛规则、竞赛规程和竞赛须知有关条款的规定，准确无误地完成有关裁判工作，保证跳远、三级跳远比赛的顺利进行。

二、人员设置、分工与职责（图 4-3-1）

主裁判 1 人；起跳点裁判员兼成绩丈量员 1 人；记录员 1 人；检查记录员 1 人；橡皮泥显示板（或沙台）裁判员 1 人；落点裁判员 1 人兼成绩丈量；管理裁判员 1 人；风速测量员 1 人；平沙坑服务员 1～2 人。上述人员为一个裁判组编制，基层田径比赛可适当缩减人员。

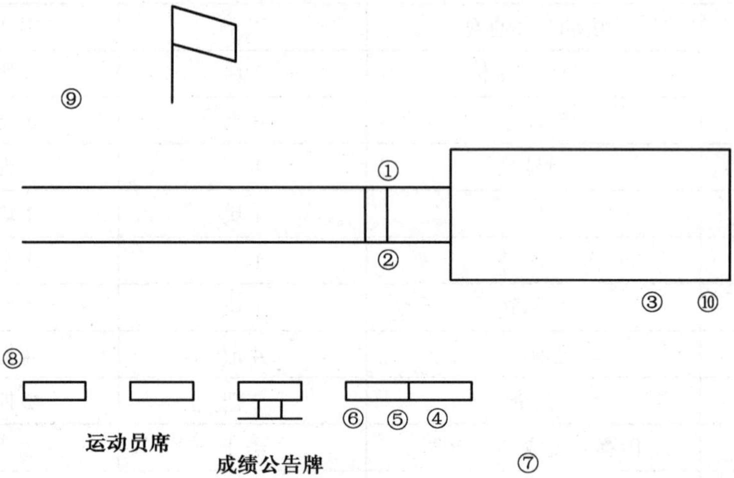

①主裁判 ②起跳点裁判（兼丈量） ③落点裁判员（兼丈量） ④记录员 ⑤成绩显示裁判员兼检查记录员 ⑥计时裁判员 ⑦橡皮泥显示板（或沙台）管理人员 ⑧管理裁判员 ⑨风速测量员 ⑩平沙坑人员

图 4-3-1 跳远比赛裁判员的工作位置

（一）主裁判（①号位）

（1）认真学习和研究有关竞赛规则、竞赛规程及其他各种有关竞赛文件和补充通知。

（2）参加主裁判会议，明确项目分工、职责和裁判工作要求。

（3）认真研究裁判工作方法，主动联系技术官员，听取意见。制订本裁判组工作计划和裁判工作细则，与各相关裁判组商定协调配合方法；确定裁判员、运动员的进、退场路线；拟定所需器材和物品的清单。

（4）组织裁判员学习。明确组内分工和各岗位的职责、要求、工作方法及裁判组的工作流程和配合方法。

（5）赛前检查落实场地、器材和设备，布置比赛场地。检查电子设备的运行和连接状况。

（6）组织裁判员进行现场实习，发现问题及时解决。

（7）负责管控整场比赛。组织本组裁判员进退场工作。领导本组裁判员按时开始比赛，控制比赛进程，保证比赛规则在比赛中得到正确执行。

（8）监督起跳点裁判员有关运动员试跳成功与失败的判定，监督比赛成绩丈量，保证比赛的公正、准确。并审核后三次比赛运动员的名单和试跳顺序。

（9）按规则和大会规定审批运动员的请假事宜，处理比赛中的有关问题。如有争议时及时报告田赛裁判长。如果运动员对本人试跳失败的判罚立即提出口头抗议时，应先丈量与记录该次试跳的成绩（记在备注栏内），并尽量保留有关证据，以便公正处理。

（10）审查比赛成绩和录取的名次，无误后签字。

（11）组织本组裁判员进行单元小结和全赛总结，及时提出改进意见。

（二）起跳点裁判员兼成绩丈量（②号位）

（1）准确安装丈量线，使丈量线与起跳板前沿在一条直线上，其长度与沙坑落地区同宽。

（2）判定试跳成功或失败（举白、红旗表示）。重点观察运动员的起跳是否在橡皮泥显示板上留下印迹，以及三级跳远的三跳顺序是否正确。

（3）测量成绩，注意钢尺与起跳线或其延长线成直角丈量。准确地判读运动员的试跳成绩，并将成绩清晰地报给记录员和检查记录员。

（4）以旗示或其他暂停标志控制比赛的进程。测量成绩后，在平整沙坑和更换橡皮泥显示板时，建议裁判手握红旗站在起跳板前。也可以使用圆锥体作为开始和暂停比赛的标志（在某些比赛中，该职责由该项目主裁判承担）。

（5）指挥相关人员更换和修复橡皮泥显示板（或沙台）管理人员，保证起跳板显示标志放置在合适的位置。

（三）落点裁判员兼成绩丈量（③号位）

（1）判定运动员落地后是否犯规，判定运动员的落点痕迹。

（2）根据规则规定，判断运动员在落地区留下的痕迹距起跳线的最近点，在最近点插上铁签/棱镜。

（3）负责丈量运动员成功试跳的成绩。丈量时，如果使用钢尺丈量，将钢尺零点对准铁签，并保证从铁签到起跳线及其延长线成直角丈量。

（4）在使用影像测距或激光测距仪时，应配合主裁判，在技术官员和田赛裁判长监督下与电子丈量员一起进行赛前赛后的校准工作。

（5）指挥和检查平沙坑服务员的工作。

（四）记录员（④号位）

（1）领取并核对成绩记录表，与管理裁判员一起进行检录工作。

（2）与起跳点裁判员、管理裁判员共同组织运动员丈量步点并按比赛顺序进行赛前练习。

（3）报告试跳的轮次，通知试跳和准备后续试跳的运动员。

（4）按运动员的试跳顺序，记录试跳的成绩（或免跳、犯规的符号）和风速。

（5）前三次试跳结束时，准确地排定进入后三次试跳的运动员名单和后三轮试跳顺序。

（6）比赛结束时，记录每名运动员的最好成绩，排定名次，核对无误签字后交主裁判、技术官员、田赛裁判长审核签字。

（五）成绩显示裁判员兼检查记录员（⑤号位）

（1）检查记录员的记录，并独立进行记录。

（2）操作成绩公告牌，准确及时地显示试跳运动员的号码、试跳轮次和试跳成绩（或试跳失败符号）。

（六）计时裁判员（⑥号位）

负责掌握运动员每次试跳的时限，并向运动员显示试跳时限。当每次试跳时限仅剩 15 秒时，举黄旗向主裁判、起跳点裁判员和运动员示意。

（七）橡皮泥显示板（或沙台）管理人员（⑦号位）

裁判或辅助人员负责修复和更换橡皮泥显示板。及时把踩有痕迹的橡皮泥显示板抹平，保证随时更换。如不使用橡皮泥显示板，则要随时修补沙台。

（八）管理裁判员（⑧号位）

（1）负责检录工作，与记录员一起带领运动员整队入场，交主裁判。

（2）维持赛场秩序，密切注意安全问题，掌握比赛进程，并按比赛顺序提醒运动员提前做好准备，保证助跑标记按规则的有关规定放置。

（3）负责管理运动员，陪同请假运动员离开比赛现场，监督运动员不得提供与接受规则不允许的帮助。前三次比赛结束后，带领被淘汰运动员（或及格赛达到及格标准的运动员）退场。比赛结束后带领运动员到赛后控制中心。并将前三名运动员与赛后裁判进行交接，以便颁奖。

（九）风速测量员（⑨号位）

（1）按规则安装测风速装置，跳远、三级跳远风速仪置于距起跳线 20 米处。测风速装置离开跑道或助跑道不得超过 2 米，测量平面高 1.22 米±0.05 米。

（2）负责风速仪的操作，应按规则 163.8 条至 163.13 条的规定，及时准确地测定跳远、三级跳远比赛的风速，并予以记录和显示，为审核比赛成绩或新纪录提供依据。

查看规则 163.8～163.13

（3）在跳远和三级跳远比赛中，风速测量员应从运动员经过助跑道旁的标记时开始测量风速，测定时间为 5 秒钟。按《规则》的有关规定，测量跳远和三级跳远风速的标记应分别放置在距离起跳线 40 米和 35 米远的地方。如果运动员的助跑距离不足 40 米或 35 米时，则应从其开始助跑时测量风速。

（4）比赛结束时，将风速记录表整理好签字后交记录员。

（十）平沙裁判员（⑩号位）

在落点裁判员指挥下，1 名或多名裁判员或辅助人员负责每次试跳后平整沙坑。按规则的有关要求平整沙坑，保证沙面与起跳板齐平。协助落点裁判员准确判定运动员落地点。如安排 2 人，应分别站在沙坑两侧。

（十一）检查和布置场地器材及其要求

（1）跳远比赛助跑道长度至少应为 40 米，从起跳线量至助跑道尽头。助跑道宽度为 1.22 米（±0.01 米），应用 5 厘米宽的白线标出助跑道。跳远比赛助跑道的左右最大倾斜度不超过 1∶100，在助跑道最后 40 米的跑进方向上总的倾斜度不得超过 1∶1 000。

（2）起跳板是起跳的标志，应埋入地下，上沿与助跑道及落地区表面齐平。起跳板靠近落地区的边沿称为起跳线。紧靠起跳线前端应放置一块橡皮泥显示板，以便于裁判员进行判断。

（3）起跳板结构，应为长方形，用木料或其他适宜的坚硬材料制成，长 1.22 米（±0.01 米），宽 20 厘米（±2 毫米），厚 10 厘米，涂成白色。

（4）橡皮泥显示板，应用木料或其他适宜的材料制成，质地坚硬，长 1.22 米（±0.01 米），宽 10 厘米（±2 毫米），并漆成不同于起跳板的颜色。如可能，橡皮泥应采用第三种对比度强的颜色。此板应安放在紧靠起跳板前端的凹槽或搁板里，其高度超出起跳板 7 毫米（±1 毫米）。显示板边沿既可以向助跑道方向倾斜 45°（图 4-3-2），在倾斜面上覆盖 1 毫米厚的橡皮泥，也可以切去边角，填充橡皮泥使之倾斜 45°，显示板上最靠近助跑方向的前 10 毫米，也要用橡皮泥覆盖。当显示板被安放在凹槽中时，全部装置必须牢固，足以承受运动员起跳脚的全部力量。起跳板橡皮泥显示板的材料，应使运动员的鞋钉能抓牢而不滑。橡皮泥层可用碾子或其他刮具抹平，以消除运动员的足迹。如有备用橡皮泥板则更为方便，在消除足迹时不致延误比赛。

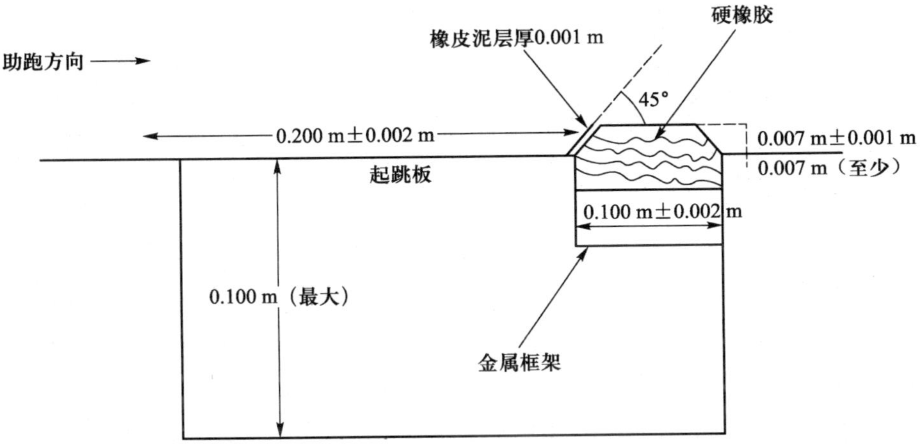

图 4-3-2　起跳板和橡皮泥显示板

（5）起跳线。跳远比赛中，起跳线至落地区远端的距离至少应为 10 米。起跳线至落地区近端的距离为 1～3 米。三级跳远比赛中，男子起跳线至落地区远端的距离不得少于 21 米。在国际比赛中，起跳线至落地区近端的距离：男子不少于 13 米，女子不少于 11 米。在其他比赛中，此距离应与比赛水平相适应。为了便于运动员完成跨步跳和跳跃，在起跳板和落地区之间应有 1.22 米±0.01 米宽的坚实、匀质的地面（2004 年 1 月 1 日以前建造的场地可以使用 1.25 米宽的助跑道。但是，当这种跑道全部重新铺设时应遵守本规则）。

（6）落地区宽度最小 2.75 米，最大 3 米。如有可能，助跑道应对准落地区中央，使助跑道中心线延长时与落地区的中心线重合。当落地区中心线与助跑道的中心线不重合时，应在落地区内布置一条或两条带子，使这两条线重合（图 4-3-3）。

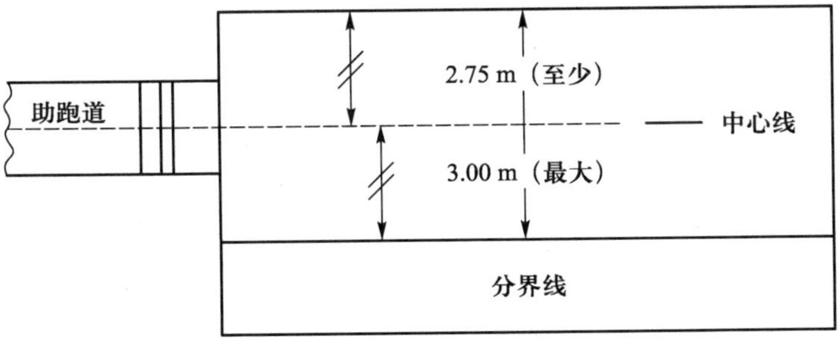

图 4-3-3　跳远、三级跳远落地区的取中位置

（7）落地区内应填充湿沙，沙面应与起跳板齐平。

三、工作程序与方法

（一）赛前工作

（1）主裁判领导全组裁判员认真学习和研究有关竞赛规则、竞赛规程及其他各种有关竞赛文件和补充通知，统一对规则有关条款精神的理解。了解每单元本裁判组负责各比赛项目的比赛地点、时间和参赛人数等基本情况。

（2）主裁判负责分工，明确各岗位的职责、要求、工作方法、工作流程和配合方法。明确与竞赛秘书组、场地器材组、检录、赛后控制中心、现场指挥、检查等各裁判组的协调配合方法。明确裁判员、运动员的进、退场路线。

（3）在主裁判带领下，对照所需器材物品清单检查场地、器材和设备，如助跑道的长度、起跳板的安装、沙坑松软程度是否符合要求，沙面与起跳板是否齐平等。并明确每个项目比赛的场地位置。校验丈量尺的准确性并作好校验标记。指导场地组工作人员按比赛要求布置比赛场地，正确摆放各种器材设备和设施。有关裁判员进行电子设备的连接调试，检查电子设备的运行状况。发现问题要及时向田赛裁判长和有关部门反映，争取尽早解决。

（4）风速测量员应做好充分的赛前准备工作。确定风速仪的安装位置，熟悉风速仪的性能特点和使用方法，熟悉风速记录表的填写方法，按规则要求选择好工作地点，以及与记录员商定风速显示方法和配合事宜等。

（5）在主裁判带领下，按计划进行现场实习。通过实习，各岗位裁判员要进一步明确工作任务、工作位置。了解各种器材、设备、用具性能，掌握使用方法，熟练掌握工作方法、工作程序和相互间的配合方法，发现问题及时解决。

（6）及时进行实习工作小结，发现问题及时解决。

（7）赛前一个单元，记录员领取成绩记录表，并与秩序册进行核对。如使用计算机设备记录或电子丈量，还必须与电脑及电子丈量计算机终端中的名单核对。

（二）赛中工作

（1）各单元按大会规定时间到达指定地点集中，主裁判检查本组裁判员出席情况，并向分管田赛裁判长报告，主裁判扼要提示本单元裁判工作要点和注意事项，提出工作要求。

（2）领取比赛器材、用具和设备，布置比赛场地，完成电子设备的连接调试和电子丈量设备的赛前三个点的校准。检查时限钟和秒表的性能，插好纪录旗，风速员按《田径竞赛规则》的有关规定放置风速仪和风标，在助跑道外侧拉好皮尺并在距起跳板 40 米或 35 米处设置标记，落实安全措施等。做好各项赛前准备工作后退场。

（3）赛前 40～45 分钟，主裁判指派管理裁判员和记录员到检录处，按大会规定的时间准时检录，并对运动员的服装、号码、钉鞋等进行检查，然后带领运动员整队按预定线路进入比赛场地。主裁判组织本组裁判员整队入场。

（4）赛前 30～35 分钟，主裁判接收参赛运动员并宣布比赛注意事项，然后组织运动员开始丈量步点，并提供助跑标志物。风速测量员与记录员核对参赛人数与运动员号码的变动情况。

（5）赛前 20～25 分钟，由起跳点裁判员、记录员、管理裁判员共同组织运动员按比赛顺序进行 1～2 轮次的赛前练习试跳。

（6）比赛前 10 分钟，风速测量员按规则规定设置好该项目测定风速的时间。

（7）赛前 5 分钟，运动员停止练习，起跳点裁判员放置暂停标志，安装丈量线，按规则要求指挥安装橡皮泥显示板，平沙坑服务员平整沙坑。同时，主裁判召集参赛运动员整队，并向田赛裁判长报告准备就绪。田径裁判长与赛事展示总管联系介绍参赛运动员事宜。

（8）运动员介绍完毕，运动员在休息处准备比赛。检查记录员在成绩显示牌上显示第一位试跳运动员的号码和跳次。管理裁判员通知第一位运动员做好试跳准备，可用一块显示牌公布运动员的试跳顺序、免跳情况及试跳结果，便于运动员随时掌握情况，保持赛场秩序。

（9）按竞赛日程规定的比赛时间，主裁判准时宣布比赛开始。起跳点裁判员站在记录台对面，助跑道外侧。记录员宣告试跳轮次后喊号："××号跳，××号准备。"起跳点裁判员移走暂停标志，检查记录员启动计时钟（或开动秒表）计取试跳时间，运动员试跳开始。风速测量员按规则规定开动风速仪，测定风速，并记录、显示测定结果。如测量的顺风风速超过规定时，或破纪录试跳时所测的风速超过规定，要及时填写风速报告表并报告主裁判。主裁判和起跳点裁判员集中注意力，观看试跳的全过程，特别是注意运动员起跳时是否犯规。

（10）运动员试跳结束后，要仔细观察在橡皮泥显示板（或沙台）上是否留有起跳留下的痕迹，然后站在助跑道起跳板后等待落点裁判员判决。如犯规，起跳点裁判员上举红旗，如无犯规则上举白旗。旗应直臂上举，作短暂停顿后放下，放置暂停标。在进行三级跳远比赛时，起跳点裁判员应与内场成绩丈量员密切配合（加强观察运动员试跳中途是否犯规），取得一致意见后再举旗判决。

（11）如试跳成功，落点裁判员立即在运动员身体任何部分在落地区内距离起跳线的最近点插入铁签，铁签要垂直于地面。丈量裁判员开始丈量成绩（注意钢尺"0"点要对准铁签处的"最近点"），应从该点量至起跳线或起跳线的延长线。测量线应与起跳线或其延长线垂直。然后将成绩报给记录员。记录员边复述边记录在成绩记录表上（表 4-3-1、表 4-3-2），同时记录该次试跳的风速。检查记录员核查成绩记录后立即在成绩显示牌上显示，并将显示牌旋转 360°。落点裁判员指挥服务员平整好沙坑，记录员通知检查记录员显示下一位试跳运动员号码和轮次，管理裁判员通知下一位运动员做好试跳准备。一切准备就绪，记录员喊号，比赛继续进行。

表 4-3-1　跳远、三级跳远成绩记录表（一）

项目______________　组别____________　　　　　　　________月______日

号码	姓名	单位	第一次	第二次	第三次	前三次最好成绩	后三次最好成绩	第四次	第五次	第六次	六次最好成绩	名次

表 4-3-2　跳远、三级跳远成绩记录表（二）

名次	号码	姓名	单位	成绩	备注	签字
1						
2						
3						田赛裁判长__________
4						主裁判______________
5						技术官员____________
6						记录员______________
7						
8						

注：此表应用时放大印制在 8 开纸上。

（12）如运动员试跳犯规，起跳点裁判员应上举红旗，记录员记录失败符号，检查记录员在公告牌上显示失败符号，并将显示牌旋转 360°。橡皮泥显示板裁判员修补或替换橡皮泥显示板（或整修沙台），落点裁判员指挥服务员平整沙坑，记录员通知检查记录员显示下一位试跳运动员号码和轮次，管理裁判员通知下一位运动员做好试跳准备。一切准备就绪，记录员喊号，比赛继续进行。

（13）比赛中，当试跳时限只剩下 15 秒时，检查记录员应立即举黄旗向主裁判、起跳点裁判员、管理裁判员示意，并提醒运动员注意时限。当试跳时限到时，黄旗落下，检查记录员应向裁判长报告运动员延误时限的事实，得到裁判长的示意后起跳点裁判员立即上举红旗，判定该运动员该次试跳因无故延误时间以失败论处，记录员作相应的记录，检查记录员在成绩显示牌上显示该运动员该次试跳失败。

如果时限到时，该运动员已经开始试跳，则应允许其进行该次试跳。运动员在参加跳远比赛时因兼项请假，裁判长可以允许其在某一轮不按赛前抽签排定的顺序试跳 1 次。如果该运动员在后来轮到他试跳时未到，一旦该次试跳时限已过，则应视其该次试跳为免跳。

（14）跳远比赛中，如出现下列情况，应判为试跳失败：

① 在起跳过程中，无论是助跑后未起跳还是做了试跳动作，运动员身体任何部位触及起跳线以前的地面（包括橡皮泥显示板的任何部分）。

② 从起跳板两端之外起跳，无论是否超过起跳线的延长线。

③ 在助跑或试跳中采用任何空翻姿势。

④ 起跳后，在第一次触及落地区之前，运动员触及了助跑道、助跑道以外地面或落地区以外地面。

⑤ 在落地过程中（包括任何的失去平衡）触及落地区边沿或落地区以外地面，而落地区外的触地点较落地区内的最近触地点更靠近起跳线。

⑥ 除规则 185.2 中描述的情况外，以其他方式离开落地区。

（15）当运动员离开落地区时，其脚在落地区边线或边线外地面的第一触地点，应比在沙坑内的最近落地点离起跳线的距离更远（该最近触地点可能是因为失去平衡而留下的完全在落地区内的痕迹，或运动员向回走时留下的距起跳线比落地点更近的痕迹）（该第一触地过程被认为开始离开落地区）。

（16）以下情况不应判试跳失败：

① 运动员在任何位置跑出助跑道白色标志线。

② 除规则 185.1（b）的规定外，运动员在抵达起跳板之前起跳。

③ 根据规则 185.1（b）的规定，运动员的鞋的一部分触及起跳板任意一端以外、起跳线之前的地面。

④ 在落地过程中，运动员身体的任何部分或身体的任何附属物品触及了落地区边界或落地区以外的地面。除非这一接触违反规则 185.1（d）或（e）的规定。

⑤ 运动员按规则 185.2 中的方式离开落地区后，再向后穿过落地区。

（17）三级跳远比赛中，三跳顺序是一次单足跳、一次跨步跳和一次跳跃。单足跳时应用起跳腿落地，跨步跳时用另一条腿（摆动腿）落地，然后完成跳跃动作。运动员在跳跃中摆动腿触地不应视为试跳失败（单足跳和跨步跳阶段的正常着地动作，触及起跳线和落地区之间的地面，不应判为试跳失败）。

三级跳远比赛中，运动员有下列情形（仅有之一），不应判罚失败：

① 触及起跳线和落地区之间的白色标志线或线以外的地面。

② 如果运动员自身并没有犯规情形，在跨步跳阶段触及落地区。例如，裁判员错误地指示了起跳板，此种情况下，相关裁判长通常应给予运动员一次补跳的机会。如果跳跃后的着地在落地区之外的应该判罚失败。

（18）前 3 次试跳结束后，记录员标出参加后 3 次试跳的运动员名单，并排出后 3 轮试跳的顺序，如有电子丈量，应与电子丈量计算机终端中的数据进行核对，并交主裁判审核，主裁判核实无误后向运动员宣布。同时，记录员要将运动员名单和新试跳顺序告知风速及管理裁判员。被淘汰的运动员由管理裁判员带领按预定路线退场。及格赛第一轮和第二轮试跳结束后，管理裁判员要带领达到及格标准的运动员退场。

（19）如试跳超纪录时，丈量裁判员报告主裁判。主裁判立即请田赛裁判长和技术官员审核场地、风速与成绩，认可后签名，再继续比赛。记录员在成绩记录表备注栏内加以注明或做好标记。

（20）经主裁判同意，请假的运动员由管理裁判员陪同进出该项比赛场地。允许兼项请假的运动员在某一轮比赛中不按原来排定的顺序试跳一次。

（21）如果由于不可控的原因，妨碍运动员导致不能完成试跳或成绩不能正确记录，相关裁判长有权给予运动员一次补试跳机会，时限可以部分计算或全部重新开始计算。运动员试跳顺序不得改变。根据赛场的具体情况，确定合理的补试跳时间。当给予补试跳之前的比赛已在进行，在后续试跳开始之前应首先进行补试跳。

有数种情形需要给予运动员补试跳的机会，包括程序或技术上的问题导致的某次成绩无法测量或无法重新进行精确的测量。然而这样的情形应该避免，可以运用一个良好的设备系统或某种形式的备份，随着越来越多技术的应用，应该对可能发生的错误做好预案和准备。由于比赛顺序不能改变（除非在比赛进行过程中出现的问题无法立即解决），相关裁判长应该根据比赛的具体情况决定给予补试跳的时限。

（22）比赛结束时，风速测量员将全部风速记录签字后交记录员，记录员、检查记录员按规则和规程的有关要求录取名次，无误后签字。记录员请主裁判、田赛裁判长和技术官员审核签字，然后将成绩记录表、风速记录表交竞赛秘书组。获名次运动员由管理裁判员带至赛后控制中心。

（23）主裁判带领全组人员整队退场。

（三）赛后工作

1. 归还器材用具

每单元比赛结束后，应随时将所借器材与裁判用具送还场地器材组；全部比赛结束后，应按器材清单将所有物品归还清楚。

2．总结

每单元比赛结束后应及时进行简要小结，发现问题，及时改进，并布置下一单元比赛工作；全部比赛结束后，应认真进行总结，并向田赛裁判长提交书面材料。总结内容一般包括工作概况、工作体会、个人小结，对裁判工作的改进意见以及修订裁判工作细则等。

四、裁判组使用的器材清单（表 4-3-3）

表 4-3-3　跳远、三级跳远裁判组所需器材表

序号	器材设备	数量
1	红、白、黄旗各	1 面
2	风标	1 个
3	风速仪	1 台
4	橡皮泥显示板	4～6 块
5	橡皮泥	若干
6	橡皮泥刮刀	2 把
7	20～30 m 钢尺	1 卷
8	50 m 皮尺	1 卷
9	平耙	2 把
10	铁铲	2 把
11	扫帚	1 把
12	5 cm 宽白帆布带 50 m 长	2 条
13	5 cm 宽白帆布带 10 m 长	2 条
14	不同颜色的记录旗	2～3 面
15	铁签	2 个
16	成绩公告牌	1 套
17	时限钟	1 个
18	带夹书写板	4～5 块
19	铅笔、圆珠笔各	4～5 支

续表

序号	器材设备	数量
20	遮阳伞	3～5把
21	助跑标志（不同颜色）	若干
22	椅子	13把
23	运动员休息凳	若干
24	裁判桌	3张
25	手提式喇叭	1只
26	沙台模	2只
27	计时秒表	1～2块
28	田赛风速记录表	若干

第四节 投掷项目裁判工作

一、工作任务

在田赛裁判长领导下，按照《田径竞赛规则》《竞赛规程》和《竞赛须知》有关条款的规定，安全、准确地完成有关裁判工作，保证推铅球、掷铁饼、掷链球、掷标枪比赛的顺利进行。

二、人员设置、分工与职责

主裁判1～2人；旗示和内场裁判员1人；落点裁判员1人；丈量裁判员1人；记录员1人；成绩显示裁判员兼检查记录员1人；成绩丈量裁判员1人；计时裁判员1人；管理裁判员1人；器械管理员1人。

根据比赛规模和项目特点，裁判人员设置、分工和职责有所变化。推铅球比赛时可适当缩减人员。基层比赛时，主裁判可兼内场裁判员工作，落点裁判员可兼外场裁判员工作等。

（一）推铅球比赛裁判员工作位置示意图（图 4-4-1）

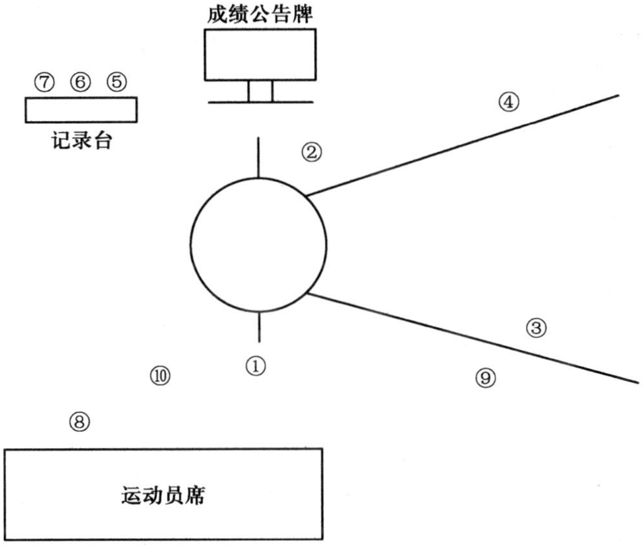

①主裁判　②旗示和内场裁判　③落点裁判员　④丈量裁判员　⑤记录员　⑥成绩显示裁判员兼检查记录员　⑦计时裁判员　⑧管理裁判员　⑨器械回送裁判员　⑩器械管理员

图 4-4-1　推铅球比赛裁判员工作位置示意图

（二）掷铁饼和掷链球比赛裁判员工作位置示意图（图 4-4-2）

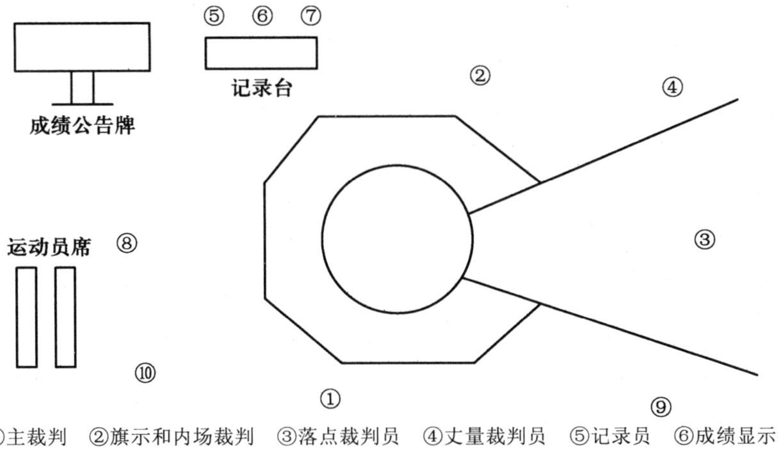

①主裁判　②旗示和内场裁判　③落点裁判员　④丈量裁判员　⑤记录员　⑥成绩显示裁判员兼检查记录员　⑦计时裁判员　⑧管理裁判员　⑨器械回送裁判员　⑩器械管理员

图 4-4-2　掷铁饼、掷链球比赛裁判员工作位置示意图

（三）掷标枪比赛裁判员的工作位置（图 4-4-3）

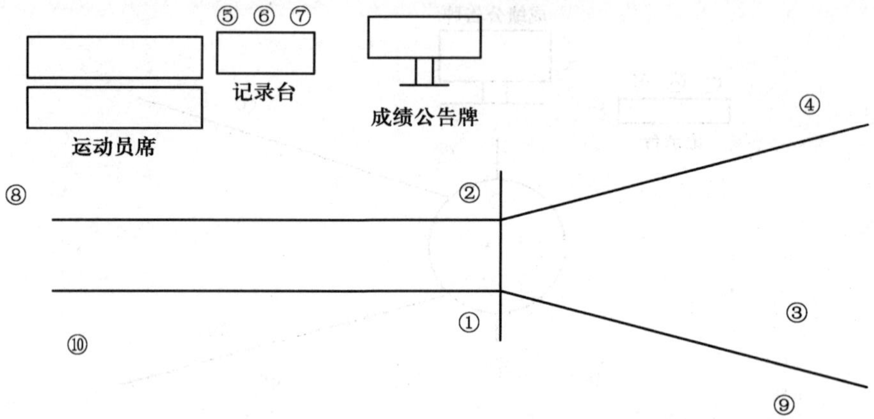

①主裁判 ②旗示和内场裁判 ③落点裁判员 ④丈量裁判员 ⑤记录员 ⑥成绩显示裁判员兼检查记录员 ⑦计时裁判员 ⑧管理裁判员 ⑨器械回送裁判员 ⑩器械管理员

图 4-4-3 掷标枪比赛裁判员工作位置示意图

（四）主裁判（①号位）

（1）认真学习和研究有关竞赛规则、竞赛规程及其他各种有关竞赛文件和补充通知。

（2）参加主裁判会议，明确分工、职责和裁判工作要求。

（3）认真研究裁判工作方法，制订本裁判组工作计划和裁判工作细则，制定安全规范与措施，与各相关裁判组商定协调配合方法；确定裁判员、运动员的进、退场路线；拟定所需器材和物品的清单。

（4）组织裁判员学习。明确分工和各岗位的职责、要求、工作方法及裁判组的工作流程和配合方法。

（5）检查比赛场地、投掷器材是否符合规则要求。

（6）对照清单，检查所需物品和设备，布置比赛场地。检查电子设备的运行和连接状况。组织裁判员进行现场实习，发现问题及时解决。

（7）组织本组裁判员进退场工作。领导本组裁判员按时开始比赛，控制比赛进程，保证比赛规则在比赛中得到正确执行。

（8）负责管控全场比赛。监督旗示和落点裁判员的判决与成绩丈量工作，保证比赛的公正、准确。并审核后 3 次比赛运动员的名单和试掷顺序。

（9）听取田赛裁判长和技术官员的意见，及时改进裁判工作。

（10）按规则和大会规定审批运动员请假事宜，处理比赛中的有关问题。如有争议时及时报告田赛裁判长。如果运动员对本人试掷失败的判罚提出口头抗议，应在田赛裁判长的同意下先丈量与记录该次试跳的成绩（记在备注栏内），并尽量保留有关证据，以便进行处理。

（11）审查比赛成绩和录取的名次，无误后签字。

（12）清理场地，整队退场，归还器材。

（13）组织本组裁判员进行单元小结和全赛总结，及时提出改进意见。

（五）旗示和内场裁判员（②号位）

（1）判定运动员试掷成功或失败（上举白、红旗表示），必要时应与主裁判协作共同判定。

（2）协助主裁判掌握比赛时间，控制比赛进程。

（3）对成绩进行测量，并将丈量的成绩准确、清晰地报给记录员和检查记录员。

（4）测量成绩后，在铅球回送和整理落地区时，建议裁判手握红旗站在投掷圈内。铁饼或链球项目比赛，建议裁判手握红旗站在护笼入口处。在标枪项目比赛时，建议裁判手握红旗站在助跑道上。也可以将圆锥体放在投掷圈内作为开始和暂停比赛的标志（在某些比赛中，该职责由该项目主裁判承担）。如果不使用电子测距，在铅球、铁饼或链球项目比赛时，保证内场丈量员使用钢尺丈量要通过投掷圈的圆心；在标枪项目比赛时，保证内场丈量员使用钢尺丈量要通过助跑道上离起掷弧 8 米的圆心。

（5）保证内场场地清洁。

（六）落点裁判员（外场③号位）

（1）全面负责外场裁判工作，分配外场裁判员的工作任务并进行管理。

（2）负责判定器械落地是否有效和器械首次触地位置，如器械落地无效应按事先确定的方式提示内场主裁判和旗示裁判员。长投项目比赛时，如果器械落在投掷区外，落点裁判或负责插放铁签/棱镜的裁判（靠近器械落点一侧边线者）应举手指向界外。成功的试掷不必再做提示。

（3）在运动员试掷成功后立即插放一个标签或棱镜，指示从该点进行测量。

（4）监督外场丈量员的成绩丈量工作。并应确保卷尺拉紧，以保证准确测量。

（七）成绩丈量员（外场④号位）

（1）负责丈量运动员成功试掷的成绩。

（2）丈量员将铁签/棱镜插在落点裁判员放置的标签位置，确保零点对正标签，保证将钢尺的“0”点对准插好的铁签进行丈量，并注意外场安全事项。

（3）协助落点裁判员判定器械是否完全落在角度线内沿以内。

（4）协助落点裁判准确认定器械首次触地的位置，当运动员试掷成功时，将铁签插在器械落地痕迹距投掷圈（弧）的最近点处。

（5）指挥器械回送裁判员将投掷器械运送回内场。

（6）全国性比赛时，负责在落地区角度线外插每名运动员试掷最好成绩的显示牌。

（八）记录员（⑤号位）

（1）领取并核对投掷远度成绩记录表，协助管理裁判员进行检录工作。

（2）与内场裁判员、管理裁判员共同组织运动员按比赛顺序进行赛前练习。

（3）宣布试掷的轮次，宣布试掷及准备试掷运动员的号码。

（4）准确复述并记录运动员的试掷成绩或符号。遇破纪录时提醒主裁判。

（5）前 1 次试掷结束时，准确排定进入后 3 次试掷的运动员名单和试掷顺序。

（6）比赛结束时，记录每名运动员的最好成绩，排定录取名次，核对无误签字后交主裁判、田赛裁判长、技术官员审核签字。及时将此记录表送至竞赛秘书组。

（九）成绩显示裁判员兼检查记录员（⑥号位）

（1）核查记录员的记录，并独立对运动员的试掷进行记录。

（2）操作成绩显示牌，准确、及时地显示运动员的试掷成绩，如可能还应显示运动员的号码和试掷轮次。

（十）计时裁判员（⑦号位）

（1）负责掌握运动员每次试掷的时限，并向运动员显示试掷时限。

（2）当每次试掷时限仅剩 15 秒时，举黄旗向主裁判、起跳点裁判员和运动员示意。

（十一）管理裁判员（⑧号位）

（1）负责到检录处进行检录，与记录员一起带领运动员整队进入比赛场地，交主裁判。

（2）负责管理运动员，陪同临时请假的运动员离开比赛场地，监督运动员不得接受技术帮助。

（3）前 3 次比赛结束后，带领被淘汰运动员或及格赛达到及格标准的运动员退场。比赛结束后带领获奖运动员到赛后控制中心。

（4）负责维持内场秩序，保证比赛的安全，根据比赛顺序通知运动员提前做好试掷前的准备。

（十二）器械回送裁判员（⑨号位）

（1）负责将外场的投掷器械及时运送或通过回送车送回到内场的指定位置或器械架上。

（2）管理内场的比赛器械，并发放给试掷运动员。

（3）负责清扫投掷圈与清理投掷器械。

（4）完成主裁判交给的临时性服务工作。

（十三）器械管理员（⑩号位）

（1）赛前检查验收比赛器械（包括自备器械），核对器材清单无误后签字。

（2）在赛前练习和比赛时严格按照比赛顺序监督运动员适时拿取器械，并登记每名运动员每次试掷的器械编号。

（3）及时回收和清洁比赛器械，保证运动员的使用。

（4）比赛结束后，及时归还比赛器械，并将运动员器械使用登记表交到竞赛秘书组。

三、工作程序与方法

四个投掷项目的器械构造、运动技术虽然各不相同，但是比赛场地比较相似，因此在规则要求、比赛方法和裁判工作等方面既有一定差异又有共同之处。下面主要叙述投掷项目裁判工作程序与方法上的共同点。

（一）赛前工作

（1）主裁判领导全组裁判员认真学习和研究有关竞赛规则、竞赛规程及其他各种有关竞赛文件和补充通知，统一对规则有关条款精神的理解。明确每单元本裁判组负责各比赛项目的比赛地点、时间和参赛人数等基本情况。

（2）主裁判根据每名裁判员的特长和具体情况进行分工，明确各岗位的职责、要求、工作方法、工作流程和配合方法。落实安全措施，强调安全规范，提高安全意识。

（3）明确与竞赛秘书组、场地器材组、检录组、现场指挥中心、检查组、全能组等各裁判组的协调配合方法；明确裁判员、运动员的进、退场路线。

（4）在主裁判带领下，对照所需器材物品、设备清单逐一清点。检查场地和比赛器械是否符合规则要求。检查投掷圈内地面是否呈水平，地面的平整和光滑度；抵趾板的安装是否牢固，内沿与投掷区铁圈内沿的吻合情况；落地区角度标志线安装是否准确；落地区的地表结构情况是否符合比赛要求；铁饼和链球护笼的材质是否坚固；护笼的高度和安装位置是否符合规则规范，安装是否牢固；标枪助跑道的长度宽度以及投掷孤的半径等。检查比赛器械器材的质量和重心位置，铅球、铁饼、链球球体的直径，链球的全长，标枪枪身各位置的直径，把手的长度等各项参数指标是否符合规则要求。校验丈量尺的准确性并作好校验标记。落实摘取拴网链球的梯子。

（5）指导场地器材组和志愿者按比赛要求布置比赛场地，正确摆放各种器材设备和设施。有关裁判员进行电子设备的连接调试，检查电子设备的运行状况。发现问题要及时向田赛裁判长和有关部门反映，争取尽早解决。落实安全措施。主裁判应确保裁判员的站位和设备的安放不能妨碍运动员比赛，也不能阻挡观众观看比赛。

（6）在主裁判带领下，按计划进行现场实习。通过实习，各岗位裁判员要进一步明确工作任务、工作位置。了解各种器材、设备、用具性能，掌握使用方法，熟练掌握工作方法、工作程序和相互间的配合方法。

（7）旗示裁判员和外场裁判员应利用运动员赛前熟悉场地的机会，初步了解和掌握参赛运动员的状态和水平。

（8）及时进行实习工作小结，发现问题及时解决。

（9）赛前一个单元，记录员领取成绩记录表，并与秩序册进行核对。

（二）赛中工作

（1）每单元按大会规定时间到达指定地点集中，主裁判检查本组裁判员出席情况，并向分管田赛裁判长报告，主裁判提示本单元裁判工作要点和注意事项，提出工作要求。

（2）领取比赛器材、用具和设备，布置比赛场地，完成电子设备的连接调试。检查时限钟和秒表的性能，放置远度标志，风向袋，插好记录旗，清扫投掷圈（平整标枪助跑道），落实安全措施等。做好各项赛前准备工作后退场。

（3）赛前 40～45 分钟，主裁判指派管理裁判员和记录员到检录处，按大会规定的时间准时检录，并对运动员的服装、号码、钉鞋等进行检查，然后带领运动员整队按预定线路进入比赛场地。主裁判组织本组裁判员整队入场。

（4）赛前 30～35 分钟，主裁判接收带入比赛场地的运动员，向运动员宣布注意事项，强调安全要求。然后布置运动员自由练习（不持器械），掷标枪比赛时要抓紧时间组织运动员丈量助跑步点。

（5）赛前 20～25 分钟，由内场裁判员、记录员、管理裁判员共同组织运动员按比赛顺序进行至少 2 轮次的赛前练习试掷。

（6）赛前 5 分钟，运动员停止练习，旗示裁判员放置暂停标志。在进行铅球和标枪比赛时，暂停标志可放在投掷圈内或助跑道靠近投掷弧的附近区域；在进行铁饼和链球比赛时，暂停标志可放在护笼入口，出于安全的考虑，应只允许运动员从放置暂停标志的这一侧进入护笼。裁判员清理比赛场地和投掷器械后各就各位（旗示裁判员进入投掷区或护笼入口处，外场裁判员整队至外场并进入各自的工作位置，落点和外场裁判员应根据赛前了解到的各运动员水平和练习试掷的情况确定站位位置），准备开始比赛。主裁判召集参赛运动员整队，并向田赛裁判长报告准备就绪。田径裁判长与现场指挥中心联系介绍参赛运动员事宜。

（7）运动员介绍完毕，运动员在休息处等候比赛。检查记录员在成绩显示牌上显示第一位试掷运动员的号码和轮次。管理裁判员通知第一位运动员做好试掷准备，可用一块显示牌公布运动员的试掷顺序、试掷结果，便于运动员随时掌握情况，保持赛场秩序。

（8）主裁判按竞赛日程规定的比赛时间准时宣布比赛开始。记录员宣告试掷轮次后喊号："××号掷，××号准备。"旗示裁判员移走暂停标志，计时裁判员启动计时钟（或开动秒表）计取试掷时间，运动员进入试掷区试掷开始。

（9）主裁判和内场裁判员应集中注意力，仔细观察和判断运动员从预备姿势开始，直至运动员离开投掷区的全过程是否有违反规则的情况，应重点观察运动员的两脚动作（铁饼和链球比赛时，主裁判和内场裁判员应进行分工，分别观察投掷区的前、后半圈）。运动员试掷结束离开投掷区后，内场裁判员立即走进投掷区，面向外场。

（10）如运动员在投掷区（内场）犯规，内场裁判员立即直臂上举红旗以示失败。落点裁判员和外场裁判员要密切注意器械的飞行轨迹，准确判断器械的着地区域，从侧向快速向器械着地点方向移动，并快速准确地判定器械着地是否有效和器械（或枪尖）首次触地点位置。若器械落点无效，应上举红旗；器械出界，先上举红旗然后指向出界方向；如器械落点有效，落点裁判员将手指向着地点向内场裁判员示意落点有效，旗示裁判员看到落点裁判员的提示后立即上举白旗。旗示裁判员举旗时应稍作停顿，旗放下后，内场裁判员放置暂停标志。外场裁判员面向内场将铁签垂直于地面插在器械落地痕迹距投掷圈（弧）的最近点处，成绩丈量员进行成绩丈量。

（11）落点裁判员要监察外场丈量员是否将钢尺的“0”刻度对准铁签，内场丈量员要将钢尺拉直并通过投掷圈（弧）的圆心。旗示裁判员判读从器械落地痕迹距投掷圈（弧）的最近点处至投掷圈或投掷弧内沿的距离（成绩）。并将该成绩清晰报给记录员和检查记录员（在所有投掷项目中，记录测量距离的最小单位为 0.01 米，不足 0.01 米不计）。

（12）每次有效投掷后应立即进行成绩测量（或据规则 146.5，运动员提出口头抗议之后）：① 从铅球、铁饼和链球球体落地痕迹的最近点取直线量至投掷圈内沿，测量线应通过投掷圈的圆心。② 掷标枪项目中，从标枪枪头的首次触地点取直线量至投掷弧内沿，测量线应通过投掷弧的圆心（只要没有犯规的情形，不论其距离如何，每次试投都应该测量）。

查看规则 146.5

（13）记录员边复述边填写在成绩记录表上（表 4-4-1）。检查记录员仔细核实后，在成绩显示牌上显示该次试掷成绩。如试掷失败，也要记录和显示试掷失败的符号。为了使全体观众都能看到试掷结果，应将成绩显示牌旋转 360°。记录员通知检查记录员显示下一位试掷运动员号码和轮次，管理裁判员通知下一位运动员做好试掷准备。一切准备就绪，记录员喊号，比赛继续进行。

表 4-4-1 投掷远度成绩记录表

项目：　　　　　　　　　　　　　　　　　　　　年　　月　　日

顺序	号码	姓名	单位	第 1 轮成绩	第 2 轮成绩	第 3 轮成绩	前 3 轮最好成绩	后 3 轮顺序	第 4 轮成绩	第 5 轮成绩	第 6 轮成绩	决定成绩	名次	备注
1														
2														
3														
4														
5														
6														
7														
8														
9														
10														
11														
12														
13														
14														
15														
16														
17														

田赛裁判长：　　　　　　主裁判：　　　　　　记录员：　　　　　　技术官员：

比赛开始时间：　　　　　　比赛结束时间：

（14）内场裁判员和落点裁判员的旗示要配合默契。在投掷项目裁判工作中，内、外场的旗示有多种配合方法，一般采用以下旗示：如运动员在内场犯规，由内场裁判员举红旗，落点裁判员不举旗；如外场落点无效由落点裁判员举红旗，如器械出界。靠近器械出界一侧的裁判员应将手臂指向界外。内场裁判员不举旗；如内、外场都犯规，内、外场裁判员都举红旗。通过旗示让运动员和观众了解犯规情况。

（15）比赛中，当试掷时限只剩下15秒时，计时裁判员应立即举黄旗向主裁判、内场裁判员、管理裁判员示意，并提醒运动员注意时限。当试掷时限到时，黄旗落下，旗示裁判员立即上举红旗，判定该运动员该次试掷因无故延误时间以失败论处，记录员作相应的记录，成绩显示裁判员在成绩显示牌上显示该运动员该次试掷失败。因兼项请假的情况除外，运动员因兼项请假，如果该运动员在后来轮到他试掷时未到，一旦该次试掷时限已过，则应视其该次试掷为免掷。如果时限到时，该运动员已经开始试掷，则应允许其进行该次试掷。

（16）标记，应用一面易于识别的旗帜或标记标出每名运动员的最好试掷成绩，标志物应沿扇形落地区标志线外放置。还应用一面显著旗帜或标记标出当前的世界纪录，在适当场合也应放置当前的洲际或国家纪录。省级比赛时，标记出省最高纪录和全国纪录。

（17）前3次试掷结束后，记录员列出参加后三次试掷的运动员名单和顺序交主裁判审核。主裁判核实无误后向运动员宣布。同时，记录员要将运动员名单和新试掷顺序告知其他裁判员。被淘汰的运动员由管理裁判员带领按预定路线退场。及格赛第一轮和第二轮试掷结束后，管理裁判员要带领达到及格标准的运动员退场。

（18）如试掷超纪录时，丈量裁判员报告主裁判。主裁判立即请技术官员和田赛裁判长现场审核，认可后，再继续比赛。记录员在成绩记录表备注栏内加以注明或做好标记。

（19）经主裁判同意，请假的运动员由管理裁判员陪同进出该项比赛场地。允许兼项请假的运动员在某一轮比赛中不按原来排定的顺序试掷一次。最后一轮除外。

（20）比赛结束时，记录员、检查记录员按规则和规程的有关要求录取名次，核对无误后签字。记录员请主裁判、田赛裁判长、技术官员审核签字，然后将成绩记录表交竞赛秘书组。获名次运动员由管理裁判员带至赛后控制中心。

（21）整理比赛器材和裁判用具，主裁判带领全组裁判员整队退场。

（三）赛后工作

（1）每单元比赛结束后，各主裁判要及时进行小结，明确存在问题，提出改进办法，布置下一单元的裁判工作。

（2）比赛全部结束后，认真进行全面总结和评议，写出书面总结，提出裁判工作的改进意见，交田赛裁判长。

（3）办理各种手续，做好善后工作。

四、相关规则

（1）在所有国际比赛中，应使用符合国际田联现行有关规定的器械。只有国际田联认证合格的器械方可使用。

（2）所有投掷器械应由组委会提供，下列情况例外：根据各项比赛的相关竞赛规程，技术代表可以允许运动员使用自备投掷器械，或者使用供货商提供的器械，但是这些器械是国际田联认证的，并在比赛前经过组委会的检查和标记，比赛时所有运动员均可使用。如果运动员的自备器械与组委会清单中提供的器械属于相同型号，将不被接受（“国际田联认证的”器械可以包括以前获得认证证书的旧型号，目前已经不再生产。如果投掷器械目前不在国际田联审定的器械目录中，但是以前曾经被审定过，在符合规则的情况下也应该被接受）。

（3）比赛中不得对任何投掷器械做任何改变。

（4）推铅球、掷铁饼或链球的器械应从投掷圈内掷出，掷标枪在助跑道内完成。在圈内进行试掷时，运动员应在圈内从静止姿势开始。允许运动员触及铁圈内侧。在推铅球时，允许运动员触及规则 188.2 中所述的抵趾板内侧。对于运动员进入投掷圈的方式或方向没有限制。相关的要求是运动员进入投掷圈后，其必须采用静止的姿势开始他的试掷。

（5）如果运动员在试掷中出现下列情况，则应判为试掷失败：

① 推铅球或掷标枪出手姿势不符合规则规定（188.1、193.1）。

② 在进入投掷圈内并开始投掷之后，身体的任何部分触及铁圈上沿或铁圈外地面（但是，若触碰时并未产生任何助力，且出现在旋转的第一圈，触碰点完全位于投掷圈外两条白线后方（理论上此两条白线后沿通过圆心），不应判为失败）。

③ 推铅球时，身体的任何部分触及除抵趾板内侧（不包括内侧上沿，这部分也视为上沿的一部分）的任何部分。

④ 掷标枪时，身体的任何部分触及助跑道标志线或线外地面（出手后的铁饼或链球的任何部分撞击到护笼，如果试挥过程中未违反有关规则，均不视为试掷失败）。

（6）在试掷过程中，运动员没有违反上述各投掷项目的相关规则，运动员可中止已开始的试掷，可将器械放在投掷圈或助跑道内外，也可离开投掷圈或助跑道（本条款中允许的所有行动均应包括在规则规定的该次试掷最大时限之内）。

铅球、铁饼、链球的球体和标枪枪头第一次接触地面时，触及了落地区角度线或落在落地区角度线以外的地面，或触及了落地区角度线外的任何物体（护笼除外），应判为失败（应该指出本规则实际的意思是，链球的链子或把手是不包括在其中的。比如，如果链球的链子可能落在角度线内或线外，这些都无关紧要，条件是链球的球体必须落地正确。在确定从何处开始丈量成绩时采取同样的办法）。

（7）运动员在器械落地前离开投掷圈或助跑道应判为失败

① 在投掷圈内完成试掷，离开投掷圈时运动员首先触及的投掷圈上沿或投掷圈外地面并非完全在圈外白线的后面。该线后沿理论上要通过投掷圈的圆心（运动员第一次触及投掷圈上沿或投掷圈外地面即被认为离开）。

② 掷标枪时，当运动员离开助跑道时，首先触及的助跑道标志线或

助跑道以外地面要完全在投掷弧两端的白线后面，该线与助跑道标志线垂直。标枪触及地面时，当运动员触及与助跑道标志线垂直、距离投掷弧底端 4 米的直线或已经在该线后（该线可以画出或理论上在助跑道旁边用标志物实际标出），则被认为已经正确离开助跑道。如果在标枪触及地面时，运动员在该线后且还在助跑道内，他也将被认为已经正确离开助跑道。“4 米标志线”的作用仅仅是让裁判员可以在运动员退至该线之后，举起白旗，然后开始丈量成绩。若没有可被判罚失败的其他情形，器械落地后，才能举起白旗。在运动员投掷后，不论何种原因没越过“4 米标志线”，当器械落地后，旗子应被举起。

（8）在每次试掷后，应将器械运回投掷圈或助跑道附近的区域，不得掷回。

（9）下列情况应视为帮助，在比赛中不得出现：

① 使用胶带将两个或更多的手指捆在一起。如果用胶带捆扎手和手指，必须是连续不间断的，并未将两个或更多的手指捆在一起，这种捆扎方式使得手指不能单独活动。因此，使用胶带应在比赛开始前向有关主裁判展示及确认。

② 当运动员试掷时，使用任何类型的装置提供帮助，包括在身上附着重物。

③ 除掷链球外，运动员不得在比赛中使用手套。掷链球手套的手掌和手背是光滑的。除拇指外其他手指尖应露出。

④ 不允许运动员向投掷圈内或鞋底喷洒任何物质，或使圈内地面粗糙。

如果裁判员发现这些情况，他应指导不遵守规则的运动员进行改正。如果运动员不执行，则这次试掷判为失败。如果是在被发现之前完成的试掷，裁判长将决定如何处理。如果情况严重，将按照规则 145.2 处理。

查看规则
145.2

（10）下列情况不视为帮助，在比赛中允许出现：

① 为了更好地持握器械，运动员可使用某种适宜物质，但仅限于双手，链球运动员可在手套上使用。推铅球运动员可在其颈部涂抹此类物质。

② 此外，在推铅球和掷铁饼项目中，运动员可以在器械上涂抹镁粉或其他类似物质。所有用到手上、手套上、器械上的这类物质应可以用湿布轻松去除，且不应留下任何污渍。如果不能实现，按规则 187.4 处理。

查看规则 187.4

（11）铅球、铁饼、链球球体和标枪枪尖应完全落在落地区角度线内沿以内，试掷方为有效。

（12）掷标枪过程中应注意以下几点：

① 掷标枪时应握在把手处，从肩部或投掷臂上臂的上方掷出，不得抛甩。不得采用非传统姿势进行投掷。

② 只有标枪的金属枪尖先于标枪的其他部位触地，试掷方为有效。

③ 运动员试掷时，在标枪出手以前，身体不得完全转向背对投掷弧。

（13）如果标枪在试掷时或在空中飞行时折断或链球在试掷时或在空中断脱，只要试掷符合规则，不应判为一次试掷失败，如果运动员因此失去平衡而违反本规则的任何规定，也不应判为一次试掷失败，应允许运动员重新进行一次试掷。

（14）运动员在圈内完成了试掷，离开投掷圈时，首先触及的铁圈上沿或圈外地面应完全在圈外白线的后面。该线在理论上应能通过投掷圈的圆心。掷标枪时，当运动员离开助跑道时，首先触及的助跑道标志线或助跑道外地面应完全在投掷弧两端的白线后边，该线与助跑道标志线垂直。

（15）在每次试掷后，均应将器械运回投掷圈或助跑道附近的区域，不得掷回。

五、投掷项目裁判工作中的安全措施

在投掷项目裁判工作中，保证安全是最重要的问题。主裁判必须认真考虑并尽可能采取各种防范措施，以保证运动员，裁判员和观众在比赛中的安全。

（1）全组裁判员要加强思想重视程度，认识采取安全措施的重要性和必要性，增强比赛安全的意识。

（2）铁饼、链球必须在护笼或挡网内掷出。裁判员应按规则要求，严格检查铁饼、链球的护笼与挡网（包括位置和方向），必要时可以再加绳索网。对运动员的自备器械要严格检查，确保其符合规则和牢固安全。

（3）运动员带进比赛场地后，主裁判应向运动员提出具体的要求。如运动员在比赛中不遵守规定或不服从裁判员管理，视具体情况可给予其警告或取消比赛资格的处罚。

（4）运动员赛前的练习性试掷，必须在裁判员监督管理之下，按比赛顺序在投掷区内进行。

（5）比赛开始后，在比赛区域任何地方都不允许进行练习性投掷。除比赛运动员以外，其他运动员不得进入投掷区（包括落地区）。

（6）无论是赛前练习还是正式比赛，掷出的器械必须运回内场，绝不允许扔回或滚回。应由专人负责管理将比赛器械运回内场并发放给试掷运动员。

（7）管理裁判员应认真维持内场秩序，管理好运动员，禁止观众进入比赛场地。

（8）外场裁判员应明确工作时个人的跑动路线，熟练掌握视器械飞行而跑动的方法，既要做到器械落地人已到位，又要注意安全不出事故。

（9）应向运动员提供镁粉等物质，以便双手涂抹后更好地控制器械，特别要强调不得采用非传统姿势投掷标枪。

六、各项目裁判工作中应注意的问题

（一）推铅球裁判工作

（1）在比赛中，内场裁判员应仔细观察运动员持球动作和手的位置。开始试掷时，运动员应用单手从肩部将铅球推出。当运动员进入圈内开始试掷时，铅球应抵住或靠近颈部或下颌，在推球过程中持球手不得降到此部位以下，防止出现抛、甩等动作。不得将铅球置于肩轴线后方。

（2）比赛中，如主裁判在内场协助监察并判定犯规时，应与内场裁判员明确分工观察的区域。以面对外场而言，主裁判应站在投掷圈右侧的圈外白线后，内场裁判员应站在投掷圈左侧的圈外白线前。如主裁判观察到运动员有犯规情况，应以手势及时通知内场裁判员进行判决。

（3）在试掷过程中，内场裁判员不仅要观察运动员的上肢动作，而且要始终盯住两脚动作，直至运动员走出投掷圈为止。这时切记不要去看器械落地情况，以免顾此失彼而造成误判。

（4）如运动员采用旋转技术时，内场裁判员要着重观察运动员在旋转开始阶段及单腿支撑旋转阶段两脚是否擦铁圈上沿造成犯规。

（5）铅球必须完全落在落地区角度线内沿以内，试掷方为有效。落点裁判员要仔细观察，准确判定，保持判决尺度一致。

（6）每次试掷后应立即丈量，用钢尺丈量时，内、外场丈量员应保持钢尺松紧尺度一致。

（二）掷铁饼裁判工作

（1）允许运动员选择各种技术方法进行试掷（原地、上步、旋转等），但必须在投掷圈内从静止姿势开始。

（2）运动员试掷时，裁判员、工作人员和其他运动员都必须在护笼或挡网之外，以确保安全。

（3）主裁判和内场裁判员应分工观察，协调配合，侧重观察运动员的下肢动作，准确地判定在内场是否犯规。

（4）试掷中，掷出的铁饼触及挡网后又落在落地区角度线以内，不应判为试掷失败。

（5）由于落地区通常是人工铺设的草地，给器械落点判定工作带来了一定难度。因此，外场裁判员要熟练掌握工作方法，选择合理的站立位置，加强协作配合，根据铁饼的飞行情况积极跑动，保证迅速果断地判定铁饼首次触地点位置。

（6）在丈量成绩时，有时丈量距离长，钢尺难以拉直，最好在内场、外场之间由一名外场裁判员帮助将钢尺调直，以保证准确地丈量成绩。

（三）掷链球裁判工作

（1）运动员在准备进行预摆或旋转前的开始姿势，允许将链球球体放在投掷圈内或圈外的地面。

（2）链球球体触及投掷圈内或投掷圈外的地面，或投掷圈上沿不应判为犯规；运动员在未有触犯其他规则前，可停止动作及再次开始投掷。

（3）链球出手后，球体触及护笼又落在了落地区角度线以内，不应判为试掷失败。

（4）只要链球的球体完全落在角度线内沿以内，即使把手和钢链都在角度线外，落点也应判为有效。

（四）掷标枪裁判工作

（1）按规则要求保证掷标枪助跑道的长度。如助跑道延伸至径赛跑道上，要注意防止与径赛运动员发生冲撞，并要求运动员在助跑道两条平行线以内助跑，运动员使用的助跑标志物不得放置在助跑道内。

（2）如掷出的标枪尚未落地，运动员已离开助跑道，应判为试掷失败。

（3）标枪落地时，只有枪尖先触地试掷方为有效。准确判定标枪落点是否有效以及落点位置是掷标枪裁判工作中的难点和关键。落点裁判员和外场裁判员在赛前要认真钻研规则精神和裁判方法，在比赛中要分工明确，密切配合，选择合适的站位和最佳的观察位置，根据标枪的飞进情况快速跑动至标枪落点的侧面处，这样，有利于落点裁判员在标枪着地瞬间作出准确的判断，也有利于外场裁判员做到枪落地、人到位，迅速找准落点可见痕迹。此外，裁判员还要运用科学的观察方法，掌握判断的参考依据，为准确作出判决创造条件。

（4）要采用点面跟踪相结合的观察方法。标枪飞进过程是观察面，标枪落地是观察点，重点要抓住观察点。外场裁判员的目光要跟踪标枪的飞行，随标枪飞进而转移视线直至标枪着地，以看清标枪的着地状况和看准标枪的着地点。

（5）在工作中，外场裁判员还要观察标枪下落阶段的向前速度，注意标枪即将着地时枪身角度的变化，看清标枪着地瞬间枪身与地面的角度以及枪尾距离地面的高度等。掌握了以上一些参考依据，对准确判断标枪落点是否有效极有帮助。

七、场地器材

（一）场地

1．抵趾板

（1）结构：抵趾板应用木料或其他适宜材料制成，漆成白色，其形状应为弧形，以便使其内沿与铁圈内沿重合。抵趾板应安装在两条落地区标志线之间的正中位置，并固定于地面（图 4-4-4）。

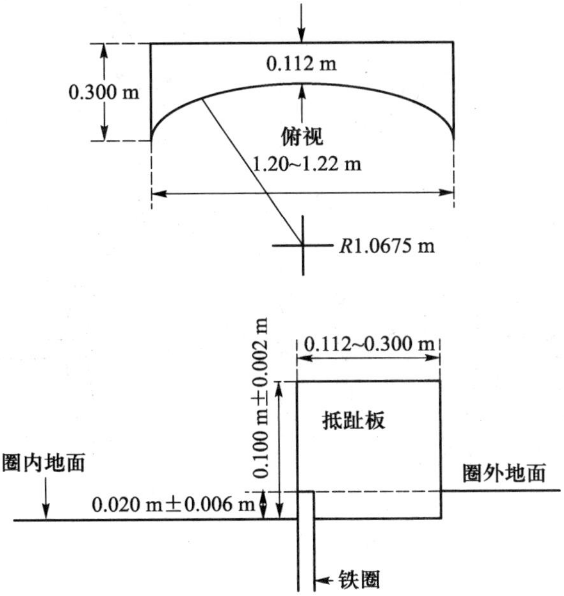

图 4-4-4　推铅球抵趾板

（2）规格：抵趾板宽度为 0.112～0.300 米，弧线的弦长 1.12 米±0.01 米，弧线的半径与投掷圈的半径相同。高出圈内地面 10 厘米（±2 毫米）。

2．投掷圈材料

投掷圈应用带状铁板、钢板或其他适宜材料制成，其上沿应与圈外地面齐平。圈内地面应用混凝土、沥青或其他坚硬而不滑的材料修建。圈内地面应保持水平，低于铁圈上沿 1.4～2.6 厘米。在铅球比赛时，也可使用符合上述规定的可移动式的投掷圈。

3．投掷圈助跑道规格

（1）铅球和链球投掷圈内沿直径应为 2.135 米（±5 毫米）。铁饼投掷圈内沿直径应为 2.50 米（±5 毫米）（图 4-4-5、图 4-4-6、图 4-4-7、图 4-4-8）。铁圈边沿应至少厚 6 毫米，漆成白色。可在铁饼投掷圈内放置一个直径为 2.135 米的铁圈用于掷链球。

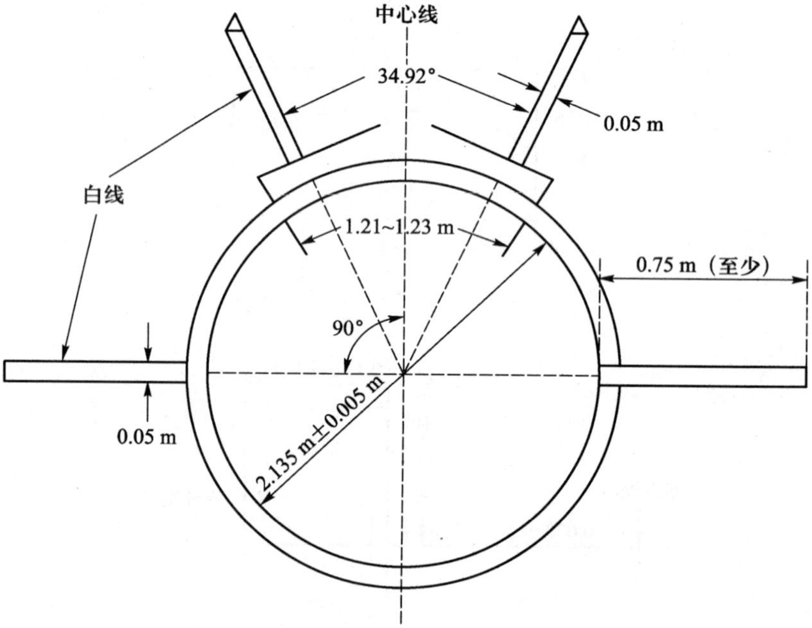

图 4-4-5 铅球投掷圈的平面图

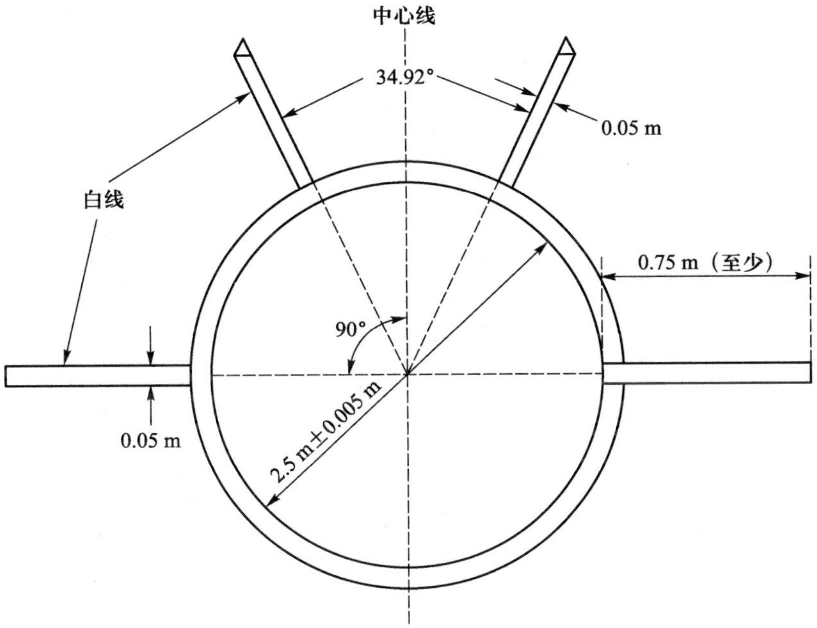

图 4-4-6　铁饼投掷圈的平面图

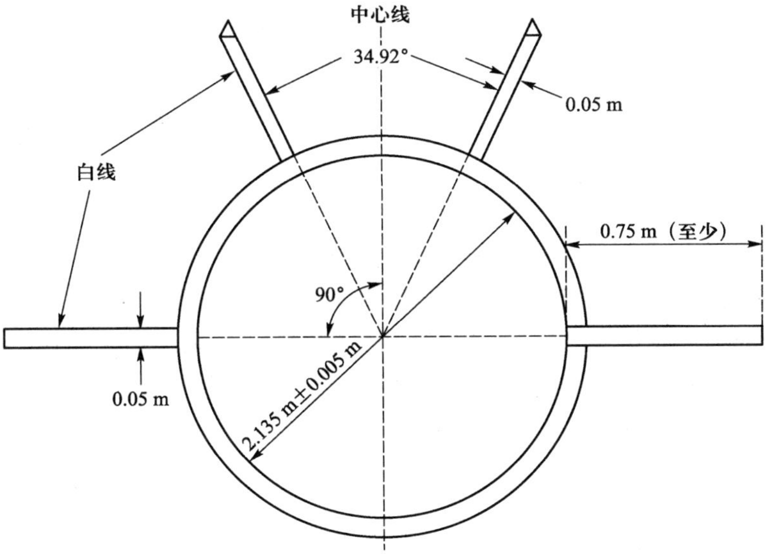

图 4-4-7　链球投掷圈的平面图

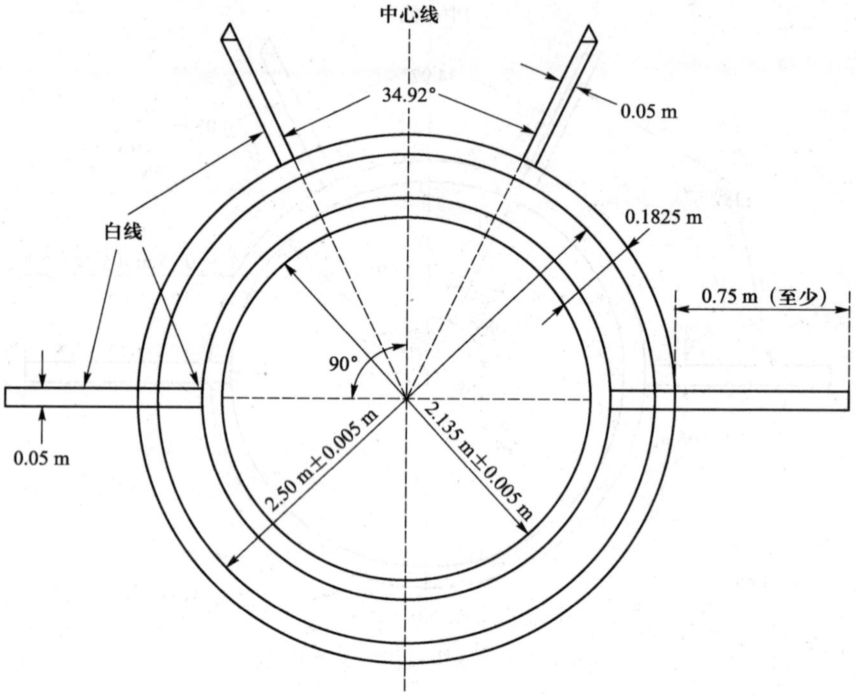

图 4-4-8 铁饼、链球投掷圈的平面图

（2）从金属圈顶两侧向外各画一条宽 5 厘米、长至少为 75 厘米的白线。此线可以画出，也可用木料及其他适宜材料制成。白线后沿的延长线应能通过圆心，并与落地区中心线垂直。

（3）不允许运动员向圈内或鞋底喷洒任何物质，或使圈内地面粗糙。

（4）标枪助跑道应至少长 30 米，规则 1.1（a）、（b）、（c）、（e）和（f）的比赛助跑道应不短于 33.50 米，条件许可时应为 36.50 米。应用宽 5 厘米的两条平行白线标出助跑道，白线之间距离为 4 米（图 4-4-9）。助跑道前端是半径为 8 米的一条弧线，运动员应在投掷弧后面试掷。投掷弧可以画出，也可用木料或金属制成，弧宽 7 厘米，涂成白色，与地面齐平。投掷弧两端向外各画一条白色直线，线宽 7 厘米，长 75 厘米，与助跑道标志线垂直。助跑道左右方向上的最大倾斜度为 1∶100（1%），向助跑道最后 20 米跑进方向上的总的最大倾斜度为 1∶1000（0.1%）。

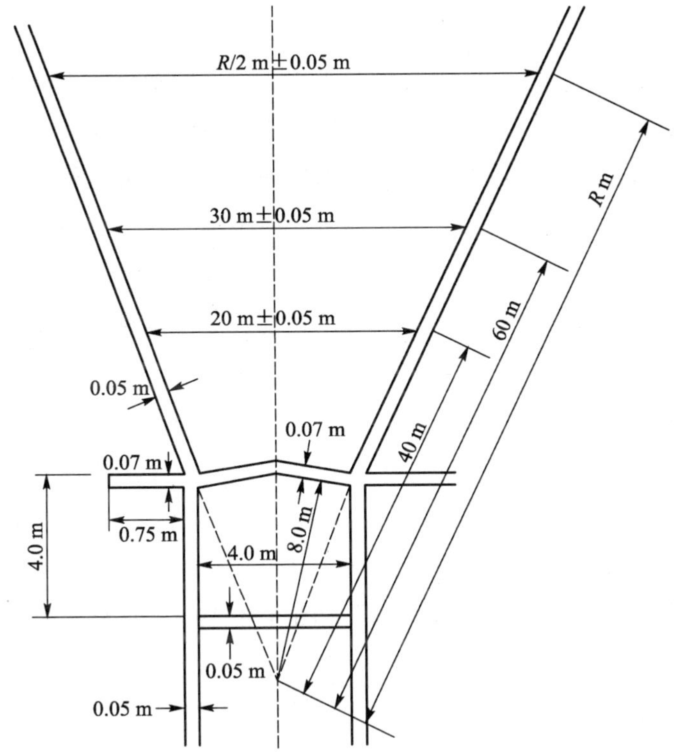

图 4-4-9 掷标枪助跑道和落地区

4．落地区

（1）应用煤渣或草地或其他适宜材料铺设落地区，器械落地时应能留下痕迹。

（2）落地区投掷方向的总向下倾斜度不得超过 1∶1000（0.1%）。

（3）应用宽 5 厘米的白线标出落地区，其内沿的延长线应能通过投掷圈圆心，夹角为 34.92°，但标枪落地区除外。可用下列方法精确设置 34.92° 扇形落地区：在离投掷圈圆心 20 米处，两条落地区标志线相距 12 米±0.05 米（20 米×0.60 米），即每离开圆心 1 米，落地区标志线的横距增加 60 厘米。

（4）在掷标枪项目中，应以 5 厘米宽的白线标出扇形落地区分界线，如果其内沿延长，应通过投掷弧内沿与助跑道标志线内沿的交点并相交于投掷弧的圆心。扇形落地区的夹角约为 28.96°。

5．掷铁饼护笼

（1）必须从挡网或护笼内将铁饼掷出，以确保观众、工作人员和运动员的安全。本条款中规定的护笼，适用于周围看台有观众，而且场内正在进行其他项目比赛的主运动场。在训练场地可以不使用这种护笼，结构更为简单的装置即可满足需要。向会员协会或国际田联总部咨询将得到合理的建议。掷链球的专用护笼也可用于掷铁饼。既可安装一个直径分别为 2.135 米和 2.50 米的同心圆，也可将护笼延长，在链球投掷圈后安装一个铁饼投掷圈。

（2）在设计、制造和维护铁饼护笼时，必须使其能够阻挡以 25 米/秒的速度运行、重量为 2 千克的铁饼。护笼的安放应使其消除铁饼弹出护笼或向运动员反弹或从护笼顶部飞出的危险。凡符合本条款所有要求的护笼，无论设计和结构如何均可采用。

（3）护笼的俯视图应为 U 字形（图 4-4-10）。护笼开口的宽度为 6 米，位于投掷圈圆心前方 7 米处。挡网或挂网最低点的高度至少应为 4 米。护笼的设计与结构应能防止铁饼从护笼或挡网连接处、挡网或挂网下方冲出。

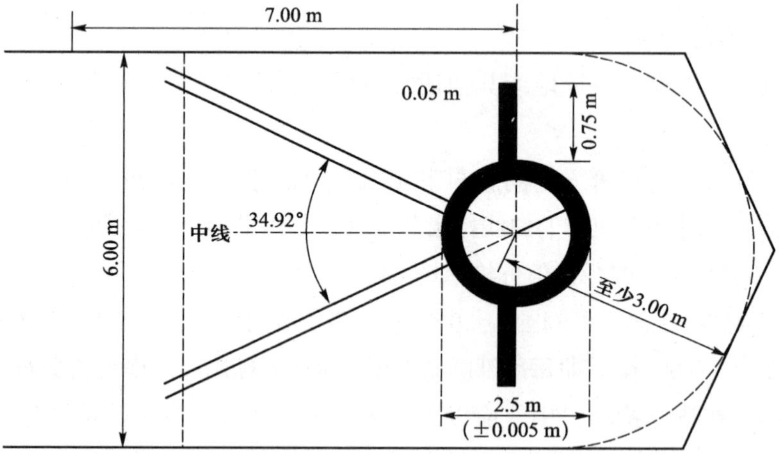

图 4-4-10 掷铁饼护笼

在铁饼投掷圈后部如何安放挡网和挂网并不重要，但挂网距离投掷圈圆心的距离至少为 3.5 米。如能提供同样角度的保护而不增大危险区、与常规设计相比具有革新式样的设计，也可得到国际田联批准。为了更好地保护在离铁饼护笼较近处跑道上同时进行的径赛项目的参赛运动员，护笼靠近跑道的一边可加长和（或）加高。

（4）制作挡网可采用适宜的天然材料或合成纤维，也可使用低碳钢丝或高抗张力钢丝。钢丝网眼的最大尺寸为 50 毫米，绳索网眼的最大尺寸为 44 毫米。对于护网的规格和安全检查程序在国际田联场地设施手册中有详细规定。

（5）在同一场比赛中，运动员使用左手或右手从护笼中掷出铁饼的最大危险扇形区均为 69°，因此，护笼的位置和方向对于安全使用极为重要。

6．掷链球护笼

（1）必须从挡网或护笼内将链球掷出，以确保观众、工作人员和运动员的安全。本条款中规定的护笼，适用于周围看台有观众，场内正在举行其他项目比赛的主运动场。在训练场地可以不使用此种护笼，结构更为简单的设备即可满足需要。如向会员协会或国际田联总部咨询可以得到合理的建议。

（2）在设计、制造和维护链球护笼时，应使其能够阻挡重量为 7.26 千克、以 32 米/秒的最大速度运行的链球。护笼的安放应使其消除链球弹出护笼或向运动员反弹或从护笼顶部飞出的危险。凡符合本条款的要求，各种设计和结构的护笼均可使用。

（3）护笼的俯视图应为 U 字形（图 4-4-11）。护笼开口宽度应为 6 米，位于投掷圈圆心前方 7 米处。挡网或挂网的最低点高度至少应为 7 米。护笼后部挡网或挂网的最低点高度至少为 4 米。开口处 2.8 米长的挡网和活动挡网的高度至少应为 10 米。护笼的设计与结构应能防止链球从护笼或挡网的连接处、挡网或挂网下方冲出。在投掷圈后部如何安放挡网和挂网并不重要，但挂网距离投掷圈圆心的距离至少为 3.5 米。

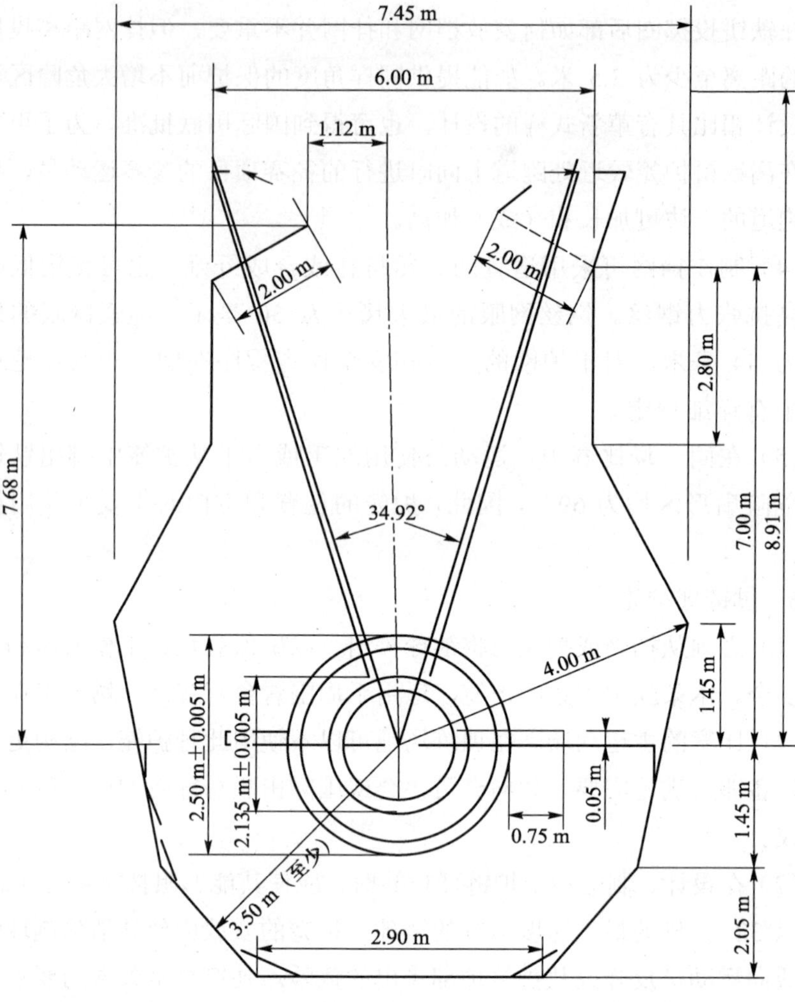

图 4-4-11 掷铁饼、链球两用护笼

（4）护笼前端应放置两块活动挡网，每块宽 2 米，高至少 10 米，每次只能使用其中一块。左侧活动挡网适用于逆时针方向旋转的运动员，右侧活动挡网适用于顺时针方向旋转的运动员。鉴于左手和右手投掷者同场比赛时需要移动两侧活动挡网，因此，以最短的时间和最小的人力移动活动挡网极为重要。

图 4-4-11 中显示了两侧活动挡网均处于关闭状态时的位置。比赛时仅

允许关闭一侧活动挡网。操作时，活动挡网必须严格处于图 4-4-11 中所示的位置。因此，设计活动挡网时必须带有将活动挡网锁定在关闭位置上的装置。建议设立一个操作活动挡网位置的标志(可以是临时或永久的标记)。

活动挡网的结构和操作方式取决于护笼的整体设计，可为滑动式，或与一水平轴或垂直轴铰接，或可以拆卸。对活动挡网的唯一坚固性要求是使挡网能够完全挡住链球的冲击，不得有在固定挡网和活动挡网之间冲出的任何危险。如能提供同样角度的保护而不增大危险区，与常规设计相比具有革新式样的设计也可得到国际田联批准。

（5）制作护笼的挡网可采用适宜的天然材料或合成纤维，也可采用低碳钢丝或高抗张力钢丝。钢丝网眼最大尺寸为 50 毫米，绳索网眼最大尺寸为 44 毫米。两种网眼的最小尺寸应根据护笼结构而定，但最小抗拉强度应为 2942N。为保证护笼的持续安全，对钢丝挡网至少应每 12 个月检查一次。仅从外观检查纤维制作的绳索挡网是不够的。制造厂商应将几段具有采样长度的标准绳索织入网内，每 12 个月换下一段进行测试，以确保挡网拉力符合要求。

（6）如要使用同一护笼投掷铁饼，有两种安装方法可供选择：最简单的方法是安装直径分别为 2.135 米和 2.50 米的同心铁圈，使掷链球和掷铁饼使用同一个圈内地面。在掷链球护笼内投掷铁饼时，应将活动挡网完全打开。

另一种方法是在同一个护笼内将链球圈和铁饼圈分开设置。两个投掷圈必须纵向排列在落地区中轴线上。铁饼投掷圈的圆心在链球投掷圈的圆心前面 2.37 米处。在投掷圈后部如何安放挡网和挂网并不重要，但挂网至同心铁圈圆心或分开设置的掷链球投掷圈圆心的距离至少为 3.5 米，当在一个护笼内安放两个铁圈时，挂网至铁饼圈圆心的距离至少为 3 米。

（7）用左手和右手投掷的运动员同场比赛时，从护笼内投掷的最大危险扇形区均为 53°左右。因此，护笼的位置和方向对于安全使用极为重要。

（二）运动员比赛使用的器材

1．助跑标志物

在投掷圈内比赛的投掷项目，比赛中运动员仅允许使用一个标志物，此标志物可直接放置在投掷圈后面或紧靠投掷圈附近。标志物仅限运动员在自己试投期间临时放置，并且不能干扰裁判员的视线。落地区以及旁边不能放置任何个人标注物。掷标枪比赛时，每名运动员可以使用 2 个助跑标志物放置在助跑道外。用来标记运动员最好试掷成绩以及标志最新世界纪录、洲际或国家纪录的标志物除外。

2. 器材重量

在所有国际比赛中，均应使用符合国际田联有关规定的器材。只有持有国际田联批准的有效证书的器材方可使用。下表中是各年龄组使用的器材重量（表 4-4-2）。

表 4-4-2 投掷器材的重量

器材	少年、青年、成年女子	少年男子	青年男子	成年男子
铅球	4.000 kg	5.000 kg	6.000 kg	7.260 kg
铁饼	1.000 kg	1.500 kg	1.750 kg	2.000 kg
链球	4.000 kg	5.000 kg	6.000 kg	7.260 kg
标枪	600 g	700 g	800 g	800 g

所有投掷器械应由组委会提供，下列情况例外：

根据每次比赛的有关技术规程，技术代表可以允许运动员使用自己的投掷器械，或者使用供应商提供的器械。但是，这些器械应有国际田联的认证，并要在比赛前经过组委会的检查和做好标记，比赛时所有运动员均可使用。如果运动员自备的器械与组委会提供的器械型号相同，将不被接受。比赛期间不得对投掷器械做任何改变。

3. 铅球

（1）结构

铅球应用铁、铜或其他硬度不低于铜的固体金属制成，或由此类金属制成外壳，中心灌以铅或其他固体材料。铅球的外形必须为球形，表面不得粗糙，结点处应光滑。为使表面光滑，球体表层平均厚度应小于 1.6μm，即粗糙度为 N7 或更小。

（2）规格（表 4-4-3、表 4-4-4）

表 4-4-3 铅球的规格

铅　球	少、青、成年女子	少年男子	青年男子	成年男子
允许比赛和承认纪录的最小重量（kg）	4.000	5.000	6.000	7.260
制造厂商提供比赛使用的重量（kg）	4.000～4.025	5.005～5.025	6.005～6.025	7.265～7.285
直径（mm）	95～110	100～120	105～125	110～130

表 4-4-4 少年乙组铅球的规格

铅　球	女子	男子
允许比赛和承认纪录的最小重量（kg）	3.000	5.000
制造厂商提供比赛使用的重量（kg）	3.005～3.025	5.005～5.025
直径（mm）	90～100	100～120

4．铁饼

（1）结构

铁饼的饼体可为实心或空心结构，应用木料或其他适宜的材料制成，周围镶以金属圈，金属圈边缘应呈圆形。外缘横断面应为标准圆形，半径约为 6 毫米。铁饼两面饼心可镶有与饼体齐平的金属圆片。也可不使用金属圈边，但相应部位应呈平面。铁饼的几何尺寸和总重量应符合规定。铁饼的两面必须相同，制造时不得带有凹陷、凸起或尖缘。从金属圈边缘弯曲处至饼心的边沿，铁饼表面应呈直线倾斜，饼心的半径为 25.0～28.5 毫米。

应按下列规格设计铁饼剖面：从铁圈弯曲处开始至铁饼最大厚度 D 处（图 4-4-12），铁饼的厚度应均匀增加，在距铁饼中轴轴心 Y 点 25.0～28.5 毫米处达到铁饼的最大厚度。从此点至 Y 点的厚度应该相同。铁饼的两面必须一致，铁饼在绕 Y 轴旋转时必须对称。铁饼及整个铁圈不得粗糙，结点处应光滑，铁饼各处应均匀一致。

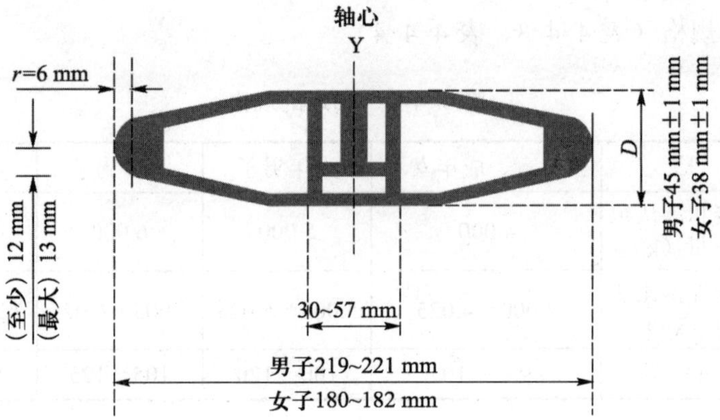

图 4-4-12 铁饼

（2）规格（表 4-4-5）

表 4-4-5 铁饼的规格 （单位：千克，mm）

铁饼	成年女子	少年男子	青年男子	成年男子
允许比赛和承认纪录的最小重量	1.000	1.500	1.750	2.000
制造厂商提供比赛的重量	1.005～1.025	1.505～1.525	1.755～1.775	2.005～2.025
铁饼的直径	180～182	200～202	210～212	219～221
饼心的直径	50～57	50～57	50～57	50～57
饼心的厚度	37～39	38～40	41～43	44～46
金属圈的厚度（距边缘 6 mm 处）	12～13	12～13	12～13	12～13

注：少年男、女乙组使用 1 千克铁饼。

5．链球

（1）结构

链球应由三部分组成：金属球体、一条链子和一个把手。

① 球体：应用固体的铁、铜或硬度不低于铜的其他金属制成链球球体，或用此类金属制成外壳，中心灌以铅或其他固体材料。男子和女子链球球体的最小直径分别为 110 毫米和 95 毫米，其外形应为球形。如果使用填充物，则应使其不能移动。球体重心至中心的距离不应大于 6 毫米。

② 链子：应用直而有弹性、不易折断的单根钢丝制成。钢丝直径不小于 3 毫米，即 11 号标准钢丝。投掷时链子应无明显延长，钢丝的一端或两端可弯成环状以便于连接。

③ 把手：把手必须质地坚硬，没有任何种类的铰链连接。当受 3800 N 拉伸负荷时，把手的形变程度不得超过 3 毫米，把手与链子的连接必须做到把手在链环中转动时，链球的总长度不得增加。另外，其他符合规范的设计样式也可使用。把手应为对称设计，抓握处应为圆弧形或直线（图 4-4-13）。把手能承受的最小抗拉强度为 8000 N。

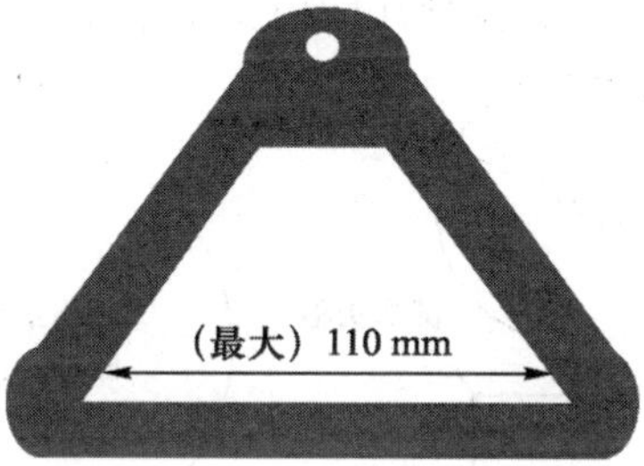

图 4-4-13　一般链球把手

（2）链子与球体的连接

链子与球体的连接应借助于转轴与球体连接，转轴可为滑动轴承或滚珠轴承。把手与链子的连接应为环状连接，不得使用转动轴承。

（3）各年龄组链球规格（表 4-4-6、表 4-4-7）

表 4-4-6　各年龄组链球的规格　（单位：kg，mm）

链球	少、青、成年女子	少年男子	青年男子	成年男子
允许比赛和承认纪录的最小重量	4.000	5.000	6.000	7.260
制造厂商提供比赛使用重量	4.000～4.025	5.005～5.025	6.005～6.025	7.265～7.285
球体直径	95～110	100～120	105～125	110～130
链球全长（从把手内沿量起）	1160～1195	1165～1200	1175～1215	1175～1215

表 4-4-7 少年乙组链球的规格 （单位：kg，mm）

链 球	女 子	男 子
允许比赛和承认纪录的最小重量	3.000	4.000
制造厂商提供比赛使用重量	3.005～3.025	4.000～4.025
球体直径	90～105	95～110
链球全长（从把手内沿量起）	1160～1195	1160～1195

（4）规格

球体重心至球体中心距离不得大于 6 毫米，将去掉把手和链子的球体放在一个水平的、直径为 12 毫米的圆形口刃上，球体必须保持平衡（图 4-4-14）。

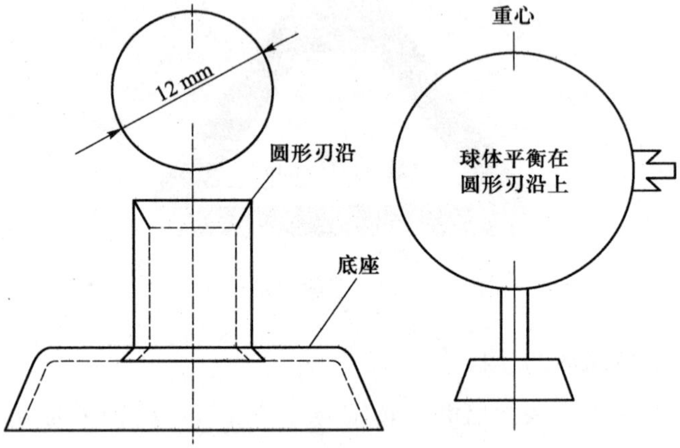

图 4-4-14 链球球体重心测量器

（5）检测

球体重心至球体中心距离不得大于 6 毫米，将去掉把手和链子的球体放在一个水平的、直径为 12 毫米的圆形口刃上，球体必须保持平衡（图 4-4-13）。

6．标枪

（1）结构

标枪由枪头、枪身和缠绳把手三部分组成。枪身应完全由金属或其他适宜的类似材料制成，并装有尖形金属枪头。标枪枪身表面不得有凹窝、凸起、沟槽、突脊、空洞、粗糙，枪尾必须自始至终平滑和均匀一致。枪头应完全用金属制成。可以在枪头前端焊接一个其他合金的加固枪头，但整个枪头表面必须平滑和均匀一致。

（2）把手

绳索把手须包绕标枪重心，其直径不得超过枪身直径 8 毫米。把手表面应为规则的不光滑型，但不得有任何种类的绳头、结节或呈锯齿形。把手的厚度应均匀。

（3）横断面

标枪所有部位的横断面均应为规则的圆形，在任一部位的最大误差为 2%。两个直径的平均值必须符合圆形标枪的规格。枪身最大直径应在紧靠把手前端的地方。枪身中央部位，包括把手下面的部分，应为圆柱形或向枪尾方向稍微变细。但把手前后两端枪身直径减小不得超过 0.25 毫米。从把手处起，标枪应有规则地向两端逐渐变细。从把手至标枪前后两端点的纵剖面应为直线或略有凸起，使用一把长至少 500 毫米的金属直规和两把厚度分别为 0.20 毫米和 1.25 毫米的塞尺，可以迅速简便地检查标枪纵剖面的形状。对于纵剖面有稍稍凸起的部分，将直规紧贴这一小段，直规可有轻微晃动。对于纵剖面的直线部分，直规紧贴这一部分时，直规与标枪贴紧的部分，必须塞不进 0.20 毫米的塞尺。在紧靠枪头与枪身结合处的后面这一部位，上述方法不适用，此处必须塞不进 1.25 毫米的塞尺。除了枪头与枪身的结合部位和把手前后两端以外，枪身任何部位的直径均不得有突然改变。在枪头后端与枪身的结合部位，枪身直径的减小不得超过 2.5 毫米，在枪头后面 300 毫米以内，枪身纵剖面的变化也不得大于这个数字（图 4-4-15）。

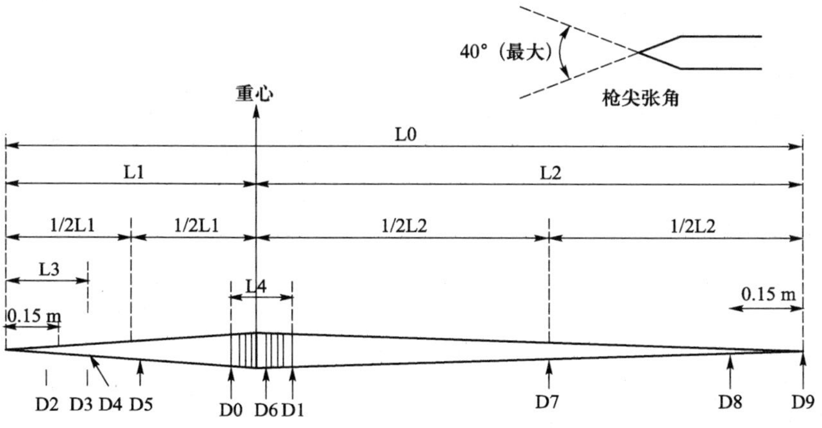

图 4-4-15 国际标枪规格

（4）规格（表 4-4-8、表 4-4-9、表 4-4-10、表 4-4-11）

表 4-4-8 标枪的规格 （单位：g，cm）

标枪	少、青、成年女子	少年男子	青、成年男子
允许比赛和承认纪录的最小重量	600	700	800
制造厂商提供比赛使用的重量	605～625	705～725	805～825
标枪全长	220～230	230～240	260～270
金属枪头长度	25～33	25～33	25～33
枪尖至重心距离	80～92	86～100	90～106
枪身最粗处直径	2.0～2.5	2.3～2.8	2.5～3.0
把手宽度	14～15	15～16	15～16

表 4-4-9 我国少年乙组标枪的规格 （单位：g，cm）

标枪	女子	男子
允许比赛和承认纪录的最小重量	500	600
制造厂商提供比赛使用的重量	505～525	605～625
标枪全长	210～220	220～230
金属枪头长度	25～30	25～33
枪尖至重心距离	75～88	80～92
枪身最粗处直径	2.0～2.5	2.0～2.5
把手宽度	13.5～14.5	14～15

表 4-4-10 标枪的长度 （单位：mm）

标枪规格		800 克		600 克	
序号	长度	最小	最大	最小	最大
L0	全长	2600	2700	2200	2300
L1	重心至枪尖	900	1060	800	920
L1/2	L1 的二分之一	450	530	400	460

续表

标枪规格		800 克		600 克	
序号	长度	最小	最大	最小	最大
L2	枪尾至重心	1540	1800	1280	1500
L2/2	L2 的二分之一	770	900	640	750
L3	枪头	250	330	250	330
L4	把手	150	160	140	150

表 4-4-11　标枪的直径　（单位：mm）

标枪规格		800 克		600 克	
序号	直　径	最大	最小	最大	最小
D0	把手前端的枪身	30	25	25	20
D1	把手后端的枪身	—	D0-0.25	—	D0-0.25
D2	距枪尖 150 毫米处	0.8D0	—	0.8D0	—
D3	枪头后端	—	—	—	—
D4	紧接枪头后端处	—	D3-2.5	—	D3-2.5
D5	枪尖至重心的中点	0.9D0	—	0.9D0	—
D6	把手	D0+8	—	D0+8	—
D7	枪尾至重心的中点	—	0.9D0	—	0.9D0
D8	距枪尾末端 150 毫米处	—	0.4D0	—	0.4D0
D9	枪尾末端	—	3.5	—	3.5

（5）标枪不得有可移动部分或投掷时可以改变其重心或投掷性能的装置。

（6）枪尖张角不得大于 40 度。距枪尖 150 毫米处，枪头直径不得大于枪身最大直径的 80%。在重心至枪尖的中点处，枪身直径不得大于枪身最大直径的 90%。

（7）在标枪重心至枪尾末端的中点处，枪身直径不得小于枪身最大直径的 90%。在距枪尾末端 150 毫米处，枪身直径不得小于枪身最大直径的 40%。枪尾末端直径不小于 3.5 毫米。

（三）裁判组使用的器材清单（表 4-4-12）

表 4-4-12 裁判组使用的器材清单

序号	器材设备	铅球组数量	铁饼组数量	标枪组数量
1	白旗	2 面	2 面	2 面
2	红旗、黄旗	各 1 面	各 1 面	各 1 面
3	成绩公告牌	1 套	1 套	1 套
4	不同颜色的记录旗	2～3 面	2～3 面	2～3 面
5	铁签	2 个	2 个	2 个
6	扫帚（软、硬）	各 1 把	各 1 把	各 1 把
7	计时秒表	1～2 块	1～2 块	1～2 块
8	椅子	若干	若干	若干
9	运动员休息凳	若干	若干	若干
10	裁判桌	2～3 张	2～3 张	2～3 张
11	带夹书写本	3～4 块	3～4 块	3～4 块
12	铅笔、圆珠笔	各 4～5 支	各 4～5 支	各 4～5 支
13	镁粉	若干	若干	若干
14	毛巾、抹布	若干	若干	若干
15	防雨用具	12 件	12 件	12 件
16	记时钟	1 个	1 个	1 个
17	角度线带	20 米 2 条	60 米 2 条	60 米 2 条
18	拖把	2 个	2 个	2 个
19	棕垫	2 个	2 个	2 个
20	投掷器械（男、女）	各 8～10 只	各 8～10 只	各 8～10 只
21	器材架	1 个	1 个	1 个
22	钢尺	30 米 1 根	100 米 1 根	100 米一根
23	皮尺			50 米一根
24	手提式喇叭	1 只	1 只	1 只
25	遮阳伞	3～5 把	3～5 把	3～5 把
26	助跑标志物			若干
27	手套	3～5 副	3～5 副	3～5 副
28	距离标志牌	1 套	1 套	1 套
29	风向袋	1～2 个		

八、基层投掷项目比赛的裁判方法

当参赛人数较多并且比赛可用时间紧张时，通常可以参考以下裁判方法进行：

（一）编排

（1）考虑场地因素，若有足够的场地可设两组裁判同时进行，最好按性别固定场地，便于器械的使用和保管

（2）比赛顺序：可将同一单位的运动员连续编排，便于组织和管理。

（二）检录

将检录地点直接放到比赛场地，减少中间环节，节省时间和人员。

（三）比赛

（1）运动员每人连续 3 次试掷（每次插旗）后，统一丈量且分别记取成绩，以最优成绩为最终成绩来排定名次；或只量取一个最优成绩。

（2）将若干人分成一小组，每组按顺序（排定小号）循环试掷，每人一旗（标明号码），成绩提高者移动该运动员的小旗，全部完成试掷后立即量取每人的最优成绩。

（3）运动员按比赛顺序试投，场地上始终保持着与录取名次相同数量的铁旗，并将该运动员的号码或小号写在铁旗上，有超越者移动小旗，改写号码。注意已有铁旗运动员成绩的提高。

（4）在规程中或现场根据运动员的实际情况设定及格线，没有达到及格线标准的成绩不予丈量。

（四）录取

按照大会执行的竞赛规则进行录取。若大会不允许并列可在规程或补充通知中规定由裁判抽签决定。

（五）器材

为保证运动会的安全圆满进行和运动员的身体健康，依据大会宗旨，结合参赛选手的实际情况，建议使用非标准重量的器械，或适宜的辅助性器械。

（六）注意事项

（1）提醒运动员做好充分的准备活动，特别是关键部位的伸展，避免受伤。

（2）赛前简单讲解和示范动作，帮助运动员建立完整的技术概念，便于提高运动成绩。

（3）简单讲解竞赛规则，引导运动员规范参赛。

（4）树立安全第一意识，全程高度关注和提醒在场的所有人员避免伤害事故发生。

■ 思考题

1．简述高度项目裁判工作的程序与方法。

2．跳高项目比赛时成绩相等如何处理？

3．简述三级跳远、铁饼、标枪项目裁判的工作任务、人员分工与职责、工作程序与方法及场地器材要求。

4．简述跳跃远度项目比赛时有哪些情况可以判为犯规？

5．如何丈量田赛远度项目的比赛成绩？

6．简述投掷项目的器材要求。

7．简述田赛项目的场地要求。

第五章

全能、竞走和外场裁判工作

本章导读

通过本章学习，初步了解全能裁判、竞走裁判、公路赛跑、越野赛跑、山地赛跑、野外赛跑裁判工作任务、工作分工、工作位置、工作方法等。

第一节　全能的裁判工作

一、工作任务

在全能裁判长的领导下，严格执行竞赛规则、竞赛规程和竞赛须知等文件有关条款的规定，与各有关裁判组加强联系和协调；协助并完成对全能运动员的检录、管理以及统计运动员各单项得分、累积分和比赛名次等工作，保证全能比赛的顺利进行。

二、全能项目设置

（一）少年（U18）、青年（U20）和成年男子（五项和十项全能）

（1）五项全能包括 5 个单项，在同一天按下列顺序进行：跳远、掷标枪、200 米、掷铁饼、1 500 米。

（2）青年（U20）和成年男子十项全能包括 10 个单项，在连续两天内按下列顺序进行：第一天：100 米、跳远、推铅球、跳高、400 米。第二天：110 米栏、掷铁饼、撑竿跳高、掷标枪、1 500 米。

（二）青年（U20）和成年女子（七项和十项全能）

（1）七项全能包括 7 个单项，在连续两天内按下列顺序进行：第一天：100 米栏、跳高、推铅球、200 米。第二天：跳远、掷标枪、800 米。

查看规则 200.2

（2）女子十项全能包括 10 个单项，在连续两天内按规则 200.2 的顺序或下列顺序进行：第一天：100 米、掷铁饼、撑竿跳高、掷标枪、400 米。第二天：100 米栏、跳远、推铅球、跳高、1 500 米。

（三）少年女子（U18）（仅有七项全能）

少年女子（U18）七项全能包括 7 个单项，在连续两天内按下列顺序进行：第一天：100 米栏、跳高、推铅球、200 米。第二天：跳远、掷标枪、800 米。

三、人员设置

全能裁判长 1～2 人；管理裁判员 1～2 人；成绩统计裁判员 1～2 人；服务员 1～2 人。

四、工作程序和方法

（一）全能裁判长

1．赛前工作

（1）认真学习竞赛规则、竞赛规程、补充通知等相关文件，了解全能比赛的组别、项目、竞赛日程、参加人数与录取名次等。研究工作方法和工作程序，制订详细的全能工作计划和细则，拟定全能比赛所需器材、物品清单。

（2）与各有关裁判组商定联系与配合的方案。与竞赛秘书组联系确定需用表格的格式、填写方法等；与检录处商定每单元第一项的检录事宜。

（3）拟定提交技术代表的全能项目中的跳高与撑竿跳高的起跳高度建议。

（4）根据大会及赛事总管的安排，认真组织裁判员学习和现场实习。明确各全能裁判员的分工和岗位职责。各全能裁判员应熟练掌握全能比赛工作方法、工作流程及与有关裁判组的协调与配合方法。

（5）明确全能比赛各单项的比赛时间、比赛地点、进退路线及场内的工作位置。与管理裁判员制订各单项的检录时间（表 5-1-1、表 5-1-2），并在检录处和运动员休息室粘贴公布。

表 5-1-1 女子七项全能比赛检录时间表

日期	第一天（ 月 日）				第二天（ 月 日）		
单元	上 午		下 午		上 午		下 午
项目	100 m 栏	跳高	铅球	200 m	跳远	标枪	800 m
检录时间							
比赛时间							

表 5-1-2 男子十项全能比赛检录时间表

日期	第一天（ 月 日）					第二天（ 月 日）				
单元	上 午			下 午		上 午			下 午	
项目	100 m	跳远	铅球	跳高	400 m	110 m 栏	铁饼	撑竿跳高	标枪	1 500 m
检录时间										
比赛时间										

注：1. 此二张表应用时放大绘制在整张纸上张贴。

2. 其他全能运动项目检录表，可按此表规格作适当修改后制定。

3. 检录时间可根据运动员人数而定，以保证运动员在各单项之间至少有 30 分钟休息时间为原则。

（6）对照清单，落实所需器材和物品。指导成绩统计裁判员绘制全能成绩记录表（表 5-1-3、表 5-1-4），检查落实全能运动员比赛时的休息地点，布置全能运动员休息室。

2. 赛中工作

（1）带领全能裁判组在每单元全能比赛第 1 项检录前 1 小时到达全能运动员休息室，做好全能裁判的准备工作，提示本单元工作要点和注意事项。督促裁判员根据不同项目的检录时间准时到达检录处协助检录。

（2）根据不同项目的进场时间，督促管理裁判员带领运动员整队进场，到达比赛场地后将运动员交助理发令员或田赛各有关项目裁判组的主裁判。

表 5-1-3 女子七项全能成绩记录表

号码	姓名	单位	项目 成绩 得分 累积分	100 m栏	跳高	累积分	铅球	累积分	200 m	累积分	跳远	累积分	标枪	累积分	800 m	总分	名次	备注

全能裁判长______ 技术官员______ 成绩统计裁判员______ ______月______日

表 5-1-4 男子十项全能成绩记录表

号码	姓名	单位	项目 成绩 得分 累积分																			总分	名次	备注
			100 m	跳远	累积分	铅球	累积分	跳高	累积分	400 m	累积分	110 m栏	累积分	铁饼	累积分	撑竿跳高	累积分	标枪	累积分	1 500 m			

全能裁判长________ 技术官员________ 成绩统计裁判员________ ______月______日

（3）运动员带进场后，带领全体裁判员及时到达既定的工作地点，径赛在赛后控制中心门口，田赛在运动员休息处附近，并协助做好运动员管理工作。

（4）提醒有关裁判组，按照全能比赛的有关规则组织比赛。每个单项比赛结束后，督促成绩统计裁判员快速准确地对运动员各单项成绩得分和累积分进行统计，并审核统计结果，无误后在下一项比赛检录前宣布，并填写在张贴于休息室的全能成绩记录表上。注意经常与竞赛秘书组进行核对，防止出错。全能项目裁判长对全能项目比赛进程和全能项目中各单项比赛进程具有管辖权。

（5）在可能情况下，全能裁判长有权决定给予每名运动员在上一项比赛结束至下一项比赛开始之间至少 30 分钟的休息时间。如有可能，在第一天的最后一项结束和第二天第一项开始之间至少应有 10 小时休息时间。如有运动员因故临场弃权，或项目之间休息时间不足 30 分钟时，应及时与竞赛秘书组联系，进行必要的调整（最少的 30 分钟时间应该从任何一个运动员的前一项目比赛或试跳（掷）结束至下一项目开始比赛或试跳（掷）计算。30 分钟时间包括从一个比赛区域进入下一个比赛地点以及热身。全能比赛在进行过程中不得变化比赛天数，除非由于某些特殊情况（极端天气条件等）而改变。应该有技术代表和/或裁判长根据各种特殊情况做出决策。然而，任何原因导致的比赛天数延长，根据规则，全能项目的纪录（项目总分）将不予批准）。

（6）除了最后一项外，全能比赛每个单项的分组将由技术代表或全能裁判长安排，如有可能，将在比赛前规定时间内单项成绩相近的运动员分在同组。各组的运动员人数最好为 5 人或 5 人以上，但不得少于 3 人。如竞赛日程不允许做到以上要求，则可在前一项比赛结束后，对已满足比赛时间要求的运动员进行下一项分组。全能比赛最后一项的分组，应将倒数第二项比赛后积分领先的运动员分在最后一组。如技术代表或者全能裁判长认为有必要，有权对任何一组重新编排。

（7）国际田联有关单项的比赛规则均适用于全能各项目的比赛，但以下情况除外：

① 跳远和各投掷项目，每名运动员只能试跳（掷）3 次。

② 当未使用全自动计时和终点摄像系统时，每名运动员应由 3 名手动计时员独立计取比赛时间。

③ 在径赛项目中，每组比赛只允许 1 次起跑犯规，而不取消该次犯规运动员的资格，之后每次起跑中再次犯规的 1 名或多名运动员均将被发令员取消该项目的比赛资格。

④ 在高度跳跃项目中，比赛全程中横杆的提升应是固定的：跳高 3 厘米，撑竿跳高 10 厘米。

（8）全能各单项比赛只能始终使用一种计时方法。而承认纪录时，应使用全自动计时和终点摄像系统计取的成绩，不管这种计时成绩对该项目的其他运动员是否可用（为此，规则规定的计时方式均应该被承认。例如，如果摄像计时发生故障，部分运动员采用了该计时方法，而并不是所有运动员都采用了该计时方法。因此，不能把手计时和自动计时系统的时间进行得分的对比。根据规则，比赛中的某一单项仅能使用一种系统进行计时。如果所有运动员都是手计时，则应该根据手计时的成绩对照相应的手计时查分表。需要明确的是，如果所有运动员在其他项目比赛中均使用了摄影计时，这些项目应对照电计时查分表核查分数）。

（9）在任何一个单项比赛中，如果某运动员未能参加起跑或试跳（掷），则不能参加后续项目的比赛，按放弃比赛处理，不能计算总成绩。凡决定退出全能比赛的运动员，应将其决定立即通知全能裁判长。

（10）每一个单项比赛后，应根据国际田联全能项目现行评分表向全体运动员宣布该单项得分和各项的累积分，总积分最多者获胜。所有运动员将按照所获得分的总分进行排名。

（11）每一个单项应该使用同样的查分表，即使青少年组别的比赛栏架和投掷器械的规格不同于成年组别的比赛。径赛或田赛的运动成绩均可以在对应的查分表中核查得分。很多项目中，并不是所有成绩的时间或距离都在查分表中列出。在这些情况下，应采用最接近的较低成绩对应的积分。例如，在女子掷标枪项目中没有 45.82 米成绩对应的积分，评分表中查到最接近的较低距离成绩是 45.78 米，对应的积分是 779 分。

（12）如果比赛中任何名次的 2 名或多名运动员获得的分数相等，将被判定成绩相等（并列）。

（13）全能项目比赛结束后，认真核对所有的成绩、得分、累积分和名次，并与竞赛秘书组核对，无误后签字，送交竞赛秘书组、赛后控制中心各一份。

3．赛后工作

（1）每个单元比赛结束后，组织全能裁判员及时进行小结。

（2）全部比赛结束后，认真进行全面总结和评议。

（3）归还所借器材、物品和服装等。

（二）管理裁判员

（1）制订各单项的检录时间，并在检录处和运动员休息室粘贴公布。

（2）协助检录处进行全能比赛每天第一个项目的检录工作。后继项目在比赛之前直接负责检录，带领运动员到比赛场地，并将运动员交给助理发令员或田赛有关裁判组的主裁判。

（3）在各项比赛的间歇时间，带领运动员到休息室或指定的休息地点休息，并始终跟随运动员进行管理。休息期间经裁判长同意，运动员可暂时离开休息室，但必须在下一项检录前返回。

（4）所有全能项目比赛结束后，负责将运动员带到赛后控制中心。

（三）成绩统计裁判员

（1）每一单项比赛结束后，及时收取有关项目主裁判和裁判长签字的成绩记录表，对照《全能运动评分表》迅速查出每名运动员的单项得分，并统计其累积分，交全能主裁判和裁判长审核后，及时向运动员宣布。

（2）在全能最后一个项目比赛之前，要统计出前几项所有运动员累积分的排名顺序，并及时与技术代表和竞赛秘书组联系，以确定组次，抽签排定道次（或起跑位置），交管理裁判员进行最后一项的检录工作。

（3）全能所有项目比赛结束后，认真核对所有成绩排列名次，填写成绩报告表，交全能裁判长审核签字，然后送竞赛秘书组和宣告员。

五、工作程序与方法

（一）赛前工作

同全能裁判长部分的“赛前工作”。

（二）赛中工作

（1）按照大会规定时间到达检录处，全能裁判长检查裁判员出勤情况。做好全能裁判的准备工作，提示本单元工作要点和注意事项。

（2）由一名管理裁判员到达检录处协助进行检录，除了进行常规检录工作外，还应向运动员通告全能项目比赛秩序，比赛中应注意的事项。通常包括比赛中的安全，比赛中不能随意离开比赛场地，不得接受技术指导，下一项比赛检录时间与地点以及有关全能项目比赛的规则等。后继项目由全能裁判组管理裁判员检录。

（3）径赛项目检录表应一式五份（起点、终点、检查、宣告、存查各一份），同时核对卡片与检录表上的组别、道次是否相符。

（4）根据大会规定的不同项目进场时间要求，由管理裁判员带领运动员（全能裁判员亦列队入场）到比赛场地后，将运动员和成绩记录表、检录表交助理发令员或田赛各有关裁判组主裁判准备进行比赛（径赛须把检录表同时送起点组、终点组、检查组、宣告组等有关主裁判各一份）。比赛后领取经有关项目主裁判签字的成绩记录表、全能成绩记录表。有风速要求的项目，还须取回风速记录表，附在成绩登记表上，交成绩统计裁判员根据《全能运动评分表》查分和计算出各单项得分及累积分后，在下一项比赛检录前向运动员宣布，同时将全能成绩记录表送往竞赛秘书组进行登记核实后取回，待下一项比赛时再用。

（5）一项比赛结束后，由管理裁判员将运动员带至休息室休息。如果下一项比赛检录时间已到，则可把运动员直接带到该项目比赛场地，就地进行检录，并严格检查运动员号码、服装、钉鞋、道次与小号码布。

（6）在全能倒数第二项结束后，成绩统计裁判员应统计出前几项所有运动员累积分的排名顺序，并及时与技术代表和竞赛秘书组联系，以确定组次，抽签排定道次（起跑位置），及时填写检录表并进行公告，交管理裁判员进行最后一项的检录工作。

（7）全能项目比赛结束后，要认真核对所有成绩、得分、累积分，并排出名次。经与竞赛秘书组核对无误后，填写好成绩报告表，送交全能裁判长签字。如遇破纪录情况时，应报请赛事总管核实签字后送竞赛秘书组、宣告员和赛后控制中心各一份。

（8）比赛全部结束后，管理裁判员将运动员带至赛后控制中心。

（三）赛后工作

（1）每单元比赛结束后，都应及时核对运动员的成绩、得分和累积分，认真进行工作小结。

（2）全部比赛结束后，进行工作评议和总结。

（3）整理有关资料交大会有关部门保存。

（4）归还借用的器材用品及服装等，做好各项结束工作。

六、重点与难点

（1）根据不同项目的进场时间，及时做好除每单元第一项之外的各项比赛的检录工作，按时将运动员带领至比赛场地参加比赛。

（2）迅速地查出每名运动员的单项成绩得分，统计出累积分，及时向运动员宣布。

（3）合理控制好参加后继项目比赛运动员的准备活动时间。

（4）全能倒数第二项比赛结束后，及时统计出所有运动员前几项累积分的顺序，以便技术代表和竞赛秘书组确定运动员参加最后一项的组次和道次（顺序）。

七、所需器材物品（表 5-1-5）

表 5-1-5　全能裁判组所需器材物品表

序号	器材设备	数量
1	休息室桌子，按摩床，垫子、椅子	2 张，2 张，若干，若干
2	饮料、饮水及用具	1～2 套
3	裁判员用折叠椅	3～5 把
4	手提式扩音器	1 只
5	计算器	1 只
6	带夹记录板	2 块
7	鞋钉检查器	1 只
8	卡尺（检查鞋掌厚度）	1 把
9	针线包	1 个
10	铅笔、橡皮、白纸、长尺	若干
11	全能成绩记录表	若干
12	检录表	若干
13	复写纸	若干
14	曲别针	若干
15	全能运动评分表	若干
16	塑料袋	10 个
17	最新版本《全能运动评分表》	2 本

八、工作流程图（图 5-1-1）

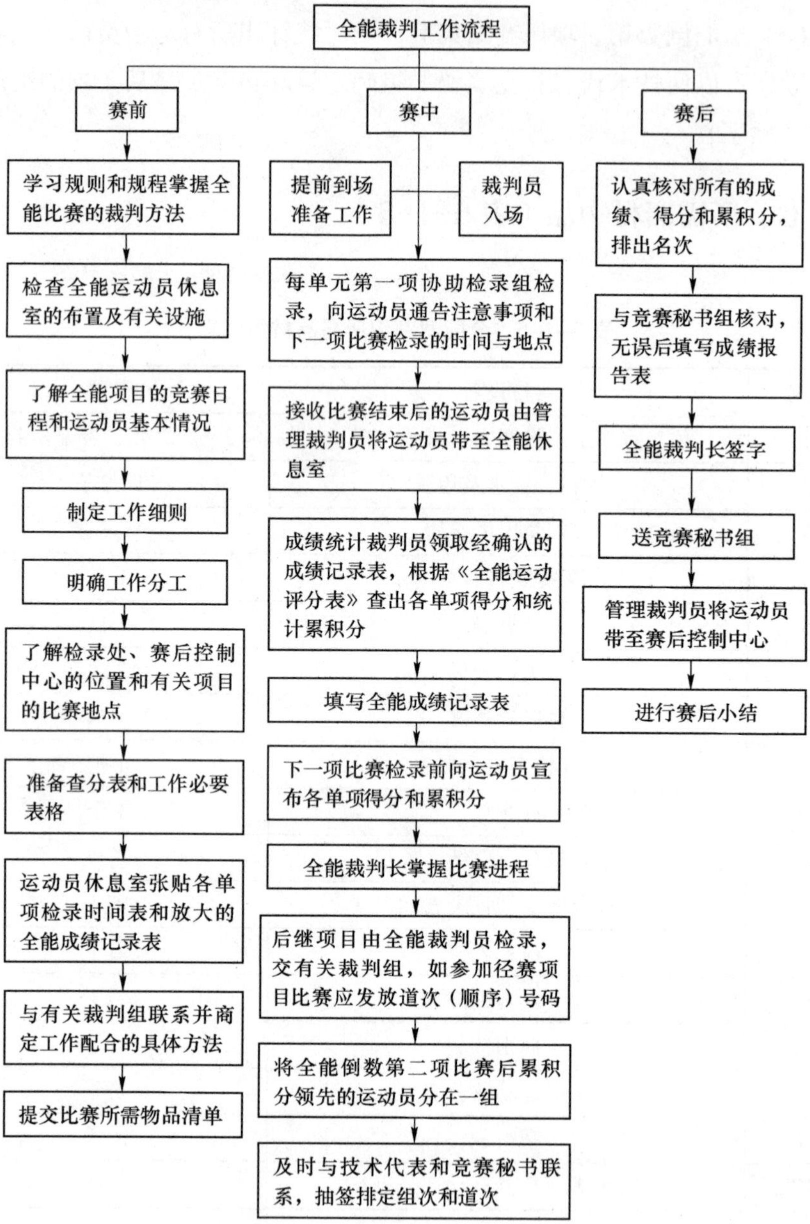

图 5-1-1 全能裁判工作流程图

第二节　竞走的裁判工作

一、竞走定义

竞走是运动员用双脚与地面保持接触，连续向前迈进的过程中，没有（人眼）可见的腾空。前腿从触地瞬间至垂直部位必须伸直（即膝关节不得弯曲）。

二、竞走标准比赛距离

室内：3 000 米及 5 000 米。室外：5 000 米、10 千米、10 000 米、20 千米、20 000 米、50 公里、50 000 米。

三、任务

根据《田径竞赛规则》规定和竞赛规程要求，做好裁判工作，以保证参赛的运动员在符合竞赛规则的条件下公平、顺利地进行比赛。

四、编制

（一）竞走裁判员

（1）如果事先未任命竞走主裁判，应在指派的竞走裁判员中选出一人为主裁判。

（2）所有竞走裁判员应独立行使其工作职责，以人眼观察为依据进行判罚。

（3）在公路竞走比赛中，包括主裁判在内的裁判员人数，通常最少为 6 名，最多为 9 名。

（4）在场地竞走比赛中，包括主裁判在内的裁判员人数，通常为 6 名。

（5）在规则 1.1（a）的竞走比赛中，所有裁判员应为国际竞走裁判员。在规则 1.1（b）、（c）、（d）和（f）的比赛中，裁判员应为地区竞走裁判员或国际竞走裁判员。每一国家/地区最多只有 1 位裁判员（主裁判除外）执法。

（二）其他裁判员

主裁判助理 1～2 人；记录员 2～3 人；红卡显示员 2 名；联络员 4～8 人（可由径赛检查员兼任）；饮水饮料管理员 3～4 人；用水站管理员 3～4 人；分段计时员 10～15 人；终点记圈员 10～15 人；服务员若干；医务人员 2～3 人。

五、职责与分工

（一）主裁判

（1）制订裁判组工作计划和细则，拟定所需器材物品清单。

（2）召开竞走裁判员会议，研究运动员的技术特点和运动水平，统一判罚尺度。

（3）了解、熟悉比赛场地和路线，确定记录台、红卡显示牌、饮水、饮料站、用水站、喷淋站、厕所、医务站的放置位置。

（4）组织裁判员学习相关规则和裁判法，负责裁判员的分工，指导记录员、红卡显示员掌握竞走技术犯规总记录表和红卡显示牌的填写方法。

（5）组织裁判员实习，检查所需物品、饮用水，落实交通工具和红卡显示牌的绘制。

（6）确定集合时间和地点；与各相关裁判组商定协调配合方法。

（7）参加技术会议，提出比赛要求和有关规定，听取意见，解答咨询。

（8）审核比赛过程中、竞走裁判员递交的红卡填写内容是否完整和正确。并确保所有红卡被准确记录和显示。

（9）当一名运动员有 3 张不同裁判员出示的红卡时，在仔细核对无误后，应立即将判罚通知该运动员（向该运动员出示红牌），取消该运动员的比赛资格。

（10）在规则 1.1（a）、（b）、（c）、（d）和（f）的比赛中，当运动员的行进方式明显违反规则规定的竞走定义，不管该运动员此前收到的红卡数量，主裁判有权在比赛的最后 100 米取消运动员的比赛资格。在此种情况下被主裁判取消比赛资格的运动员允许完成本次比赛。主裁判或主裁判助理应在该运动员完成比赛后的最早时间向运动员出示红牌，以通知该运动员被取消比赛资格。竞走主裁判应行使比赛监督官的权力，并在比赛中出现明显违反规则规定的竞走定义的特殊情况时，才能行使裁判员的权力。

（11）在举办规则 1.1（a）、（b）、（c）和（f）的比赛时，最多可任命两名或多名竞走主裁判助理。举办此类比赛以及其他比赛，如有可能，应任命一名官员负责判罚公告板和一名主裁判的记录员。

（12）审核判罚总表，签字后交竞赛秘书组。

（13）赛后召开裁判员小结会，讨论分析本场比赛的判罚情况。

（二）主裁判助理

（1）该助理仅帮助通知被取消比赛资格的运动员。

（2）该助理不能行使竞走裁判员的权力。

（三）竞走裁判员

（1）在竞走主裁判的领导下进行工作。参加竞走裁判员会议，了解竞赛日程，学习和研究相关规则和裁判法，研究运动员的技术特点和运动水平，统一判罚尺度，熟悉比赛场地和路线，牢记裁判号，明确自己各项目比赛时的工作位置和判罚区域，换位的时间、方法，熟悉联系员。

（2）根据主裁判的分工，认真执行竞走规则的规定，检查和判定运动员有无犯规情况。当竞走裁判员认为运动员的动作不完全符合规则的规定时，如可能，该裁判员应向运动员出示两面都有犯规标志的黄牌予以警告（图 5-2-1）。同一名裁判员不能对同一名运动员相同的犯规出示第二张黄牌。对运动员出示黄牌后，该裁判员应将犯规运动员的号码、犯规性质、时间及时填写在判罚记录表内（表 5-2-1），并在赛后向竞走主裁判报告该运动员的行为。

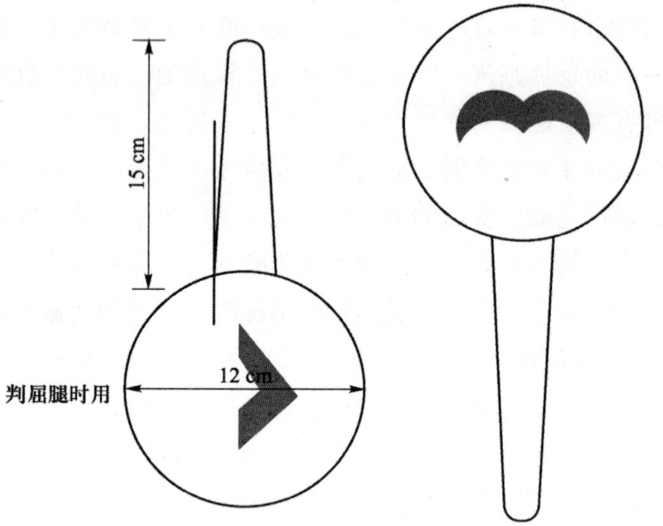

图 5-2-1 竞走犯规标志牌

表 5-2-1 竞走裁判员判罚记录表

比 赛 项 目____________ 组别______________

裁判员号码____________ 日期______________

运动员号码	警 告		取消资格
	时间（～）	时间（<）	时间（～<）

裁判员签名____________

（3）当竞走裁判员在比赛的任何阶段观察到运动员的行进方式不符合规则 230.2 的规定时，表现出可见的腾空或膝关节弯曲时，该裁判员须将一张红卡送交主裁判。

查看规则 230.2

（4）除执行规则设立罚停区的规定外，当 3 个不同竞走裁判员对同一运动员发出的 3 张红卡送交到竞走主裁判之后，该运动员将被取消比赛资格，并由主裁判或主裁判助理向该运动员出示红牌通知该运动员。如未能通知，也不得恢复已被取消的比赛资格。无论出现何种情况，同一国家的两名裁判员的红卡没有取消运动员比赛资格的效力。

（5）如果竞赛规程有所规定，任何比赛都可设立罚停区，相关管理机构或组委会可决定在其他比赛中使用罚停区。在比赛中使用此规则时，一旦运动员被判罚有 3 张红卡，主裁判或其代表将告知该运动员需进入罚停区以及在此停留相应的时间（表 5-2-2）。

表 5-2-2　罚停区适用的停留时间表

项目距离及以下（m/km）	时间（min）
5 000/5	0.5
10 000/10	1
20 000/20	2
30 000/30	3
40 000/40	4
50 000/50	5

任何拒绝进入罚停区的运动员，或未停留到规定的时间，将被主裁判取消比赛资格。如果某运动员被判罚 3 张红卡，但是在比赛结束前不能将其带入罚停区，裁判长应将罚停时间计算到他的比赛结束时间（成绩）中，如有必要，重新调整比赛的名次。任何时候，如果运动员再接到一张红卡，而出卡人并非前面出 3 张红卡的任何一个裁判，该运动员将被取消比赛资格。

（6）场地竞走时，运动员被取消比赛资格后，应立即离开跑道。公路竞走时，运动员被取消比赛资格后，应立即取下号码布，并离开赛道。如果被取消比赛资格的运动员不离开跑道或赛道，或不遵守规则规定的要求进入竞走罚停区及停留到规定的时间，根据规则可能导致进一步的纪律处罚。

（7）应在比赛赛道及邻近终点的地方设置1块或多块公告牌，以便告知每名运动员已送达至竞走主裁判的红卡数量。每次犯规类型的符号也应该在公告板上显示。在规则1.1（a）的所有比赛中，竞走裁判员都必须使用有传输功能的掌上计算机，以便将红卡传送给记录员和公告牌。在所有其他比赛中，如果没有使用类似系统时，主裁判根据规则的规定，在比赛结束后立即向裁判长报告取消比赛资格运动员的号码、通知的时间和犯规种类，同时，向接到红卡的运动员通告以上信息。

（8）20 千米及以上项目的比赛中，在得到裁判员的许可并在一名裁判员的监督下，运动员可以离开标定的赛道，但不得因此而缩短比赛距离。如果裁判长认可裁判员、检查员或其他人的报告，或通过其他方式，得知运动员离开了标定赛道而缩短了比赛距离，将取消该运动员继续参赛的资格。

（9）在未设置检查员的情况下，还应兼职常规检查工作。

（10）协助主裁判做好竞走比赛的辅助裁判员培训和其他各项准备工作。

（11）执行主裁判的指示，只在指定的区域工作，不得擅自离开工作区域。

（12）比赛过程中须集中注意力，精神饱满，自始至终按规则的有关规定执法，保证运动员公平比赛，当给予运动员警告时应确保运动员看到裁判员的示意。

（四）联络员

（1）及时收集竞走裁判员所填写的犯规报告卡，送交记录员登记。

（2）负责竞走裁判组内的联络工作。

（五）记录员

（1）负责收集、核对、整理、统计和保管由联络员送交的红卡，并将犯规运动员号码、犯规性质和时间、判罚裁判员编号和姓名等内容准确地填写在竞走技术犯规总记录表上，及时报告竞走主裁判并通知红卡显示员填写。

（2）与红卡显示员密切合作，随时核对，确保竞走技术犯规总记录表和红卡显示牌记录内容一致，无遗漏和错误。

（3）当一名运动员得到三个不同裁判员的红卡判罚时，应立即报主裁判审核。在主裁判作出判罚后，记录下判罚时间。

（4）比赛结束后及时汇总资料，经主裁判审核签字后上报。

（六）红卡显示员

按主裁判的指示，在红卡显示牌上填写收到红卡的运动员号码和相应犯规性质符号，并随时与记录员核对各犯规运动员的红卡判罚次数。

六、裁判工作的步骤和方法

（一）赛前工作

（1）主裁判应认真学习和研究竞赛规程、竞赛规则及其他各种竞赛文件。了解裁判员水平，研究比赛场地和路线的特点，确定记录台、红卡显示牌、饮水、饮料站、用水站、厕所、医务站的位置。掌握各竞赛项目的比赛时间和关门时间。制订工作计划和细则，拟定所需器材物品清单。

（2）召开竞走裁判员会议，学习和研究规程与竞走规则，了解参赛运动员人数，研究运动的技术特点和运动水平，统一判罚尺度。

（3）组织裁判员学习和实习，熟悉比赛场地和路线，明确各竞走裁判员编号、工作位置和判罚区域、换位时间与方法。确定比赛开始时的起点协作执法的人员安排。明确裁判员的分工与职责、工作方法、工作流程和相互间的协调配合方法。记录员、红卡显示员应明确竞走技术犯规总记录表和红卡显示牌的填写方法。联络员应明确工作路线、工作方法和要求。

（4）检查判罚器具、所需物品、饮用水，落实交通工具，落实红卡显示牌的绘制和制作。

（5）确定集合时间和地点，与各相关裁判组商定协调配合方法。

（6）在比赛前一个单元，记录员到竞赛秘书组领取红卡和竞走裁判员判罚记录表及其他各种表格。

（7）竞走主裁判应参与技术会议，提出比赛要求和有关规定，听取意见，解答咨询。

（8）熟悉公路赛道。公路赛道环形路线的长度，每圈最多为2公里，最少1公里。起点及终点设在体育场内的公路竞走比赛，环形路线应尽可能设在距体育场较近的地方。

（二）赛中工作

（1）按照大会规定时间到达指定地点集合，主裁判检查裁判员出席情况。领取所需器材物品、警告判罚牌、比赛表格，检查记录台和红卡显示牌、饮水、饮料站、用水站的布置情况。

（2）主裁判简要提示工作要点，进一步明确各竞走裁判员编号、工作位置和判罚区域、换位时间和方法，并进行对表。起终点在田径场内的公路竞走比赛时，还应安排运动员出发时和比赛结束时在起、终点执法的裁判员的往返车辆。

（3）竞走裁判员准时到达指定区域，选择最佳的观察位置。其他裁判员就位，做好比赛准备。

（4）发令前由主裁判向运动员强调注意事项，并按400米（不包括400米）以上项目的起跑口令进行。当参赛运动员人数众多时，应在起跑前5分钟、3分钟和1分钟给予倒计时提示。"各就位"指令发出后，运动员应按照组织者决定的方式在起跑线上集合。发令员应确保没有任何运动员的脚（或身体的任何部分）触及起跑线或线前地面，然后发令开赛。

（5）竞走比赛的组委会应保证运动员和官员的安全。凡举行规则1.1（a）、（b）、（c）和（f）的比赛，组织者必须保证在比赛所使用的道路上，禁止所有方向的机动车辆通行。

（6）比赛中，竞走裁判员应认真、公正、准确地执行规则。对犯规运动员及时地作出警告或取消比赛资格的处罚。

① 比赛中可能出现的犯规情况

a．腿在支撑阶段垂直部位弯曲；b．身体重心上下起伏太大；c．上体前倾过大；d．全脚掌落地（非脚跟先着地的滚动动作）；e．动作不完整，后蹬不充分；f．两腿用力不均，一步大一步小；g．摆臂向上力量过大，带动身体向上；h. 步长过大；i. 步频过快，两脚同时离地；j. 摆腿折叠过大。

运动员出现以上的身体姿势或技术动作易造成竞走技术犯规，但不能作为判罚的依据。裁判员均应细心观察，以免造成错判。

② 比赛中容易造成犯规的地点

a. 鸣枪后集体出发阶段；b. 下弯道进入直道加速时；c. 竞争激烈交替超越时；d. 在公路上下坡时及拐弯转折时；e. 拿取饮料时；f. 体力明显下降不能控制动作时；g. 夹在一个集团中间；h. 最后冲刺阶段。

（三）赛后工作

（1）及时整理汇总资料，上报存查。

（2）归还器材、用品，清点入库。

（3）进行裁判工作总结，如条件许可组织观看比赛录像，进行技术分析，提高裁判业务水平。

七、裁判工作位置和判罚区域

裁判员应站在可以清楚地观察到运动员腿部动作的位置。通常最佳的观察位置应是开始观察的位置与运动员接近裁判的位置成 45°。

（一）场地竞走裁判员位置

主裁判位置：位于记录员工作台附近，也可作顺时针方向的流动巡视。

裁判员位置：场地竞走比赛应站在有利于观察的角度。可侧重在田径场跑道 4 个直曲段交接处第 8 跑道的外侧附近站位或游走。

记录员位置：一般设在终点一侧直道中段为宜。

（二）公路竞走裁判员位置

主裁判位置：由于比赛路线较长，路面及比赛情况比较复杂，一般可设两名主裁判，一名相对固定，另一名作沿途巡视，以便与其他裁判员取得联系。

裁判员位置：赛道全部在公路上时，裁判员应均匀分布在赛道上。如果起终点在体育场内，大部分可按分工均匀地站位于比赛路线上，少部分裁判员主要负责运动员进出赛场时的裁判工作，实行分段包干。较长距离的比赛，也可定时换位。

记录员位置：应在主裁判的固定位置附近或指定的其他适当地方，以便工作。

联络员位置：在整个比赛中联络员应始终跟随所服务的裁判员进行联络工作，直至比赛结束。

（三）出发时竞走裁判员的站位

运动员比赛出发时 8 号、7 号裁判员和竞走主裁判在田径场内，竞走主裁判在起点，8 号裁判员在 1 500 米起点附近，7 号裁判员在终点前 20 米左右，6 号裁判员在田径场通道出口。当运动员走出场地时，6 号裁判员往通道里移 50 米左右。4 号、5 号裁判员在田径场至公路主赛场中间。1 号、2 号、3 号裁判员站在公路主场地竞走裁判位置不动，等待比赛运动员的到来。当最后一名运动员通过自己的位置后，田径场及通道上的裁判员应迅速骑上自行车到公路主场地自己位置上进行裁判工作。

（四）比赛进入最后时段竞走裁判员的站位变化

当领先的运动员进入比赛的最后一圈时，竞走主裁判移动到田径场离终点 50 米的地方，2 号裁判员移动到田径场通道口，4 号、6 号裁判员移动到主赛场至田径场的路上。在公路主赛场的竞走裁判员自己主动调整站位，使站位分布均匀。为提高临场裁判工作效率，在比赛时可使用对讲机进行联系，利用望远镜帮助观察。

八、公路赛中饮水/用水和补给站

（1）所有比赛的起点和终点应备有饮水和其他适宜饮料的补给。

（2）5 千米及以上至 10 千米，包括 10 千米的竞走比赛，根据天气情况，应以适当间隔设置仅限饮水用水（湿海绵）的站点（根据竞赛组织和（或）天气情况，可以安排喷淋站）。

（3）10千米以上的竞走比赛，每圈都应设置补给站。此外，可根据天气情况，在两个补给站之间设置一个或多个饮水用水（湿海绵）站。补给可由组委会提供或由运动员自备，应放在便于运动员拿取的地方或由经批准的人员递到运动员手中。这些经批准的人员不允许进入赛道或阻挡任何运动员。他们可以从饮料桌后面或桌子两侧不超过1米的位置向运动员递送补给，但不能在桌前递送。

（4）规则1.1（a）、（b）、（c）和（f）的比赛中，在放置自备饮料的桌子后面，每个国家地区每次最多可站两名官员。当运动员拿取补给或水时，任何情况下都不得有官员或授权人员在运动员旁边伴随移动（一个国家超过3名运动员参加同一项比赛时，竞赛规程允许在补给站安排额外的官员）。只要是从起点或是从官方供应站拿取，运动员可以在任何时候手持或随身携带该水或补给。

（5）除医疗原因或有竞赛官员的指示外，运动员如在官方供应站以外的其他地方接受或拿取补给或水，或从其他运动员处获取，第一次情况裁判长通常将出示黄牌警告，第二次情况裁判长将出示红牌，取消其比赛资格。运动员必须立即离开赛道（运动员可以相互接受或传递由起点或沿途官方供应站提供的补给、水或海绵块，但由一名运动员连续向另一名或多名运动员递送上述物品则被视为是不公平的帮助，应适用上述警告及/或取消比赛资格）。

（6）在5 000米及以上的径赛项目中，根据天气情况，组委会可向运动员提供饮水和浸水的海绵块。在10 000米以上的径赛项目中，将设置补给、饮水和用水站。补给可以由组委会提供或运动员自备，并放置在运动员方便拿取的位置，或由授权人员递送到运动员手中。由运动员提供的补给，自该运动员或其代表上交之时起，应始终处于组委会指定人员的监控之下。这些裁判员应确保这些补给不会有任何变质或篡改。

九、所需器材物品（表 5-2-3）

表 5-2-3　竞走裁判组所需器材物品表

序号	器材设备	数量
1	自行车	8～10 辆
2	小型机动车	1～2 辆
3	记录桌椅	1 套
4	饮用水供应点桌椅	4 套
5	红卡显示牌	1 套
6	红色犯规显示牌	1～2 块
7	黄色犯规显示牌	4～10 块
8	对讲机	5～10 只
9	转折点显示牌	1 块
10	文具用品	若干
11	录音机	1 台
12	望远镜	4～8 架
13	报时器	2～3 只
14	分道隔离墩	若干
15	饮料和饮水杯	若干
16	水桶	16 只
17	用水海绵块	若干
18	可显示比赛时间的电子显示牌	2 个
19	道路引导标记（用水、供水、卫生间、起点、终点等）	若干
20	移动厕所	2 座
21	竞走裁判员用品（警告显示牌、夹板、笔等）	若干
22	常规比赛径赛裁判员所用的器材	若干

第三节　越野跑、山地跑、野外赛跑的组织和裁判工作

在世界各地举行越野赛跑、山地赛跑和野外赛跑的条件差异极大，很难通过立法制定这些项目的国际标准。赛事取得成功和失败的原因，主要在于比赛地点的自然环境和路线设计者的能力。本部分以越野赛跑为例，介绍比赛组织与裁判方法。

下列规则旨在指导和推动各国（或地区）开展越野赛跑、山地赛跑和野外赛跑。

国际田联世界越野跑锦标赛赛事设置大约为成年男子 10 千米，成年女子 10 千米；青年男子（U20）8 千米，青年女子（U20）6 千米；少年比赛建议距离大约为少年男子（U18）6 千米，少年女子（U18）4 千米。建议其他国际和国内比赛也采用类似的比赛距离。

一、任务

根据田径规则，选择、测定和丈量路线，判定和记录跑完全程运动员的名次和成绩，计算团体总分和名次。越野跑比赛的组委会应保证运动员和官员的安全。

二、编制

应根据比赛规模的大小，确定人员编制。裁判长 1～2 人；路线丈量组 3～5 人；检录组 5 人或 5 人以上；发令组 2 人；检查组 10 人或 10 人以上；终点与计时组 8 人或 8 人以上；记录员 1～2 人；疏散组 3～5 人；竞赛秘书组 4 人或 4 人以上；服务员若干；场地器材组 5 人或 5 人以上。

三、职责与分工

（一）裁判长

全面组织领导裁判工作，处理有争议的问题，对比赛中的抗议做出裁决，对犯规运动员作出处理，宣布录取个人名次和团体名次。

（二）主裁判

（1）各组主裁判：负责本组的全部工作。

（2）路线丈量组：选择、测定和丈量路线。

（3）检录组：按时检录，准时将运动员带到起点。

（4）发令组：准时进行发令。

（5）检查组：指引运动员跑进方向，检查运动员是否犯规。

（6）终点与计时组：运动员跑完全程到达终点时，判定名次、计取成绩。

（7）记录员：收集成绩表、名次卡，进行登记。

（8）疏散组：运动员跑过终点后立即进行疏散。

（9）竞赛秘书组：准备各种表格，编排秩序册，录取个人和团体名次并公告。

（10）服务员：协助裁判员工作。

（11）场地器材组：准备比赛所需器材和用品。

四、常规位置

根据路线和起终点场地具体情况，安排各组裁判员的工作位置。

五、工作方法

（一）赛前工作

（1）根据比赛的规模和特点，对裁判员进行培训。学习规则和规程，制订各组工作细则。

（2）选择并布置比赛场地。比赛必须在旷野或林地上举行，地面尽可能是草地，有天然障碍物，使设计者能设计出一个有挑战性和趣味性的比赛路线。必须应有足够的宽度，不仅可以安排赛道，还应容纳其他所需设施。举办世界锦标赛及国际比赛，或其他比赛时，如有可能，都应按下列要求设计路线：

① 比赛路线必须设计成环形赛道，每圈长度为 1 500～2 000 米。如有必要，可加上一个小圈，以便调整距离满足不同项目所需的总距离，这种情况下比赛时应先跑小圈。建议每个大圈最少有 10 米的上坡。

② 如有可能，应采用已存在的自然障碍物。但应避免过高的障碍物，如深坑、危险的上下坡、茂密的灌木等，总之，应避免一切会给比赛带来困难而违背比赛宗旨的障碍物。不宜使用人工障碍物，如不能避免，则应模拟旷野中的自然障碍物。若参赛的运动员人数较多，在起跑后的 1 500 米内不应有狭窄地段或其他障碍物，以免造成阻滞。

③ 应避免或尽量减少横过公路或任何类型的细石路面。当不可避免地遇到 1～2 处类似路面时，则应在该段路面上铺草皮、泥土或垫子。

④ 除起点、终点外，比赛路线不能有任何其他太长的直道，带有较平缓的弯道和较短直道的自然起伏路段是最理想的。

⑤ 应在比赛路线的两旁用带子做出明显的标记。建议在整个比赛路线的一侧，距带子外侧 1 米处设置加固栅栏形成走廊，仅供比赛组织人员或媒体使用。在重要区域必须设立加固的栅栏，特别在起点（包括运动员热身区域和检录处）及终点区（包括混合区）。只有持有有效证件的人员才可进出这些区域。观众在管理人员的指挥下，只可在比赛初段指定的地方有组织地横越赛道。建议除比赛起点和终点外的范围，赛道及障碍区应有 5 米宽。

⑥ 越野跑接力赛中应采用 2 条相距 20 米、横过赛道 50 毫米宽的线标出接力区。接力的程序，除非组织者另外详细说明，应包括交、接运动员的身体接触与必须在接力区内完成起跑、器材等。

（3）组织全体裁判员熟悉路线和工作岗位环境，检查器材和设备，领取用品。

（4）在大会规定时间内做到器材设备到位，人员到岗。

（二）赛中工作

1．检录组

（1）赛前30分钟开始检录。参加团体比赛时，以队为单位进行检录，核实计分队员名额、姓名、号码。

（2）赛前5分钟将运动员带到近起点处，按秩序册中排定的顺序，各单位队员站成一路纵队，同时将检录表交发令员。

（3）向裁判长报告实际参赛队数和人数。

2．发令组

（1）比赛须鸣枪开始起跑。发令将采用400米（不含400米）以上比赛的起跑口令。

（2）当参赛运动员人数众多时，应在起跑前5分钟、3分钟和1分钟给予倒计时提示。

出发时，应为各团队提供起跑区域位置，各队队员应在起跑区内排成一路纵队。其他比赛中，运动员应按照组委会决定的方式在起跑线集合。“各就位”口令发出后，发令员应该确保运动员的脚（或身体的任何部分）没有触及起跑线或起跑线以前的地面后，方可发令开赛。

3．检查组

（1）检查员于赛前30分钟到达各自岗位。

（2）定点检查员：负责维持现场秩序，指引运动员跑进方向。对中途退场或犯规罚下的运动员，要立即取下其号码，并将报告表交至主裁判。

（3）转折点检查员：负责记录通过转折点运动员的顺序、号码，统计人数，通过主裁判转交竞赛秘书组。

（4）必要时可在路线上分段设流动检查员，主要检查运动员在定点检查员之间的地段有无犯规情况。

（5）如果裁判长认可裁判员、检察员或其他人的报告，或通过其他方式，得知运动员离开了标定的赛道而缩短了比赛距离，将取消该运动员继续参赛的资格。

（6）所有比赛的起点和终点应备有饮水和其他适当补给。在所有比赛中，根据天气情况，如需要，应在每圈设置饮水用水供应站（在条件允许的情况下，考虑比赛的自然条件，以及天气状况和大部分参赛运动员的身体状况，可沿赛道设置更多饮水和用水供应站）。

4．终点与计时组

（1）布置终点通道。比赛的终点区域应该有足够的空间，使得数个冲刺的运动员能够并排跑进，还要有足够的长度，从而在终点处能够分开运动员。除非使用芯片计时系统，同时具有备份系统（比如摄像记录），以便核查运动员越过终点的名次，在过终点线后的 8～10 米处，设置最大宽度为 0.70～0.80 米的终点分道（分流）。在终点分道内，运动员不得再超越其他人。终点分道至少 35～40 米长，运动员越过终点线后在此被引导和管理。

（2）在每个终点分道后，裁判员应记录运动员的号码姓名，以及进行适宜的回收计时芯片等。终点分道应该具有可移动的隔离带，当前面的分道被运动员占满时，可以在最后一个运动员后面拉上隔离带，以确保下一个结束比赛的运动员进入新的分道内，如此重复。

（3）建议裁判员和计时员应该在终点线的两侧，以便确定运动员的名次，官方摄像应该在终点线后数米远处进行拍摄（如有可能采用内置时钟计时），以记录运动员越过终点的顺序。

（4）记录名次和成绩。其方法如下。

第一种方法：按名次发牌。

① 终点裁判员按名次发牌，服务员引导运动员到记录员处交牌登记。

② 计时员按运动员到达终点的顺序，一人口头报时，一人记录成绩，一人监看核实。

③ 由记录员将成绩登入成绩记录表（表 5-3-1）。

第二种方法：按名次记录。

① 当终点主裁判判定运动员名次时，裁判员一人呼报运动员号码，一人记录，一人监看核实。每记录完 10 名运动员便将名次表交记录员。

② 计取运动员成绩和登记成绩记录表的方法同第一种方法中的②、③。

表 5-3-1 成绩记录表

项目________ 组别________ 组次________

名次	号码	成绩	备注	名次	号码	成绩	备注
1							
2							
3							
…							

记录员________ ________年______月______

第三种方法：循环计时。

计时员若干人，在终点后面的跑道外侧，排成一列横队，根据赛前确定的各自序号，按顺序轮流记录到达终点运动员的名次、号码和成绩。第一轮后，接着第二轮工作，依此循环至全部工作结束。

（5）主裁判审定成绩记录表并签字，交竞赛秘书组。

5．疏散组

（1）运动员到达终点后及时进行疏散。

（2）召集获得个人名次和团体名次的运动员准备领奖。

6．竞赛秘书组

（1）接到成绩记录表后，检查运动员的名次和号码，核实计分队员。

（2）根据规程有关录取、奖励和计分的规定，列出个人和团体优胜名单，交裁判长签字后，进行公告。

7．场地器材组

（1）赛前完成比赛路线的布置。

（2）赛前 2 小时布置器材，发放裁判员用品。

（三）赛后工作

归还器材用品，分组小结。裁判长写出书面总结材料报送大会秘书处。

六、协调与配合

在裁判长领导下，赛前研究确定各裁判组之间的具体配合方法，以保证比赛顺利进行。

七、所需物品

（1）根据比赛规模大小，场地器材组于筹备期准备好常规器材和用品。

（2）各主裁判于赛前 2～3 天列出本组所需用品清单交场地器材组。

八、山地赛跑的组织和裁判方法

（1）山地赛跑的类型

① 大多数山地跑比赛采用所有运动员集体起跑，或者以性别或年龄分组起跑。

② 山地跑接力赛的赛道路线距离和赛道类型差异较大，可以依据自然条件和组委会的计划设计而定。

③ 按不同的时间间隔采取个人出发，依个人完成比赛的成绩排名。

（2）山地赛跑的赛道

① 山地赛跑的主要路段应在远离公路的山野中，除非在赛道上有明显的高度提升的情况下，赛道才可以为柏油碎石路面。

② 每一条山地跑赛道既是一条具备特殊自然条件的赛道，又要能满足赛道的基本要求。最好使用现有道路或山径。组委会要负责保护环境。

③ 赛道长度可从 1 公里到马拉松的距离，要符合相应的技术细节。

④ 赛道主要包括各种上坡、下坡，或上下坡的混合。

⑤ 赛道平均坡度最小为 5%（或每公里 50 米），最大不超过 20%（或每公里 200 米）。每公里最理想的平均提升高度为 100 米，赛道要具备实

用性。

⑥ 整个赛道应标示清楚。应提供详细的带海拔图的赛道地图。

（3）山地赛跑的起跑

① 发令采用400米（不含400米）以上比赛的起跑口令。

② 当参赛运动员人数众多时，应在起跑前5分钟、3分钟和1分钟给予倒计时提示。

（4）山地赛跑的安全

山地跑比赛的组委会应保证运动员和官员的安全。应重视特殊条件，如高海拔相关的天气条件和可使用的基础设施等。

（5）所有比赛的起点和终点应备有饮水和其他适当补给。沿路线应适当设置额外的饮水/用水供应站。

（6）如果裁判长认可裁判员、检查员或其他人的报告，或通过其他方式，得知运动员离开了标定的路线而缩短了比赛距离，该运动员将被取消参赛的资格。

九、野外赛跑的组织和裁判方法

（一）野外赛跑的赛道

（1）野外赛跑主要在各种野外地形中（例如山地、沙漠、树林或平原）的不同道路条件（包括泥路、林间小路以及单向人行步道）下进行。

（2）可以使用碎石路面或混凝土路面，但应将其减少至最小程度，不能超过比赛路线的20%。不应设置比赛距离或海拔升降的标准。

（3）比赛组委会应在赛前宣布经过丈量的比赛距离以及赛道的总体升降情况，并提供地图和详细的赛道资料以及比赛中的技术难度。

（4）赛道应标示清楚，使运动员得到足够的信息并完成比赛，而不会偏离赛道。

（二）野外赛跑的比赛装备

（1）在野外赛跑的行进过程中，对运动员使用的特定技术或装备没有特别规定。

（2）组委会可能强制性或推荐使用某些安全设备，以应对比赛中可能发生的情况，使运动员可以避免遇险，或在遇险时报警和在安全地等待救援。

（3）野外赛跑运动员至少应配备救生毯、哨子、饮用水以及食品储备。

（4）如组委会特别允许，运动员可使用手杖，如登山杖。

（三）野外赛跑的起跑

（1）须鸣枪开始比赛。

（2）发令采用400米（不含400米）以上项目起跑的口令。

（3）当参赛运动员人数众多时，应在起跑前5分钟、3分钟和1分钟时给予倒计时提示。

（四）野外赛跑的安全

比赛组织者应保证运动员和官员的安全，必须为比赛指定具体的健康、安全和救援计划，包括为遇险的运动员或其他比赛参与者提供帮助的方法。

（五）野外赛跑的救助站

鉴于野外赛跑是自助式的，运动员在救助站之间应自主安排服装、通信、食品和饮水。因此，救助站的设置应符合组委会的计划，各站之间应有足够的间隔距离，以尊重运动员进行自助比赛，但又要考虑运动员的健康和安全。

（六）野外赛跑的比赛组织与管理

（1）如果裁判长认可裁判员、检查员或其他人的报告，或通过其他方式，得知运动员离开了标定的路线而缩短了比赛距离，将取消该运动员继续参赛的资格。

（2）对运动员的帮助仅限于在救助站进行。

（3）野外赛跑的组委会应公布竞赛规程，说明可能导致处罚、取消比赛资格的行为或运动员等情况。

（4）野外赛跑的其他相关组织和裁判方法可参照公路赛跑项目。

第四节 马拉松赛跑的组织和裁判方法

公路赛跑是田径运动的重要项目。公路赛跑的标准比赛距离为：5千米、10千米、15千米、20千米、半程马拉松、25千米、30千米、马拉松（42.195千米）、100千米和公路接力赛跑。公路接力赛跑的距离一般与马拉松相同。理想路线为一条5千米的环形赛道，各段距离分别为5千米、10千米、5千米、10千米、5千米和7.195千米。U20公路接力距离建议为半程马拉松，各段距离分别为5千米、5千米、5千米和6.098千米。

本节以马拉松比赛为例，介绍公路赛跑的组织与裁判基本方法。

马拉松比赛距离全程为42.195千米，半程为21.0975千米，马拉松一直是奥运会和田径世锦赛的项目。目前，世界影响较大的马拉松赛事有波士顿马拉松、伦敦马拉松、纽约马拉松、柏林马拉松、巴黎马拉松、芝加哥马拉松等。国内马拉松正式比赛有全运会马拉松赛、上海国际马拉松赛、全国马拉松锦标赛、全国马拉松冠军赛、北京国际马拉松赛、厦门国际马拉松赛等。

马拉松比赛由于距离较长，参加比赛的运动员数量多，裁判员、志愿者、工作人员人数也较多，组织难度相对较大，需各方面通力协作。

一、任务

（1）保证每名跑完全程的运动员都有准确的分段和全程成绩，并按规则规定排列名次。

（2）保证比赛距离和路线符合规则规定。

二、人员设置（表 5-4-1）

表 5-4-1　马拉松裁判员、志愿者安排

<table>
<tr><th colspan="2">组别</th><th>主裁判</th><th>裁判员</th><th>志愿者人数</th></tr>
<tr><td colspan="2">仲裁</td><td colspan="2">3～5</td><td></td></tr>
<tr><td colspan="2">现场指挥</td><td colspan="2">1～2</td><td></td></tr>
<tr><td colspan="2">赛事总管及助理</td><td colspan="2">1～3</td><td></td></tr>
<tr><td colspan="2">外场裁判长</td><td colspan="2">2</td><td></td></tr>
<tr><td colspan="2">检录及赛后控制中心</td><td>3</td><td>10～12</td><td>20</td></tr>
<tr><td colspan="2">发令</td><td colspan="2">2</td><td>2</td></tr>
<tr><td rowspan="10">饮水站</td><td>5 km</td><td rowspan="10">2</td><td>2～3</td><td rowspan="10">30</td></tr>
<tr><td>10 km</td><td>2～3</td></tr>
<tr><td>15 km</td><td>2～3</td></tr>
<tr><td>20 km</td><td>2～3</td></tr>
<tr><td>25 km</td><td>2～3</td></tr>
<tr><td>30 km</td><td>2～3</td></tr>
<tr><td>35 km</td><td>2～3</td></tr>
<tr><td>40 km</td><td>2～3</td></tr>
<tr><td>半程 20 km</td><td>2～3</td></tr>
<tr><td>终点</td><td>2～3</td></tr>
<tr><td colspan="2">饮料站</td><td>2</td><td>7.5、12.5、17.5、22.5、27.5、32.5、半程、17.5</td><td>30</td></tr>
<tr><td rowspan="8">分段计时</td><td>5 km</td><td rowspan="8">1～2</td><td>2</td><td rowspan="8"></td></tr>
<tr><td>10 km</td><td>2</td></tr>
<tr><td>15 km</td><td>2</td></tr>
<tr><td>20 km</td><td>1</td></tr>
<tr><td>25 km</td><td>1</td></tr>
<tr><td>30 km</td><td>1</td></tr>
<tr><td>35 km</td><td>1</td></tr>
<tr><td>40 km</td><td>1</td></tr>
</table>

续表

<table>
<tr><th colspan="2">组别</th><th>主裁判</th><th>裁判员</th><th>志愿者人数</th></tr>
<tr><td rowspan="6">终点摄影计时（芯片计时）</td><td>男子全程</td><td>2</td><td>6</td><td rowspan="6">6</td></tr>
<tr><td>女子全程</td><td>2</td><td>6</td></tr>
<tr><td>男子半程</td><td>2</td><td>6</td></tr>
<tr><td>女子半程</td><td>2</td><td>6</td></tr>
<tr><td>4.5 km</td><td>2</td><td>6</td></tr>
<tr><td>管理</td><td>10</td><td>10</td></tr>
<tr><td colspan="2">检查组</td><td>4</td><td>80～90
根据比赛的路线情况可以增加或减少人数</td><td>4</td></tr>
<tr><td colspan="2">折返点</td><td>2</td><td>5～6</td><td></td></tr>
<tr><td colspan="2">场地器材</td><td>1</td><td>15</td><td></td></tr>
<tr><td colspan="2">竞赛秘书</td><td>2</td><td>8～10</td><td>10</td></tr>
<tr><td colspan="2">路线丈量</td><td colspan="2">1～2</td><td></td></tr>
<tr><td colspan="2">宣传广播</td><td colspan="2">2</td><td></td></tr>
<tr><td colspan="2">医务急救</td><td>4</td><td>救护车 5 辆，备有相关急救物品，需要 20 名左右的专业医疗救护人员以及裁判员和联络员</td><td>4～8</td></tr>
<tr><td colspan="2">起点及其他志愿者</td><td colspan="2">根据比赛参赛的人数配备适当的志愿者</td><td>100</td></tr>
</table>

注：以上所设人数可根据比赛规模、路线情况作调整

三、职责与分工

田径运动会马拉松比赛，在赛事总管的领导下，由外场裁判长负责全面工作，赛事总管助理协助完成。

马拉松赛跑是一项长距离的径赛项目。其起、终点可以设在田径场内或其他合适的地方，其他赛程主要在公路上进行。因此，裁判工作也可划分为内场和外场两大部分，由于内场的检录、发令、终点、计时、检查及有关裁判工作与其他径赛项目相同，其工作要求与方法，可参阅有关章节。外场裁判工作大体可分为检查、计时和饮用水供应三部分。

（一）职责

（1）成立马拉松赛事委员会，制订各部门工作细则，分工协作，各负其责。

组委会一般可以设名誉主任、主任、执行主任、副主任、委员、秘书长。名誉主任一般由承办方单位的领导担任；主任由承办单位分管体育的领导担任；执行主任由主办单位分管领导或承办单位的体育主管领导担任；副主任由承办单位参与比赛组织的各方面的领导担任；委员包括公安、交通、宣传（电视）、医疗、团委（志愿者）等部门具体负责人；秘书长由承办单位具体负责协调的政府部门的负责人担任。

办事机构一般设：办公室、竞赛部、新闻宣传部、后勤接待部、资源开发部、安保部、医疗卫生部、志愿者工作部等部门。这些部门负责具体实施比赛的全过程，要在比赛中通力合作，各负其责，保证各自任务完成。

（2）制订马拉松的竞赛规程及确定本次比赛的冠名权。

（3）制订比赛的周密工作时间表（包括资源开发、报名工作、接待方式、安保方案、路线选择与丈量、志愿者招募培训、新闻及电视转播的落实、比赛器材的准备和裁判员队伍组成等）。

（4）制订比赛详细的经费预算。

（5）建立马拉松比赛官方网站。

（6）召开必要的官方新闻发布会。

（7）组织比赛。

（8）保证比赛完全符合田径竞赛规则和竞赛规程提出的要求，并使每位跑完全程的运动员都有准确的全程成绩和分段成绩。

（9）检查比赛路线，复查比赛距离，确定沿途各站点的设置。加强与通信、医务、气象、交通管制等方面的联系，确保比赛顺利进行。

（10）检查、督促比赛器材的运送以及饮用水站等方面的管理工作。

（11）根据比赛的类别和规模，制订所需各种车辆的用车计划，落实行车方案。

（12）处理比赛中发生的各种问题，对违犯规则的运动员作出判罚。

（13）比赛结束后，审核成绩并签字上报。

（二）分工

1．赛事总管

全面负责比赛的裁判工作，处理比赛中出现的各种疑难问题。

2．径赛裁判长

分工负责田径场内起、终点等的常规裁判工作。

3．外场径赛裁判长

分工负责外场各裁判组的各项工作，明确分工，协调配合。

4．检查主裁判和检查员

（1）流动检查组：由一名检查主裁判和数名检查员组成，负责沿线的检查工作。

（2）定点检查组：由另一名检查主裁判和若干名检查员组成，明确分工，负责沿途各站点的检查工作，以旗示指明跑进方向。

四、工作方法

（一）赛前工作

（1）在赛事总管统一领导下，召开径赛裁判长、外场径赛裁判长以及交通、医务、通信等方面负责人联席会议，明确任务，协调配合。

（2）由径赛裁判长、外场径赛裁判长负责分别召开裁判员会议，明确各裁判组及每个人员的分工、任务、职责、工作方法和工作步骤，组织现场观察和实习，熟练掌握裁判方法。

（3）由赛事总管、外场径赛裁判长、检查主裁判等为主，会同路线丈量裁判组，对全程路线进行检查。

① 此类赛跑应在铺装路面上进行。如果交通或类似环境不允许，赛跑路线可设在路旁的自行车道或人行道上，并加以适当的标志，但不得通过路旁草地等松软地段。比赛起点、终点可设在田径场内。

② 建议按标准距离举行公路赛跑时，其起点、终点之间的直线距离不应超过比赛距离的50%。比赛的起点、终点及其他部分赛段可以在草地或其他非铺装地面上进行，但应尽量避免。赛道应沿着运动员所允许跑过

路段的最短路线进行丈量。应用区别于赛道上其他标志的醒目颜色沿跑道标出丈量线。

③ 路线长度不得短于该项目的正式距离。比赛路线的丈量误差不得超过 0.1%（如马拉松为 42 米），该路线的长度在赛前应经一名国际田联批准的路线丈量员认证。应采用“经过标定的自行车丈量法”进行赛道丈量。为防止在以后再丈量时发生路线长度不足的问题，建议设计路线时，加入一个“防止路线缩短的系数”，使用“经过标定的自行车丈量法”时，该系数应为 0.1%，这意味着每 1 千米的路线要有 1001 米的“丈量长度”。

④ 如计划在比赛当天使用临时性设备，例如锥形体、栅栏等来标明部分路线的界限，则此类设备放置的位置，最迟在丈量时确定下来，并且在丈量报告中行文说明。

⑤ 在公路上举行标准距离的赛跑，建议起点及终点之间的海拔高度下降不超过 1∶1000，即每公里不超过 1 米（0.1%）。赛道丈量认证有限期为 5 年，此期限后，即使赛道无明显改变，也要复量。

⑥ 应以千米（km）为单位，在赛道上向所有运动员显示赛程的距离。

⑦ 举行公路接力赛跑时，应在所跑公路上划出 50 毫米宽的横线作为每段距离的标记和接力区中心线。在各中心线前、后 10 米处各画上一条 50 毫米宽的横线作为接力区的标志。除非组委会另有特殊规定，交接程序是交、接运动员应有身体接触，且必须在接力区内完成。

（4）公路比赛的组委会应保证运动员和官员的安全。组织者须保证比赛所使用的道路上，禁止任何方向的机动车辆通行。

（5）比赛的起点和终点应设有饮水和其他适宜饮料、食品补给。所有项目，应在大约 5 千米的适当间隔设置饮水/用水站。超过 10 千米以上的项目，除了提供饮用水外，这些供应站还应提供补给品。如条件允许，可根据比赛性质、天气情况和大多数参加者的身体情况，在赛道沿途设置更多饮水和补给站。

（6）组委会根据条件和（或）天气情况，可以设置喷淋站。补给包括饮料、能量补充品、食品或其他除水以外的物品。组委会将根据情况决定提供何种补给。通常情况下，补给由组委会提供，但也允许运动员自备。

当运动员自备补给时，须标明放置的站点。运动员的自备饮料，自运动员或其代表上交之时起，应始终处于组委会指派人员的监控之下。被指派人员应保证这些补给不能以任何方式被改变或篡改。

（7）组委会应在赛道适当位置安排递水人员，设置饮料桌便于运动员拿取，被批准的人员可以将补给递到运动员手中，但他们必须留在指定区域内，不得进入赛道，也不能阻挡任何运动员。无论在什么情况下，当运动员取水或补给时，任何官员或授权人员都不能在运动员身边伴随移动。

（8）在指定区域后面，每个国家/地区每次最多可站两名官员。一个国家超过 3 名运动员参加同一项比赛时，竞赛规程可以允许增加进入补给站的人员。允许运动员任何时候手持或随身携带水或补给，但必须是从起点或从任何一个官方供应站获取的。

（9）除医疗原因或有竞赛官员的指令，运动员如在非官方供应站获取补给或饮水，或拿取其他运动员的补给，第一次情况将由裁判长出示黄牌给予警告，第二次情况将出示红牌取消其比赛资格，该运动员必须立即离开赛道。运动员可以相互接受或传递由起点或沿途官方供应站提供的补给、饮水或海绵块，但由一名运动员连续向另一名或多名运动员递送上述物品则被视为是不公平的帮助，应适用上述警告及/或取消其比赛资格。

（10）大会向运动员提供的饮料、饮用水及运动员的自备饮料均需提前准备就绪，以供比赛时按时、按点放置。

（11）绘制并分发比赛路线示意图，赛前应向运动员介绍沿途情况并组织观看比赛路线。

（12）提前做好比赛当天所需各种车辆的编号、集结地点、排列顺序、出发时间表等的图示与实习。做到统一指挥，有条不紊。

（13）各站点所需器材、用具均需装车待命；比赛用品分类分组归口，专人管理，按时发放，保证供应（轻便器材用品提前发给各裁判组）。

（14）认真做好参赛运动员的健康复查工作，落实救护措施，搞好比赛沿途环境卫生。

（15）精心设计马拉松路线。

① 马拉松路线是充分展示当地城市建设面貌与文化历史名胜的极佳

宣传平台。路线的选择一般由当地承办城市的政府确定，报主办单位批准后实施。例如，伦敦马拉松路线是从位于伦敦西南的布拉克西丝格林尼治公园出发，经过国会大厦和白金汉宫，抵达靠近圣琼斯公园的终点，沿途可以欣赏到伦敦许多著名的历史名胜；还有法国巴黎的马拉松路线，鸣枪起跑点是香榭丽舍大道的 Rue Galilee，东西向的慢跑路线将横穿整个巴黎，沿途会经过协和广场、卢浮宫、埃菲尔铁塔等诸多耳熟能详的名胜。

② 选择马拉松比赛路线所具备的必要条件：比赛线路的公路必须有足够的宽度，一般路面宽度不低于 8 米；起点的选择应考虑运动员的出发，一般选择较为宽敞的广场或开阔的路面，为了比赛的安全，运动员出发后必须有比较长的直行路线；比赛的路线尽量选择环形路线，折返和交叉路线越少越好；终点的选择必须有足够的疏散通道，尤其是小（迷你）马拉松、半程马拉松等终点处；各供水站要有方便的取水处；当确定好比赛的起、终点后，在比赛的线路上必须有确保足够路线长度的环形增补路线以备丈量时使用。

（16）报名工作。根据规程要求规定的时间内进行报名工作，在报名时必须签署一份参加马拉松比赛的协议书。协议书内容主要包括参赛者必须对参加马拉松比赛的注意事项及所承担的义务等具有法律确定的条款，只有身体检查合格者才可参加马拉松比赛，在报名过程中主办方必须对报名、参赛者进行审核并办理有关人身保险等手续。

（17）对比赛进行编排，印制比赛的秩序册和有关竞赛须知手册发给每一位参赛者，竞赛须知内容包括：比赛的时间、比赛的路线、比赛的注意事项等。

（18）号码布的发放工作。明确号码布的要求，规定不同组别号码布的颜色区别，为每位参赛者提供至少三块号码布，两块用于运动员佩戴胸前和背后，一块用于运动员存放衣物的提包，以便运动员比赛结束后取回自己的衣物。

（二）比赛当天的安排

（1）组织全体裁判员、工作人员、服务员按时上岗；各类器材、用具按时发车运送及布置；各种比赛用车集结待命；沿途交通管制、治安纠察做到按规定时间准备就绪。

（2）外场径赛裁判长会同主裁判于比赛开始前 2 小时，乘车进行沿途检查，于赛前 30 分钟返回赛场向赛事总管报告准备就绪。

（3）检录处按规定时间，组织参赛运动员至起点，作好出发准备。

（4）比赛可以通过鸣枪、鸣炮、号角或相似设备开始起跑。发令应采用 400 米（不含 400 米）以上项目的起跑口令。当参赛运动员人数众多时，应在起跑前 5 分钟、3 分钟和 1 分钟给予倒计时提示。“各就位”口令发出后，运动员应按照组委会决定的方式在起跑线上集合，发令员应该确保任何运动员的脚（或身体的任何部分）没有触及起点线或线前地面后，方可发令开赛（对于中长距离的径赛项目，如果是体育场外的比赛，发令员和裁判长应避免过度使用规则判罚起跑犯规的情形。然而，对于明显的故意犯规的情形，裁判长应毫不犹豫地在赛中或赛后，给予相关人员适宜的判罚。在大型赛事中，如果起跑发令系统发生故障，并且计时系统确定或者可能没有启动，可操作的召回可能是最佳的选择）。

（5）准时鸣枪起跑，场内计时员见枪烟即开动计时表，沿线计时员按比赛时间通过报话机听到枪声立即开表。

（6）大会用车按时按顺序启动出发，均沿比赛路线右侧前进。前导报时车始终保持行驶在领先运动员的左前方 20～30 米处，以便向运动员显示时间。

（7）赛事总管、外场径赛裁判长、流动检查裁判组分乘专车随运动队伍出发，观察掌握沿途比赛情况，检查运动员有无犯规情况，经常与沿途各定点检查员取得联系。如发现有运动员犯规应由检查主裁判举旗示意进行判罚。判罚运动员取消比赛资格时，应立即停止其继续比赛，并取下佩戴的号码，乘坐收容车返回赛场。

（8）定点检查员到达工作岗位后，应熟悉附近环境情况，在比赛过程中有责任陪同运动员去厕所。当运动员通过本站点时，认真做好检查工作，在转弯处、交叉路口、转折点等处值勤的检查员，均应以旗示指明运动员跑进方向。

（9）各报时、计时站裁判员在运动员通过本站点时，应切实做到：

① 让运动员清楚地看到计时显示器所显示的时间。

② 迅速、清晰、准确地报出运动员的号码与成绩，同时进行录音。

③ 迅速、准确地记录下运动员的号码与成绩（在 5 km 和 10 km 处工作难度较大，更应重视）。

④ 及时向下一报时站及田径场通信中心报告通过本站时前 6～10 名运动员的号码和成绩，以便大屏幕向观众显示，也便于分段核对。

⑤ 在运动员全部通过本站后，应迅速核对每个运动员的分段成绩，签字后上报。

（10）饮用水站工作人员应在该站检查员的指导下做好服务工作。

① 选择运动员跑进方向右侧最佳位置，布置工作台与本站标志，使运动员在较远处即能清晰看到。各站均应严格管理好饮用水。

② 饮用水布置好后，工作人员应站立于工作台后，不得跟随运动员跑进（大会提供的饮料或饮用水应放在白色桌布上，运动员的自备饮料应放在红色桌布上，并标明记号以便识别）。

（11）关门点工作，由指定的检查员负责。

① 认真负责地向运动员显示“关门”时间与“关门”标志牌（也有在不同距离上设置两个关门点）。

② 对未通过关门点的运动员，立即进行登记并取下佩戴的号码。

③ 负责组织有关运动员登乘大会车辆（或收容车）返回赛场。

④ 本站工作结束后，应及时向外场径赛裁判长报告情况，以便备查。

（12）收容车工作人员在指定的检查员指导下，做好比赛沿途的善后工作，汇总后上报。

（13）大会医务人员应佩戴清晰易于识别的标志，除做好急救、救护工作外，在比赛中如认为某运动员应退出比赛，该运动员必须立即执行。

（14）当领先运动员返回赛场进入田径场入口处时，有关裁判员应立即用对讲机向赛场终点通报运动员人数及号码，以便终点裁判做好准备，记录名次与成绩。

（15）终点裁判员应准确无误地记录到达终点的运动员名次与号码，登记成绩，审核后交径赛裁判长签字上报。到达终点的运动员，均由裁判员分批带入赛后控制中心。

（三）赛中工作

1．检录工作

按照比赛的组别以及按规定的检录时间进行检录，检录的要求与场地比赛的检录基本相同，根据检录地点与比赛出发地点的距离及时将运动员带到起点，按照比赛前的出发顺序组织好运动员出发前的队形，一般比赛组站在队伍的前列。

2．发令工作

运动员集合完毕后，起点根据规定的出发时间提供比赛出发标志带（标志带的规格按组委会的要求制作），在出发前的 10～15 秒时（即发令员准备发令时）迅速收回标志带，发令开始。

3．计时工作

所有计时裁判在指定的车辆上集中，当发令员鸣枪后开始计时，然后由车辆送达各计时裁判的工作地点，按照各计时裁判组的任务完成计时工作。大型马拉松比赛中，运动员可以佩戴由大会提供的计时芯片，使运动员到达终点后自动计取比赛成绩（计时设备由承办单位自行准备和制订计时方法）。

4．检查工作

（1）检查员应有规律地间隔分布在赛道上和每个关键点。其他的检查员应在比赛中沿路线移动。在执行规则的相关条款时，即在第一次给予警告后，可能导致执行困难，但是一旦发生违反规则的情形，裁判长应该做出裁决。建议的做法是赛道上或补给站的检查员被指派为裁判长的辅助人员，他们可以与裁判长进行及时的交流和配合，确保有效地给予警告和取消资格。根据规则的规定，某些情况下可以不用警告，而直接给予取消比赛资格的判罚。

（2）检查工作分为固定检查裁判和流动检查裁判，固定检查裁判主要分布在行进路线的交叉口及其他卫生设施附近，负责运动员的路线引导及运动员的常规犯规情况，运动员退出比赛要及时处理；流动检查裁判工作只由负责主裁判及少量的裁判员担任，主要观察运动员较为集中的地方和运动员容易犯规的地点、时段的犯规行为，同时收取固定检查裁判对运动员犯规的报告单，当运动员发生犯规时及时用通信工具报告给主裁判。如果裁判长认可裁判员、检查员或其他人的报告，或通过其他方式，得知运动员离开了标定的赛道而缩短了比赛距离，将取消该运动员继续参赛的资格。

（3）在公路赛跑比赛中，在得到裁判员的许可并在一名裁判员的监督下，运动员可以离开赛道，但不得因此而缩短比赛距离。

5. 赛后工作

按照运动员的号码布顺序，分别将运动员的衣物放在指定的地点，及时发放和归还运动员的物品。运动员取回自己衣物的地点在竞赛须知中要加以说明，运动员只需要按要求取回即可。

6. 供水站和饮水站工作

所有的供水站和饮水站必须有明显的指示标志。供水站按照规则的要求进行供水，供水站备有海绵块等降温用品，在比赛中提供给运动员使用，有条件的承办方可以按规定铺设降温喷淋设备供运动员使用；饮水站有自备饮料站和大会饮料站，两种饮料站要相隔一段距离，在自备饮料站要标明使用单位标签。工作人员必须按照规则要求提供饮水和供水。

7. 比赛道路的用车

引导车一般在领先运动员前进行引导，其他车辆则相距一段路程引导运动员前行。收容车一般在运动员的最后，提供给不能完成全程比赛的运动员使用。救护车一般在整个行程的前、中、后的位置随运动员行进，当遇到需要救助时及时到达指定地点为运动员提供必要的救护。交通管制前引导车，一般布置在运动员引导车的前方，负责通知路面进行交通管制，以保证道路的通畅和安全。交通管制后引导车在大会收容车的最后，当确定所有运动员安全通过后，通知路面解除道路管制，恢复道路通行。

8. 比赛便道的用车

在比赛中，还有许多官员、裁判长因工作需要用车，这些车辆一般在比赛道路的便道上行驶。

9. 电视转播车

根据转播比赛的路线需要合理布局车辆的行驶位置，但必须保证比赛的正常进行和不影响裁判工作。

（四）赛后工作

（1）组织裁判员、工作人员、服务员返回。

（2）归还器材、用具、用品，清点入库。

（3）认真总结工作情况，整理有关资料上报。

（4）对比赛优胜者进行颁奖，对所有参赛运动员发放比赛证书。

五、所需器材物品（表 5-4-2）

表 5-4-2 马拉松裁判组所需器材物品表

序号	器材设备	数量
1	小千米牌	34 块（1～42 千米，每千米 1 块）
2	大千米牌	8 块（5、10、15、20、25、30、35、40 千米各 1 块）;
3	半程标志牌	1 块
4	转折点标志塔	1 个
5	关门点显示牌	1 块
6	饮料站、用水站标志牌	若干
7	前导报时显示器	1 台
8	计时器	3 台大型、8 台小型
9	录音机	8～9 只
10	对讲机	10 只
11	红旗、绿旗	若干
12	文具用品	若干
13	饮用水供应点桌椅	若干套
14	饮料和饮水杯	若干
15	水桶或竹篓等	若干
16	用水海绵块	若干
17	车辆	若干

■ 思考题

1. 简述田径全能项目的类型和比赛顺序。

2. 简述田径全能项目与单项比赛的区别。

3. 简述竞走项目比赛时裁判员的工作任务、工作分工、工作位置、工作方法。

4. 公路赛跑的场地要求有哪些?

5. 简述公路赛跑、越野赛跑、山地赛跑、野外赛跑工作任务、工作分工、工作位置、工作方法。

第六章

竞赛秘书组工作

本章导读

通过本章学习，初步了解竞赛秘书组的竞赛编排工作、职责与分工、工作程序与方法及比赛结束的整理工作；重点掌握竞赛秘书组的赛前、赛中及赛后工作的程序与方法。

■ 第一节　竞赛秘书组工作

一、工作性质

竞赛秘书组工作是田径竞赛工作的重要环节，是一项复杂而细致的工作，其特点是涉及面广、时效性强、准确性高、工作量大。竞赛秘书组工作能否高效顺利进行将直接影响到赛事进程和运动员技术水平的发挥，因此，竞赛秘书组的工作人员应熟悉业务，认真负责。

二、工作内容

竞赛秘书在技术代表或赛事总管领导下进行工作。一般可分为赛前、赛中、赛后三个阶段。

（一）赛前工作

赛前工作的主要任务是编排竞赛日程、编印总秩序册和准备好各种比赛用表。拟定竞赛须知交赛事总管审批，并参加技术会议通过后下发。大型比赛应在赛前完成与检录处、终点摄影、赛后控制中心及现场展示的网络联接，保证比赛的数据传输安全与畅通。

（二）赛中工作

赛中工作的任务是确认运动员比赛资格；编排后继赛次的录取、分组、分道和顺序；及时记录统计、公告比赛成绩和破纪录情况；统计总分和奖牌数；汇编成绩公报。

（三）赛后工作

赛后工作的任务是整理、统计有关资料，编印大会总成绩册。

三、工作方法

（1）竞赛秘书组应收集各项目比赛的全部成绩以及由裁判长、计时主裁判、终点摄像主裁判或传感器计时主裁判和风速测量员等提供的详细资料。他应立即将这些详细资料发送宣告员，还应记录这些比赛成绩，并将成绩记录单上报竞赛主任。

（2）当使用计算机成绩管理系统时，田赛各项目比赛场地的计算机记录员应确保将该项目的全部成绩录入计算机系统。录入径赛成绩应在终点摄像主裁判的指挥下进行。宣告员和竞赛主任可通过计算机系统查询比赛成绩。

（3）有关裁判长、主计时员或终点摄像主裁判和风速测量员应向竞赛秘书组提供有关成绩的详细资料。

四、人员配备

（一）大型田径比赛

一般大型田径比赛要安排竞赛秘书 2 人；编排协调员 2 人；日程编排员 2 人；秩序册汇编员 2 人；成绩公告员 4 人；电脑系统负责人 2 人；电脑操作员 3～5 人；服务员 5 人。

（二）中小型田径比赛

中小型田径比赛一般安排竞赛秘书 1 人；秩序册汇编员 2 人（兼任编排协调员和日程编排员）；电脑操作员 2～4 人；服务员 1 人。

第二节 竞赛秘书组的赛前工作

竞赛秘书组赛前最重要的工作是编排竞赛秩序册。秩序册的编排必须符合田径规则、精神和运动会竞赛规程的要求。在编排秩序册之前要认真学习竞赛规则、规程及补充通知等有关文件。

一、编排前的准备工作

（一）了解和掌握编排工作需要的相关情况

（1）了解并掌握运动会举行的时间、天数，每天的作息时间，开幕式和闭幕式（包括表演）的时间及估算出实际用于比赛的时间。

（2）了解运动会的性质和规模，参加单位、组别、项目，每单位、每项限报人数、每人限报项数，运动员的报名标准和报名成绩。

（3）研究并掌握运动会的比赛办法、录取名次、计分方法（包括加分）和奖励办法以及为制作各种记录公告表格作准备。

（4）掌握大会裁判员人数、水平、分组的情况。

（5）了解比赛场地和器材状况，如直、弯道的分道数、田赛场地的布局、栏架数量、计时设备及各种比赛器材与设备的规格、数量等。

（6）了解比赛期间的天气和气候情况。

（二）准备有关的用品和设备

（1）准备好有关的文具用品及各种表格、卡片等。

（2）准备好适用的电脑、打印机、复印机等。

（三）审查报名表

根据竞赛规程的规定，对各参赛单位的报名信息进行审核，如发现问题及时向技术代表或组委会报告。审核要点如下：

（1）运动员和工作人员的姓名、性别、编号是否填写清楚。

（2）有无超项、超额、超龄。

（3）有无漏报、重报、混报。

（4）是否填报近期最好成绩。

（5）附件及手续是否齐全，如公章、体检章、年龄证明、成绩单等。

（6）各队是否都已按时填报，有无缺报。

（四）编排顺序和号码

（1）编排参赛单位的顺序时，可按以下几种方法排列：① 按竞赛规程中指定的顺序。② 按国家（或省、市）规定的行政区顺序。③ 按接收到报名表的先后顺序（表 6-2-1）。④ 按参赛代表队名称的英文缩写（或拼音）。一般来说，东道主应排在参赛单位的最后。

表 6-2-1 运动会报名表

单位名称______ 组别______ 领队________教练_______

序号	会编号码	姓名	出生年月	身高	体重	径赛项目							田赛项目						全能项目		备注
						100 m	200 m					…	跳高					…	十项	…	

报名单位盖章 医务部门盖章 年 月 日

注：1. 会编号码由大会统一填写。

2. 在参加项目格内划“√ ”，并注明运动员个人最好成绩。

（2）运动员号码的编排方法有两种：一是按参赛运动员的总顺序依次排定，大会统一准备号码布；二是按大会事先指定的号码，在规程上注明，由各单位自编、自备号码布或号码背心，或者也可以由大会统一准备号码布。

（3）单位内的编号顺序应统一，一般是先男子、后女子；在男、女组别内，先成年后少年，或是先甲、后乙，依次编号，以便秩序册版面整齐、美观。

（4）为预防漏编运动员，编排号码要注意在单位之间、男女之间留出几个空号。

（5）编排代表队名单：编排代表队名单时应按照一定的格式和顺序，先单位名称，后领队、教练、医生，先工作人员后运动员。

大型田径赛事总秩序册中的代表队名单，可按以下格式：

队名：全称×××（简称）

领队：×××

教练：×××

医生：×××

工作人员：×××

男运动员：（061～100）

号码姓名　出生年月日　身高　体重　项目1　项目2　项目3　项目4

女运动员：（101～140）

号码姓名　出生年月日　身高　体重　项目1　项目2　项目3　项目4

一般基层田径比赛可采用以下格式：

队名：×××

领队：×××

教练：×××

工作人员：×××

运动员：（101～112）

男子组：101×××　102×××　103×××
　　　　104×××　105×××　106×××

女子组：107××× 108××× 109×××

110××× 111××× 112×××

每结束一个单位，就要进行核对，做到报名单、人数统计表与该代表队名单三者一致，且书写清楚，格式统一，以利排版。

（6）编排各项参赛名单及参赛确认表（此项大型田径比赛采用，基层田径可以不用）。

为了便于各队确认和比赛分组，应编制出各项参赛运动员名单。此名单应以报名成绩或参考上一年比赛成绩进行排序，格式如下：

项目：100 米

运动员号码	姓名	单位	报名成绩
328	张辉	清华大学	11.26

……

（五）各项统计工作

有关数据的统计，既是编排工作的需要，又是大会各项工作的重要依据。应将有关统计结果分送大会秘书处、竞赛、行政、宣传、保安、接待、后勤等各部门。

1. 各单位参加人数统计表（表 6-2-2）

表 6-2-2 各单位参加人数统计表

<table>
<tr><th rowspan="3">单位编号</th><th rowspan="3">单位</th><th rowspan="3">运动员起止号码</th><th colspan="7">运动员</th><th colspan="9">工作人员</th><th rowspan="3">总计</th><th rowspan="3">备注</th></tr>
<tr><th colspan="2">少甲</th><th colspan="2">少乙</th><th colspan="2">小计</th><th>合</th><th colspan="2">领队</th><th colspan="2">教练</th><th colspan="2">医生</th><th colspan="2">小计</th><th>合</th></tr>
<tr><th>男</th><th>女</th><th>男</th><th>女</th><th>男</th><th>女</th><th>计</th><th>男</th><th>女</th><th>男</th><th>女</th><th>男</th><th>女</th><th>男</th><th>女</th><th>计</th></tr>
<tr><td></td><td></td><td></td><td></td><td></td><td></td><td></td><td></td><td></td><td></td><td></td><td></td><td></td><td></td><td></td><td></td><td></td><td></td><td></td><td></td><td></td></tr>
<tr><td></td><td></td><td></td><td></td><td></td><td></td><td></td><td></td><td></td><td></td><td></td><td></td><td></td><td></td><td></td><td></td><td></td><td></td><td></td><td></td><td></td></tr>
<tr><td></td><td></td><td></td><td></td><td></td><td></td><td></td><td></td><td></td><td></td><td></td><td></td><td></td><td></td><td></td><td></td><td></td><td></td><td></td><td></td><td></td></tr>
<tr><td></td><td></td><td></td><td></td><td></td><td></td><td></td><td></td><td></td><td></td><td></td><td></td><td></td><td></td><td></td><td></td><td></td><td></td><td></td><td></td><td></td></tr>
<tr><td></td><td></td><td></td><td></td><td></td><td></td><td></td><td></td><td></td><td></td><td></td><td></td><td></td><td></td><td></td><td></td><td></td><td></td><td></td><td></td><td></td></tr>
<tr><td></td><td></td><td></td><td></td><td></td><td></td><td></td><td></td><td></td><td></td><td></td><td></td><td></td><td></td><td></td><td></td><td></td><td></td><td></td><td></td><td></td></tr>
</table>

注：可根据单位数确定格数，最后留一格作合计用。

2．各项目参赛人数统计

分别统计各组别、各个项目的人数，为编排竞赛分组和计算各项比赛时间提供依据（表 6-2-3）。

表 6-2-3　各组别、各项目参赛人数统计表

项目 / 参加人数 / 单位	径赛							田赛					全能	
							… …					… …		
计划分组														

3．兼项统计

了解和掌握各组别运动员的兼项情况，有助于在编排竞赛日程时尽量减少或避免运动员的兼项同时比赛，有利于运动员充分发挥运动技术水平。一般采用表格式对各组别的兼项情况分别进行统计（表 6-2-4）。

表 6-2-4　各组别兼项统计表

项目 / 兼项人数 / 项目	100 m	200 m	400 m	…	跳高	跳 远	…	…
100 m	×							
200 m		×						
400 m			×					
…				×				
跳高					×			
跳远						×		
…							×	
…								×

二、编排各项竞赛的赛次、竞赛分组

竞赛的赛次与分组情况是领队、教练、运动员以及观众最为关注的，也是大会裁判员、工作人员在竞赛工作中经常查阅的材料。竞赛的赛次与分组的编排应参照规则有关条款中的规定，重大比赛应在技术代表或其指定的委托人监督下进行。赛次与分组的方法根据项目、比赛特点的不同而有所区别。

（一）赛次

（1）参赛运动员人数过多，不能在一个赛次（决赛）进行比赛的径赛项目，应举行及格赛（决赛前的各赛次）。举行决赛前各赛次比赛时，所有运动员都必须参赛，并通过各赛次的比赛，以取得参加决赛的资格。

（2）除非相关管理机构同意，就一个或多个比赛项目，授权在本场或前面的一场或多场比赛中组织附加争位赛，来决定谁有资格参加本次比赛及参赛的赛次。要求运动员以这个程序或任何其他的方法参赛（如在特定时间内达到报名标准、指定比赛的名次要求或特定的排位等）以及参加比赛的赛次，都应该写在比赛的规程里面。

（3）应由技术代表安排各轮比赛。如没有任命技术代表，则应由组委会安排。

（4）每场比赛的竞赛规程，在没有特殊情况下，应包括用以决定比赛的赛次、每赛次的组次，以及及格程序的各种表格，例如，根据名次进入下一赛次的标注（P），根据时间进入下一轮的标注（T）。这种表格也用于任何排位赛。

（二）分组

1．径赛项目分组方法和道次抽签

（1）工作步骤

① 统计各项参赛人数，把参赛运动员排序，然后拟定具体的分组计

划方案。

② 进行道次安排。

③ 填写竞赛分组表。

（2）分组原则

① 在可能的情况下，在及格赛各赛次中，要将同一会员协会或代表队的运动员，以及成绩最好的运动员编在不同组次。第一赛次之后，通常根据规则 166.4（b），运动员“道次组”相同时，才能在各组之间调换运动员。

② 当安排预赛分组时，建议尽可能考虑所有运动员的成绩信息，通过分组抽签，使成绩最好的运动员能进入决赛。安排预赛的时候要充分考虑运动员参加比赛、后继赛次和决赛的情况。包括尽可能避免成绩最好的运动员（通常要考虑达标成绩和近年来的最好成绩）分到同一组。在某些特殊情况下，因受比赛时间的限制，由规程规定或由技术代表决定某些项目只有一个赛次而直接进行分组决赛时，如有报名成绩则应尽量把成绩较优的运动员分在同一组内。

③ 对于大型比赛而言，分组的基础应为运动员在规定的时间内取得的有效成绩（包括风速信息）。该特定时间通常在比赛规程或者报名标准中指明。如果没有类似的说明，那么技术代表或者组委会应决定分组的基础原则。

④ 关于“最好成绩运动员”的条款需要一些不同于条文的适当解释。例如，一名运动员通常应该按照高名次分组，但是有可能他没有在规定时间内取得任何有效成绩或成绩很差（因为伤病、失去比赛资格或者参加室内比赛而只有室外成绩）。这样的运动员通常会被排在较低或者分组名单的后面，技术代表应考虑做出适当的调整。这种调整原则也应该在其他相似情况下使用，例如，按照前一轮次的成绩他们应该被分到同组，但是他们同被认为是比赛夺冠的热门运动员，这种情况下应该做出调整，避免他们在预赛轮次相遇。

⑤ 比赛分组的调整应该在初步分组后、抽签分道次前做出。在使用上述原则时，对运动员的调整应该按照下列方法：

a. 在比赛第一轮，按照规定时间内取得的成绩对排名相近的运动员进行调整；在第一轮比赛，为了减少组次，400 米（含 400 米）以上项目通常可以使用额外的跑道（例如使用直道或弯道的第九道）；在 800 米项目中，一条跑道上可以站多名运动员。

b．在后继轮次，根据规则 166.4（b），对排定在相同“道次组”的运动员进行调整。

⑥ 在比赛轮次较少的比赛中，仔细考虑和精心安排的比赛分组对保证比赛公平和精彩显得尤为重要。技术代表或者组委会可以考虑使用不同的调整原则，以取得相同的结果。

（3）分组方法

① 在大型赛事的编排中，第一赛次，应根据运动员在事先规定的时间段内取得的有效比赛成绩进行排序，然后按照蛇形分布的排列方法进行运动员分组（表 6-2-5）。

表 6-2-5 蛇形分组法

A	1	8	9	16	17	24	25	32
B	2	7	10	15	18	23	26	31
C	3	6	11	14	19	22	27	30
D	4	5	12	13	20	21	28	29
A	1	8	9	16	17	24	25	32
B	2	7	10	15	18	23	26	31
C	3	6	11	14	19	22	27	30
D	4	5	12	13	20	21	28	29

按报名成绩由高到低将运动员卡片依次进行蛇形排列，然后分组。在表 6-2-5 中的 1～32 号运动员是依据其报名成绩由高到低排列的顺序。

分组后，应核查是否将同一单位的运动员分在同一组。如有此情况，应请技术代表调整。以调就近成绩差的运动员为原则。以上述 4 个组为例：假设 A 组 8 号、25 号为同一单位运动员时，可将 25 号运动员（成绩较差者）和 B 组 26 号运动员对调。若 26 号运动员调到 A 组后，发现又和 26 号同一单位运动员在一组时，这时可将 25 号运动员和 C 组 27 号或 D 组 28 号运动员对调。

② 基层比赛中，运动员无报名成绩，第一赛次一般采用斜线分组法进行分组（表 6-2-6）。

表 6-2-6　斜线分组法（一）

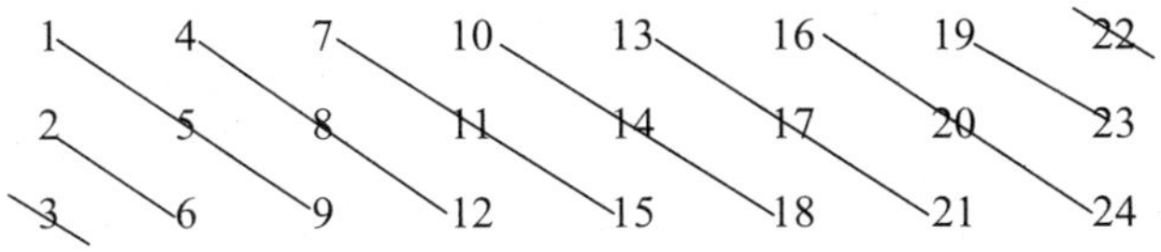

将每单位该项运动员的卡片或号码按单位从上而下进行蛇形排列，然后按斜线通过的顺序进行分组。例如，24 名运动员，可以分为 3 组。先按照蛇形排列，然后划上斜线，只有一名运动员可以不划斜线，如 3 号和 22 号运动员。

接着从第一条斜线上的运动员 3 号开始，每隔 3 条斜线的运动员都归入第一组，即第一组的运动员为：3　4　8　12　13　17　21　22，第二组的运动员为：2　6　7　11　15　16　20　24，第三组的运动员为：1　5　9　10　14　18　19　23（表 6-2-7）。

表 6-2-7　斜线分组法（二）

A 组	3	4	8	12	13	17	21	22
B 组	2	6	7	11	15	16	20	24
C 组	1	5	9	10	14	18	19	23

③ 分道跑项目分组完成后，由技术代表先抽签决定各个组的组次。

④ 道次抽签。

a. 由技术代表对所有项目的第一赛次以及只进行一个赛次（决赛）的项目的道次或起跑位置抽签。如未设技术代表，可由组委会（通常由赛事总管负责）安排组次与道次或起跑位置的抽签。

b. 在规则 1.1（d）至（j）的比赛中，800 米比赛起跑时每条分道可站 1 人或 2 人，或者采用弧形起跑线不分道起跑。在规则 1.1（a）、（b）、（c）和（d）的比赛中，这种方法通常只适用于预赛，除非出现成绩相等或根据裁判长或仲裁委员会决定晋级，进入下一轮次的运动员人数比事先预料的多。

c. 在 800 米任一赛次的比赛中，包括决赛，由于任何原因，当运动员参赛人数超过可用跑道数时，技术代表将决定哪一条分道对多出的运动员进行抽签排定道次。建议技术代表将额外的运动员安排在影响最小的道次上，通常为外侧跑道，这样运动员不会在弯道上过于拥挤。

d. 当跑道数多于参赛运动员人数时，应不使用内侧 1 条或多条跑道。当场地多于 8 条跑道时，技术代表（如没有技术代表，由组委会安排）将事先决定哪条跑道将被用于该目的。例如，9 条椭圆形跑道上，在运动员少于 9 人时，将不使用 1 道。因此，当执行规则 166.4 时，通常将 2 道视为 1 道使用，以此类推。

e. 当决定举行系列的比赛时，而非单一的及格赛和决赛，比赛规程必须明确所有相关事项，包括排序、抽签及最终成绩的产生方法。

f. 运动员不得在非本人名下的组次或道次内比赛，除获技术代表或裁判长认为这种更换是合理的。

2. 田赛项目分组方法

（1）田赛项目一般不分组，比赛顺序由技术代表抽签决定。

（2）如果参加人数较多，可在正式比赛前举行及格赛。

（3）如参加比赛人数很多，可分组进行比赛。分组的方法可采用“按单位抽签法”“机会均等法”“随机抽签法”等。如设备允许且条件相等，可安排同时比赛，否则应在第一组比赛后立即开始第二组比赛。

（4）试跳或试掷顺序决定后，分别填写田赛高度成绩记录表和田赛远度成绩记录表。

3. 全能项目分组

全能项目的分组、分道和顺序，与径赛和田赛各单项相同。但是，在比赛还剩最后一项需分组比赛时，应把前几项积分多的运动员编入一组，并把该组安排在最后进行比赛。

（三）填写竞赛分项分组表

在编排分组、排定比赛顺序后，填写各项竞赛的分项分组表，待竞赛日程排定后可用作编辑秩序册的资料。其格式如下：

1．径赛项目

男甲 100 米栏 预赛 13 人 二组 每组取前 3 名后按成绩取 2 名参加决赛

第　一　组

② ××× △△△ ○○ ③ ××× △△△ ○○

④ ××× △△△ ○○ ⑤ ××× △△△ ○○

⑥ ××× △△△ ○○ ⑦ ××× △△△ ○○

⑧ ××× △△△ ○○

第　二　组

② ××× △△△ ○○ ③ ××× △△△ ○○

④ ××× △△△ ○○ ⑤ ××× △△△ ○○

⑥ ××× △△△ ○○ ⑦ ××× △△△ ○○

2．田赛项目

女乙　标枪　12 人　取前八名

① ××× △△△ ○○ ② ××× △△△ ○○

③ ××× △△△ ○○ ④ ××× △△△ ○○

……

（注：×××——运动员号码，△△△——运动员姓名，○○——运动员单位）

每填完一项，核对一项，至少一式两份；最好使用事先印好的分组表。一份供编辑秩序册用，另一份留底备查。

三、编排竞赛日程

田径运动会的竞赛日程是教练员组织运动员参加比赛，裁判员执行裁判工作和大会有关人员进行工作的依据，也是秩序册的重要组成部分。

重大比赛竞赛日程是由技术代表向相应的组织提交建议，经确定后提前下发各参加单位，以便运动员依据竞赛日程安排训练计划，考虑报名和避免兼项冲突等。

（一）编排原则

（1）按照规则规定，首先编排全能项目，并注意各轮之间的休息时间，应保证至少按最低标准留出休息时间。

（2）赛次间最短间隔时间的规定。如有可能，在任一赛次的最后一组和后续轮次或决赛的第一组之间，必须留出的最短间隔时间为：200 米及以下各项目为 45 分钟。200 米以上至 1 000 米各项目为 90 分钟。1 000 米以上各项目比赛不在同一天举行。

（3）按兼项的一般规律，尽量把相近项目分开编排，以减少兼项冲突。性质相近的项目要注意先后顺序，一般先 100 米后 200 米、先 5 000 米后 10 000 米、先跳远后三级跳远等。

（4）在时间允许的情况下，尽量照顾到兼项之间的时间间隔，及格赛后隔 1 天再进行决赛。基层比赛中，往往兼项无一定规律，则应根据“兼项统计表”照顾到大多数运动员的兼项情况。

（5）大型赛事比赛时，不同组别的同一田赛项目，一般不连续安排在同一单元内进行。基层（尤其是中小学）运动会时间短，如组别多、场地安排困难也可并组比赛，分别按各个组别计算成绩，但男女组必须分开，不得合并。并且比赛时要注意器材规格、高度项目的横杆升高计划和三级跳远板距的问题。

（6）不同组别的同一径赛项目，最好衔接进行，如男子 100 米衔接女子 100 米等。短距离径赛项目赛次如果少，最好安排在一天结束。

（7）为了节省摆放栏架的时间，跨栏项目一般都安排在每一单元的开始或长距离项目之后。如果有多组别跨栏项目比赛时，可考虑将栏间距相同或栏高相同的项目衔接安排。

（8）决赛和预计破纪录的项目，分配到各个比赛单元时尽量排在下午，并留出发奖时间。

（9）同一时间内不要排两个田赛长投项目。

（10）在举行竞走、长距离跑时，最好不要同时安排标枪等长投项目。

（11）撑竿跳高要考虑阳光的照射方向和比赛时间较长的特点，最好安排在上午进行。

（12）在可能的情况下，把比较精彩的决赛项目排在开、闭幕式或观众较多的单元里。田赛项目要注意合理布局，防止在场地一端项目过分集中，另一端空场，冷落该处观众。

（13）最后一个单元临近结束之前，计划时可考虑安排一项长距离项目或适当减少项目，以便进行闭幕式，便于统计比赛结果，确保闭幕式上按时宣布团体比赛成绩。

（14）每一单元的比赛，尽量安排使径赛和田赛同时结束。

（二）时间估算

（1）大会总竞赛时间估算。大会总时间减去开、闭幕式时间以及表演所用的时间、中间休息的时间等，剩余时间即为可用于实际比赛的时间。

（2）重大比赛，要考虑发奖仪式和运动员展示占用的时间。

（3）基层田径比赛时，参赛人数多，分组多，一般预赛不进行展示。短距离项目比赛所需时间可能稍短。要考虑运动员的实际水平，尤其是长距离项目的比赛所需时间可能会稍有延长。

（4）各项比赛时间的估算（表 6-2-8）。

表 6-2-8　各项比赛时间估算表

	项　　目	径赛每组时间 田赛全赛时间	备注（全国比赛）
径赛	100 m、200 m、400 m	4：00～5：00	
	800 m	6：00～8：00	
	1 500 m	8：00～10：00	
	3 000 m、3 000 m 障碍	15：00～20：00	12：00～15：00
	5 000 m	20：00～25：00	
	10 000 m	40：00～50：00	40：00～45：00
	100 m 栏、110 m 栏、400 m 栏	5：00	不包括摆、撤栏时间
	4×100 m 接力	8：00～10：00	10：00
	4×400 m 接力	10：00～15：00	10：00
	3 000 m 竞走	25：00～30：00	20：00～25：00

续表

	项　目	径赛每组时间 田赛全赛时间	备注（全国比赛）
径赛	5 000 m 竞走	40：00～45：00	30：00～35：00
	10 000 m 竞走	70：00～75：00	55：00～60：00
	10 千米竞走	70：00～75：00	55：00～60：00
	20 千米竞走	2：00：00～2：10：00	1：50：00～2：00：00
	50 千米竞走	5：10：00～5：20：20	5：00：00～5：10：00
	马拉松	3：20：00～3：30：00	3：10：00～3：20：00
田赛	跳远、三级跳远	3：00～3：50×（总人数+8）	
	铅球	3：00～3：50×（总人数+8）	
	跳高	6：00～10：00×（总人数）	
	撑竿跳高	13：00～15：00×（总人数）	
	铁饼	4：00～4：50×（总人数+8）	
	标枪	4：50～5：00×（总人数+8）	
	链球	6：00×（总人数+8）	

注：1. 基层运动会各项比赛时间估算应根据实际情况适当增减。

2. 不同项目换项或同项目换组时需增加 5：00。

（三）编排方法

比赛日程有多种编排方法，目前通常采用列表法和卡条法。

1．列表法

在全国及省级重大比赛的总秩序册和每日秩序册的编排中，一般采用先列表填写每单元赛次，然后再编排每单元各项目比赛顺序。这样有利于编排人员一目了然，纵观全局。尤其是赛次的调整比较方便，对有关项目之间的兼项冲突问题，比较容易发现和避免。采用此种方法，对最后报名和最后确认的比赛日程调整较方便。竞赛日程编排以 5 月 4 日—5 月 8 日为例（表 6-2-9、表 6-2-10）。

表 6-2-9 竞赛日程（男子）

比赛日期	5 月 4 日		5 月 5 日		5 月 6 日		5 月 7 日		5 月 8 日	
比赛单元	上午	下午	上午	下午	上午	下午	上午	下午		
100 m	预	次		复决	1/10					
200 m					预	次	复	决		
400 m	预	次	复		5/10 决					
800 m					预	复		决		
1 500 m		预		决				10/10		
5 000 m							预			决
10 000 m				决						
110 m 栏				预		决	6/10			
400 m 栏					预			决		
3 000 m 障碍		预				决				
4×100 m 接力								预		决
4×400 m 接力								预		决
4×800 m 接力										决
跳高						4/10				
撑竿跳高	及					决	8/10			
跳远					2/10			决		
三级跳远	及			决						
铅球				决	3/10					
铁饼					及		7/10	决		
链球	决									
标枪								9/10		决
十项全能					*	*	*	*		
每日决赛项目		1		5	1	3		6		6
每日比赛项目	4	5	1	7	9	6	5	9		6

表 6-2-10 竞赛日程（女子）

比赛日期	5 月 4 日		5 月 5 日		5 月 6 日		5 月 7 日		5 月 8 日	
比赛单元	上午	下午	上午	下午	上午	下午	上午	下午	上午	下午
100 m					预	次	复	决		
200 m	预	次 4/7	复	决						
400 m					预	次	复	决		
800 m	预	复		决 7/7						
1 500 m						预		决		
5 000 m	预			决						
10 000 m							预			决
100 m 栏	1/7 预	决								
400 m 栏		预		决						
4×100 m 接力								预		决
4×400 m 接力								预		决
4×800 m 接力										决
跳高	2/7		及					决		
撑竿跳高				决						
跳远			5/7				及			决
三级跳远		及				决				
铅球		3/7				及				决
铁饼			及			决				
标枪		及	6/7	决						
七项全能	*	*	*	*						
每日决赛项目		1		7		2		4		6
每日比赛项目	6	8	5	7	2	6	4	6		6

（1）填表

按竞赛规程规定的比赛天数、单元、时间、组别、项目等，填写竞赛日程编排表。然后根据竞赛规程中的参赛单位、报名要求等预计各项赛次，按先填全能项目后排单项（单项中先排径赛，后排田赛）的原则编排各单项。全部项目排好后，在最下面的统计栏中，填上每天的决赛项数和总项数。填写好竞赛日程表后，应根据编排原则和实际情况，详细检查是否有漏编的项目或赛次，与常规兼项的项目有无冲突。

（2）排序

经检查无误后，再开始编排每单元各项目的比赛顺序。开始编排每单元内的竞赛日程时，应根据预计的比赛人数、组数，参考竞赛各项（组）比赛估算时间表计算出各项目所需的时间，然后按照先排全能（注意各项之间的休息时间），再排单项（注意每一项各赛次之间的休息时间）的原则，排出每单元的竞赛日程。在有决赛项目的单元内，应给发奖仪式留出时间，一般来说发奖仪式应在该项决赛结束后 30 分钟内进行。

2. 卡条法

基层比赛中基本上都只用总秩序册，一般采用此法编排。

（1）准备资料

① 填写小卡条（各组颜色不同）。径赛各赛次都需写一张小卡条，田赛每个单项写一张卡条，有及格赛的项目还要多写一张卡条，全能项目每个单项写一张卡条。

例：

少男甲	100 米	预赛	39 人	五组	25：00
少女甲	标枪		34 人		160：00

② 兼项统计表。

③ 场地平面图。

（2）整体考虑相关资料

① 径赛时间共需要多少分钟，平均每单元需要多少分钟。

② 在大会召开的天数内，各组全能比赛如何安排较合适。

③ 田赛比赛中高度项目、远度项目和投掷项目的数量，平均每单元

需排几项。

④ 各组别跨栏项目的赛次数量，平均每单元跨栏项目的赛次数量。

⑤ 有可能破纪录的项目数量。

（3）编排顺序

总的编排顺序：全能——破纪录项目——径赛——田赛。

① 全能。先安排全能项目，注意要按规则规定的项目先后顺序进行安排。

② 径赛。

a. 如只有男、女两个组别，因男子组项目多，宜先排男子组再排女子组。

b. 如有成年组、少年组，可采用两种方式。一种是成年男子、少年男子一起排，成年女子、少年女子一起排。卡条顺序是：成年男子——少年男子——成年女子——少年女子；另一种方法是成年男子、成年女子一起排，少年男子、少年女子一起排，顺序是：成年男子——成年女子——少年男子——少年女子。放卡条时，每放一张卡条都要参考运动员兼项统计表。

c. 卡条法项目安排顺序：

（全能 径赛单项）—（破纪录 径赛项目）—（1500 m 3000 m 5000 m 10000 m）—（100 m 200 m 4×100 m）—（400 m 800 m 4×400 m）—跨栏

③ 田赛。

a. 同径赛（a）、（b）的安排方法相同。

b. 卡条法安排顺序：

全能项目田赛单项——破纪录田赛项目——跳远、铅球、标枪、跳高——三级跳远、铁饼、链球、撑竿跳高

c. 卡条法安排时，除要参看兼项表（或图）外，还要看场地图，注意场地布局。

④ 初步安排好比赛顺序后，要全面检查，合理调整。

a. 有无漏项、漏赛次。

b. 赛区布局，尤其是田赛项目有无比赛场地一端挤一端空的情况。

c. 长投项目与其他项目有无冲突，有无危险。

d．各项时间（包括摆栏、撤栏时间）的估计是否合适。

e．计算各单元比赛时间中是否有过长或过短的不合理现象。

f. 兼项间隔、休息时间是否符合规定，是否有个别运动员需要调整分组表中组别顺序。

g．对每单元比赛项目进行排序。

以上两种方法也可用 Excel 表格完成。竞赛日程编排完成后，应交技术代表、组委会和业务部门领导审核。

四、编印秩序册

秩序册的式样、规格、内容可以根据运动会的规模自行选定。一般省、市级及以下田径运动会仍采用一本总秩序册的办法。大型赛事总秩序册应包括下列内容。

（1）目录。

（2）在扉页或目录之后应写明：运动会名称；主办单位（如全国性比赛为国家体育总局，地区性比赛为国家体育总局下属各省、区、市体育主管部门）；批准单位；承办单位；赞助单位或祝贺单位（如无，可略去此项）。

（3）重大比赛可安排贺词、照片。

（4）竞赛规程、竞赛须知、补充通知。

（5）组织委员会及各下属委员会（处或组）人员名单。

（6）技术代表、技术官员、仲裁委员会、裁判员名单。

（7）代表队名单（按单位排序）。

（8）大会活动日程安排。

（9）竞赛日程。

（10）各项运动员名单（按项目、运动员报名成绩排序）。

例：男子 100 米

号码	283	461	911	788	321
姓名	王军	吴文波	张峰	李平	丁为民
单位	河北	山东	江苏	北京	吉林
报名成绩	10.45	10.48	10.88	10.90	11.01

（11）运动会各类人数统计。

（12）田径纪录和等级标准。

（13）田径场地平面图。

（14）广告。根据主办单位、组委会和上级田径协会要求等，在总秩序册上可印制合法合规的广告。

（15）以上内容视田径比赛层次和规模大小等情况而定。如果是基层田径比赛，秩序册的内容可根据具体情况精简，只需保留主要的内容即可。

五、完成编排秩序册后的工作

（1）秩序册定稿后，送交主办单位、组委会和相关业务部门领导审核。

（2）送交有关部门排版打印，并做好校对工作。

（3）按径赛卡片或竞赛分组表印制径赛检录、记录表，并与卡片一起按分组用橡皮筋圈好，依照竞赛日程顺序排列，以单元分放好；田赛和全能的各种比赛用表也按单元分放，然后用材料袋装好，标上单元时间，保管好，待比赛时用。

（4）准备好各种竞赛用表，绘制成绩公告的大表，并布置好成绩公告栏，并明确成绩公告内容、格式、符号等。

（5）预先确定好与检录、终点、计时、宣告、发奖、印刷等工作有关部门的联系渠道和工作方法。

（6）竞赛秘书组的工作地点一般安排在田径场主席台附近位置。安排好微机房或打印复印地点。

■ 第三节 竞赛秘书组的赛中工作

比赛期间的竞赛秘书组工作，具有及时、准确的特点，因而工作更加紧张，要求更加细致，需要明确分工、互相配合、责任到人到位。

一、职责与分工

竞赛秘书主要负责组织、领导全组人员，安排工作，解决疑难问题，与有关裁判长联系，根据工作进程协调、指导工作。其他裁判员可按一定的方式进行分工，具体做好临场编排、总记录、成绩公告、公报等工作。

临场编排、记录、公告工作因比赛层次不同，组别不等，加之聘请裁判人数多少及业务水平不一样，难以固定一种方式。在长期的实践中，形成了以下三种常见方式。

（一）按工作性质分工

临场编排组、总记录组、成绩公告组、成绩公报组。

（二）按运动员的组别分工

男子组（少年甲、乙或成年）、女子组（少年甲、乙或成年），分别负责田赛、径赛、全能项目的编排、记录、公告等工作。

（三）按项目类别分工

田赛组、径赛组、全能组，负责各自的编排、记录、公告等工作。

工作的分工可视运动会的规模和工作习惯，结合实际情况而定。各组应明确责任、互相协助、紧密配合，才能使工作顺利、圆满地完成。

二、工作程序与方法

（一）工作步骤

（1）收到成绩记录表（卡片）后，逐项审核成绩是否正确、名次（或分组名次）与成绩是否相符，核查等级运动员标准，审核破纪录手续是否齐全及有无超风速、犯规等情况。

（2）如是决赛项目，立即打印成绩报告单一式五份，送总记录组、奖品组、公报组、公告组、宣告组等。如有后继赛次，需做好后继赛次的录取、分组、分道（顺序）等工作。

（3）如有后续赛次的径赛项目或田赛的及格赛，需做好后续赛次的录取、分组，分道（顺序）和田赛决赛运动员的录取工作。

（二）录取方法

（1）在及格赛各赛次中，如有可操作性，每组将至少允许第一、二名运动员参加下一赛次的比赛，如有可能，建议每组至少应有 3 人晋级。

（2）除出现规则 167 的情况外，任何其他运动员是否晋级下一赛次，可按照规则规定，以名次或时间或按照竞赛规程，或根据技术代表意见来决定。当按成绩录取时，只能采用一种计时系统。

（3）当比赛规程中给出了事先制定好的晋级方法时，通常要遵循规则 166.8 中的内容。当规程中没有给出晋级方法时，技术代表或者组委会应遵循以上相同的原则。

（4）有些情况下，规则 167 的应用也会发生变化。此种情况下，可能减少一名以时间晋级的运动员。在有足够额外跑道的情况下，在 800 米跑（超过 1 名运动员可以使用同一条跑道起跑）或不分道跑项目中，技术代表将决定是否让额外运动员晋级。

（5）根据规则 168 的规定，当以时间晋级时，只能使用一种计时系统，因此在预赛中应准备备用计时系统，以防主计时系统（通常为终点摄影）出现故障。当两组或多组比赛的成绩来源于不同的计时系统，在特定比赛情况下，技术代表将与径赛裁判长一起决定哪些运动员晋级下轮。在有额外道次的情况下，建议首先考虑此种方式。

（三）成绩相等的处理

（1）成绩相等（并列）。如果裁判员或终点摄像裁判员根据规则规定，无法分出运动员的排名，则可以判定成绩相等。

（2）成绩相等涉及排位顺序。如果运动员成绩相等涉及第一赛次之后运动员后续赛次的分组排位顺序，终点摄像主裁判应考虑有关运动员的 0.001 秒的实际时间；如果成绩仍相等，将判定为成绩相等，通过抽签决定较高的排位顺序。

（3）成绩相等涉及以名次决定最后一个录取资格。若裁判员或终点摄像裁判员根据规则规定，无法分出运动员的排名，成绩相等且涉及以名次决定最后一个录取资格时，如果仍有道次或起跑位置可用（包括800米比赛共享分道），成绩相等的运动员都将进入下一赛次。如果实际条件不允许，将通过抽签决定进入下一赛次的运动员。

（4）如果录取下一赛次运动员是基于名次和成绩（例如，两组中每组的前3名，再加上成绩最好的其余2名），在以名次决定下一赛次最后一个晋级资格出现成绩相等时，将按名次录取，名次相等时应减少以成绩录取的人数。

（5）成绩相等涉及以时间决定最后一个录取资格。如果晋级下一轮次是基于成绩，终点摄像主裁判应考虑运动员的0.001秒的实际时间。如果时间相同，将判定为成绩相等。如果跑道或起跑位置可用（包括800米比赛中共享跑道），成绩相等的运动员将进入下一赛次。如果没有可操作性，将通过抽签决定进入下一赛次的运动员。

（四）临场编排

1．径赛项目

大型赛事应按下列程序安排运动员后续赛次的分组。

（1）100米至400米跑、4×400米及较短距离的各项接力，应根据运动员在前一赛次的名次和成绩进行排序。根据该原则，运动员将按下列顺序排名：

① 最快的第一名；次快的第一名；第三快的第一名，依次类推。

② 最快的第二名；次快的第二名；第三快的第二名，依次类推。

③ 最后可按下列顺序补取：按成绩录取的最快者；按成绩录取的次快者；按成绩录取的第三快者，依次类推。

（2）其他各项目，应继续将运动员报名成绩排序后分组，只有在前面赛次中提高成绩的运动员才可进行调整。

（3）将运动员按排列的序号，依照蛇形分布的方法编入各组。

（4）在任何情况下，分组比赛确定后，应通过抽签排定各组的比赛顺序（组次）。

（5）抽签排定道次

① 100 米至 800 米的各项径赛、4×400 米及以下各项接力，第一轮以后的各轮比赛，应按下列规定分 3 次抽签排定道次：

a. 选择各组排列前四名的运动员或队，分别抽签排定 3、4、5、6 道。

b. 选择各组排列第五、六名的运动员或队，分别抽签排定 7、8 道。

c. 选择排列后两名的运动员或队，分别抽签排定 1、2 道。

② 800 米以上项目和 4×400 米以上的接力项目抽签排定道次或起跑位置。

③ 不足 8 条或多于 8 条分道时，上述方法经过必要修改后，仍应遵循。

2．田赛项目

收到及格赛的成绩表后，审核及格标准及录取名额与规定是否相符，并根据规则规定和本次比赛确定的及格标准录取参加决赛的人员名单，此后请技术代表抽签决定顺序。

3．全能项目

收到全能运动员的单项比赛成绩时，应及时核对得分及累积分，并与全能裁判长一起编排全能最后一项的分组。

上述工作完成后，应立即打印该赛次运动员名单及检录表，分别送宣告、公告、公报组及插入单元竞赛用表之中和留存。

（五）总记录

（1）及时正确地填写总成绩记录表、团体总分表，比赛结束后及时计算团体总分和排定名次。

（2）统计破纪录、达到运动员技术等级情况和奖牌数。

（3）填写成绩证明单并交赛事总管签字。

（4）核对全能运动员的各项比赛成绩、得分和累积分，并排列名次。

（六）成绩公告

（1）公告栏应设在教练员、运动员及观众来往醒目之处，公告栏中设有各项前八名（或前六名）总成绩表，团体总分表、全能成绩记录表。表格要根据张贴处的位置大小设计，内容要与总记录组的表格相一致，便于核对。

（2）根据成绩报告单，登记前八名（或前六名）成绩、团体总分及全能成绩得分。

（3）张贴参加下一赛次的运动员名单。

（七）成绩公报

（1）成绩公报是田径比赛的重要信息传递途径，省、市级以上的运动会都应有成绩公报，要求快、准。一般以单元为周期印发。

（2）各项成绩必须核对无误，然后打印并装订成册。每单元比赛结束后及时发至各代表队及有关部门。

（3）按组别整理各项比赛成绩。径赛项目从预赛后开始。如 16 人参加复赛，则从第 17 名开始，按成绩优劣排序，前边 16 位空格，当复赛结束后，8 人参加决赛，从第 9 格依复赛成绩优劣记复赛、预赛成绩，决赛结束后，按照名次先后，分别登记出决赛、复赛、预赛成绩及名次等。田赛项目依次按成绩由高至低排序。

三、与各部门之间的配合

（1）大型比赛每单元比赛前半天，将检录单交检录处。基层比赛时将径赛检录表交检录处，将田赛记录表和全能成绩记录卡交全能裁判长、田赛裁判长或有关主裁判。

（2）根据各裁判组的需要，提供各种比赛用表。

（3）比赛过程中，如有变动情况，应及时与赛事总管、场地组和有关主裁判联系，以便早作准备。

（4）每项比赛结束后，由专人负责及时收集各项比赛成绩和有关资料。

（5）根据组委会和赛事总管的要求，及时向相关新闻单位和各代表队提供成绩和有关材料。

■ 第四节 竞赛秘书组的赛后工作

竞赛秘书组在比赛结束之后的任务，仍然是十分繁重的，也是非常重要的。它关系着本次比赛成绩的记载与反映；关系着对本次比赛进行对比、分析和评估时所提供依据的可靠性；关系着教练员、科研人员进行科研所需数据的准确性等。因此，必须像重视赛前、赛中编排记录公告工作一样，重视做好赛后的各项工作。

一、整理和编印大会总成绩册

重大比赛的总成绩册其格式及内容如下。

（一）扉页或首页

运动会名称；主办单位；批准单位或承办单位；赞助单位或祝贺单位（如有可印上）。

（二）比赛情况统计

团体总分统计表、创纪录运动员名单、比赛成绩统计表、达健将级、一级、二级运动员人数统计表。

（三）比赛成绩

（1）按先男后女以竞赛规程上排列的项目顺序排列各项成绩。

（2）按预赛各组成绩、次赛各组成绩、复赛各组成绩、决赛成绩分别排列。

（四）广告

成绩册上可根据组委会和上级有关主管部门的要求印制相关广告。

（五）审核、印制和发送

（1）总成绩册汇编成后，送交技术代表或有关负责人审签后印刷并分发所有参赛代表队、组委会、上级主管部门等。

（2）基层运动会总成绩册可根据需要列出主要内容，如运动会名称、主办单位、团体总分名次表、破纪录统计表、达等级运动员统计表、比赛总成绩记录表等。

二、出具有关证明

对破纪录和达到运动员技术等级标准的运动员，出具有裁判员、裁判长、技术官员等亲笔签字的成绩证明（表 6-4-1）。

表 6-4-1　田径比赛成绩证明表

<table>
<tr><td>姓名</td><td></td><td>性别</td><td></td><td colspan="2">出生日期</td><td></td><td>民族</td><td></td><td>身高</td><td></td></tr>
<tr><td>体重</td><td></td><td>项目</td><td></td><td>成绩</td><td colspan="4"></td><td>风速</td><td></td></tr>
<tr><td>籍贯</td><td colspan="3"></td><td colspan="2">所在单位</td><td colspan="5"></td></tr>
<tr><td colspan="4">竞赛名称</td><td colspan="7">运动等级</td></tr>
<tr><td colspan="4">竞赛时间</td><td colspan="7">竞赛地点</td></tr>
<tr><td colspan="2">创造成绩时场地、器材等情况</td><td colspan="9"></td></tr>
<tr><td colspan="2" rowspan="4">执行裁判</td><td colspan="2">签名</td><td colspan="3">裁判员职务</td><td colspan="2">裁判员级别</td><td colspan="2"></td></tr>
<tr><td colspan="2"></td><td colspan="3"></td><td colspan="2"></td><td colspan="2"></td></tr>
<tr><td colspan="2"></td><td colspan="3"></td><td colspan="2"></td><td colspan="2"></td></tr>
<tr><td colspan="2"></td><td colspan="3"></td><td colspan="2"></td><td colspan="2"></td></tr>
<tr><td colspan="2" rowspan="2">裁判长审核</td><td colspan="2"></td><td colspan="3"></td><td colspan="2"></td><td colspan="2"></td></tr>
<tr><td colspan="2"></td><td colspan="3"></td><td colspan="2"></td><td colspan="2"></td></tr>
<tr><td colspan="2">竞委会意见</td><td colspan="9">盖章　________年　________月　________日</td></tr>
</table>

三、汇总资料存档

将本组的所有文件、资料，按照文书档案的要求，进行分类整理，立卷编号，交主管或主办单位存档，便于以后查阅。

四、进行工作总结

总结经验教训。最后写出书面总结材料交赛事总管。书面总结的内容一般应包括：一般情况；工作成绩与经验；存在问题；改进意见或建议。

五、办理善后手续

清理各种用品，办好交接手续，做到善始善终。

附：田径竞赛其他用表汇总（表 6-4-2 至表 6-4-16）

表 6-4-2 运动员请假单

号码		姓名		单位	
组别		项目		比赛时间	
请假原因	领队或教练签字： 年 月 日				

大会医生签字： 负责人签字：

表 6-4-3　少年女子甲组五项全能运动总记录表

号码	姓名	单位	项目													总分	名次	备注
			100 m 栏		铅球			跳高			跳远			800 m				
			成绩	得分	成绩	得分	累计	成绩	得分	累计	成绩	得分	累计	成绩	得分			

表 6-4-4　径赛检录、记录表

____组____米____赛　第____组（共____组）取____名____月____日____午

道次	第一道	第二道	第三道	第四道	第五道	第六道	第七道	第八道
号码								
姓名								
单位								
名次								
成绩								
备注								

终点主裁判________　　检录员________　　径赛裁判长________

计时主裁判________　　终点记录员________　　技术官员________

表 6-4-5　成绩报告单

____组　________决赛

道次	第一名	第二名	第三名	第四名	第五名	第六名	第七名	第八名
号码								
姓名								
单位								
成绩								
运动员等级								
破何纪录								
备注								

编排记录公告主裁判________　　记录员________　　______月____日____午

表 6-4-6 径赛长距离跑检录、记录表

________组 ________米 ________赛 第________组（共_____组）取_____名

号码	小号码	姓名	单位	成绩	名次	备注

检录员____________ 终点记录员____________ 径赛裁判长____________

表 6-4-7 接力赛检录记录表

组别_______ 项目_______米接力 _______赛第______组（共____组）

道	次	一	二	三	四	五	六	七	八
单	位								
号码	一棒								
	二棒								
	三棒								
	四棒								
名次									
成绩									
备注									

检录员_________终点记录员_________径赛裁判长_________

表 6-4-8　接力比赛棒次申报表

男　女　子 ______米接力　　赛次______　　单位______　　教练员______

棒次	第一棒	第二棒	第三棒	第四棒
号码				
姓名				

注：此表应用时印制在 64 开纸上。

表 6-4-9　次、复、决赛名单

第______组　　　______组______m

号码								
姓名								
单位								

第______组

号码								
姓名								
单位								

表 6-4-10　破纪录统计表

项目	原纪录	新　纪　录					备注
		创造者	单位	成绩	赛轮 次	时间	
100 m							
跳远							
…							

表 6-4-11　前八名总成绩记录表

组别______

名次 成绩 项目	第一名			第二名			…
	姓名	单位	成绩	姓名	单位	成绩	
…							

表 6-4-12 田径运动会团体总分、奖牌统计表

组别__________

单元 / 项目 / 积分单位	第一单元					……	第 单元					奖牌统计			总分	名次
	一百米	…	铅球	跳高	累计		七项全能	…	四百米栏	五千米	累计	金牌数	银牌数	铜牌数		

总裁判长________技术代表________编排记录主裁判__________

表 6-4-13 总 成 绩 表

项目________　　　　　　　　　　　　　　　　　　组别__________

名次	姓　名	单　位	竞　赛　成　绩				风　速	备　注
			预	次	复	决		

表 6-4-14 破田径纪录报告表

姓名		性别		出生日期		民族		身高	
体重		项目		成绩		原纪录			
籍贯				所在单位					
竞赛名称				运动等级					
竞赛时间				竞赛地点					
运动员所在单位意见	负责人：　盖章　年　月　日								
运动员所在体委意见	负责人：　盖章　年　月　日								
国家体育总局审批意见	审批人：　经办人：　盖章______年____月____日								

表 6-4-15　抗议申诉书

送仲裁委员会：

申诉单位__________

领队或教练员签字__________

根据 146 条，现向仲裁委员会提交抗议申诉书，并附交申诉费 800 元（人民币）。

比赛时间________年________月________日________时

项目____

理由____

____

成绩公告时间___________　抗议申诉书收到时间_______________

裁决结果：抗议　成立，申诉费退还_____________

否决，申诉费不退_____________

裁决理由：____

裁决证明书签收人签字____

裁决证明书

送发________日期_________年__________月_________时

仲裁者签字__________

根据下列理由，抗议　成立，退还申诉费_______________

否决，申诉费不退________________

项目_________

理由____

____

____

（详见附件）

表 6-4-16 超/创田径纪录报告表

<table>
<tr><td>姓名</td><td></td><td>性别</td><td></td><td>出生日期</td><td></td><td>民族</td><td></td><td>身高</td><td></td></tr>
<tr><td>体重</td><td></td><td>项目</td><td></td><td>成绩</td><td></td><td>原纪录</td><td colspan="3"></td></tr>
<tr><td>籍贯</td><td colspan="3"></td><td colspan="2">所在单位</td><td colspan="4"></td></tr>
<tr><td colspan="4">竞赛名称</td><td colspan="6">运动等级</td></tr>
<tr><td colspan="4">竞赛时间</td><td colspan="6">竞赛地点</td></tr>
<tr><td colspan="2">运动员代表
单位意见</td><td colspan="8">负责人： 盖章 年 月 日</td></tr>
<tr><td colspan="2">中国田径协会
审批意见</td><td colspan="8">负责人： 盖章 年 月 日</td></tr>
</table>

■ 思考题

1．简述竞赛分组的基本原则。

2．简述竞赛日程的编排原则。

3．田径比赛的总秩序册包括哪些内容。

第七章

场地器材组工作

本章导读

通过本章学习，基本掌握场地器材组的工作任务、人员分工与职责、布置场地及管理、保养、维修器材的方法。

第一节 场地器材组工作概况

一、任务

（1）赛前按竞赛规则的有关要求，准备径赛和田赛的场地器材及设备，并进行认真检查。

（2）赛中办理各裁判组所需器材的领用手续，按时布置并及时撤除各种器材，及时整理好竞赛场地。

（3）赛后及时收回各种器材，归还所借器材，维护和修理场地设备和器材。

二、人员设置、分工与职责

根据比赛规模和级别，场地器材组通常由 3～10 人组成，其中主裁判 1～2 人，裁判员 2～8 人，另有服务员若干人。

（一）大型比赛场地器材组人员编制与分工

大型比赛场地器材组设主裁判 1～2 人，全面负责场地器材组的工作。另设场地设备组长 1 人，组员 6～8 人，负责整理、维修场地，场地丈量、画线、安装设备和器材，布置和撤除比赛用的器材等工作；设器材管理组长 1 人，组员 3～4 人，负责准备、检查、收发器材等供应工作；同时每组安排服务员若干人。

（二）基层比赛场地器材组人员编制与分工

基层比赛场地器材组通常只设主裁判 1 人，全面负责场地器材组的工作；组员 2～8 人，分工负责场地设备和器材工作；同时安排服务员若干人。既要分工明确，职责到人，又要注意加强合作，相互配合，共同做好工作。

■ 第二节 场地器材组的赛前工作

一、合理分工

在场地器材组主裁判的领导下，认真学习竞赛规程和规则，根据比赛的性质、规模、人数以及比赛的特殊规定，同时考虑到全组成员的水平、能力和特长进行合理分工。

二、准备、维修、检查各种比赛场地设施

（1）检查塑胶场地各处的电源、线路、管道等，清洗整个塑胶场地。

（2）对煤渣场地进行整修、平整、辗压、洒水、压平。保证场地达到比赛规则规定的硬度、湿度和不超过规则允许的倾斜度。按规则要求画好径赛跑道和田赛场地。

（3）检查径赛场地是否符合规则要求。

① 根据规则规定：任何坚固、表面平整一致、符合《国际田联田径场地设施标准手册》中有关规定的地面均可用于田径运动。

② 按规则要求对各项径赛起点、终点、栏位、接力区、水池等进行复核、丈量和画线，并设立必要的永久性标记和临时性标记。永久性标记通常设置在跑道内突沿和外突沿上，如100米栏和110米栏栏位、接力区、起点等第一道的位置，一般是用不同颜色的油漆画成不同形状的标记。临时性标记是设置在各条跑道上的。如400米栏栏位、接力区、起点等的位置，一般是用铁片或塑料片剪成所需的形状，再涂上不同颜色的油漆，以代表不同项目，用长钉钉在各条跑道的外侧分道线上。

③ 公路赛跑与竞走比赛的路线应设在公路上或设在加以适当标志的慢车道和人行道上。路线的长度必须不短于该项正式距离。丈量的误差不得超过0.1%，并且该路线长度在赛前应经一名路线丈量员鉴定合格。路线

丈量最好利用夜间车辆行人稀少时进行，可选用“标定的自行车法”进行丈量。比赛路线示意图经审批后应印在秩序册中。

④ 越野赛跑路线应限于田野、荒野、空地及草地，横穿公路应减至最低限度。路线须清楚标明，左边为红旗，右边为白旗，所有标志在距离 125 米处均应清晰可见。在起跑后 1 500 米内不应有狭窄地段或其他障碍物。

（4）如需设置临时性终点裁判台、计时台，应提前安装、供现场实习时试用，以便发现问题及时解决。若有障碍跑比赛项目，应做好水池灌水等准备工作。

（5）检查田赛场地是否符合规则要求。

① 检查田赛场地，安装田赛各项所需用的器材和设备，如投掷圈、起掷弧、抵趾板、插斗、橡皮泥板、护笼等。

② 按规则标明铅球、铁饼、链球、标枪落地区角度线和距离标志。

③ 跳远、三级跳远用的沙坑应注意翻松并适当洒水，使沙坑内的沙子有一定湿度。在基层比赛中，起跳板距沙坑的距离可视运动员的水平合理确定。

④ 高度项目海绵包的布置应符合规则规定的要求，必要时按运动员比赛的具体情况增加临时性的保护措施，以确保运动员的安全。

（6）练习场地应在赛前作全面准备，符合使用要求。

（7）明确专人分工负责比赛期间的场地补画增添线、运动员服装运送、栏架放撤、海绵包放撤和成绩显示牌布置等工作。

三、准备、维修和检查各类比赛器材

（1）准备比赛需要的各类器材。

（2）逐件检查维修器材，合格后贴上“比赛器材”标记，立账造册，按类按项分放，以便使用。要特别对栏架的升降装置、重量调节器、跳高和撑竿跳高用的立柱升降装置等做全面检查，确保性能良好。

（3）与有关部门联系，准备好裁判服装和臂章等标志。

（4）拟定简单易行的器材领取手续和自备器材的检查与管理方法，经赛事总管同意后通知裁判员和教练员执行。

（5）收集各裁判组主裁判提交的器材用具清单，然后分类准备。

（6）与投掷主裁判一道检查投掷器材的重量和规格，检查合格后做好标记再封存。

（7）与田赛裁判长联系，提出自备器材的检查时间，经赛事总管同意后通知各队。与有关主裁判一道检查自备器材，合格后用胶布标出姓名和单位后封存，比赛时领用。不合格的自备器材应及时退回原代表队，并说明原因。

（8）在塑胶场地比赛时，需准备好接力跑、田赛高度项目和远度项目运动员所需的各种标志物（如胶布、小方块等）。同时还应准备专门检查鞋钉长度与直径的工具。

（9）与气象台取得联系，了解天气情况，提出防雨遮阳设备计划，准备雨具和防雨的辅助器材，如拖布、海绵块、扫帚、煤油、木屑、吸水机、棕垫、遮阳伞、遮阳防雨棚等。

（10）做好准备，接受有关裁判长和主裁判在赛前检查场地以及器材设备。

（11）为大会裁判员和工作人员准备饮料等。

第三节 场地器材组的赛中工作

一、布置各项比赛场地

（1）按比赛日程，将每一个单元的比赛项目所需比赛器材及用具，在比赛前一小时布置好。

（2）准备活动用的场地和器材，在运动员到达前全部准备就绪。

（3）跨栏架事先调好重量调整器，并送到设栏点跑道内侧或外侧。若跨栏及障碍跑项目在其他项目之间进行比赛时，必须迅速摆栏、撤栏。在该项目比赛结束前，先将外侧 3～4 道栏放好，待该项比赛结束后，再迅速将其余栏架布置好。3 000 米障碍跑比赛时，应在运动员出发后及时放好第三栏和第五栏。

（4）保持径赛项目的各种标志线清晰、醒目，易于辨认。一旦模糊不清，应在不影响比赛的情况下，及时描画清楚。

（5）100 米起点附近直曲段交界处的交叉线段很多，运动员很易串道，为避免混乱，100 米、100 米栏和 110 米栏的起跑线到该直曲段分界线的各分道线，也可用宽 5 厘米的白色帆布带代替，用后及时拆除。如在煤渣跑道上用石粉画线，直段可画虚线，曲段可画实线。

（6）400 米和 800 米的起跑线、接力区、抢道标志线等均可用不同颜色的实线或虚线以及不同形状的线段加以区分。

（7）不需要的线段应尽量去掉，特别是 400 米起点处的 400 米、800 米、4×400 米接力和 10 000 米的起点线，以及两个接力区的前后沿应及时去掉。

（8）对已用过的器材与设备要及时撤下来，按预定位置摆放整齐。

（9）在煤渣跑道上比赛，每个单元比赛结束后，应及时平整跑道，洒水碾压。如有必要，田赛项目的助跑道可以在比赛间隙或单项比赛结束后适当进行平整。

（10）在标准 400 米塑胶跑道上比赛时，对原有的各种标志线等均要重新丈量。

二、管理好各类比赛器材

（1）按竞赛顺序，将各裁判组每单元所需器材分项准备好。

（2）发放和回收各裁判组需用的器材物品。对各组裁判员交还的比赛器材要逐件检查，如发现损坏或丢失，应及时修理补充，并查清原因。

（3）协助投掷组做好破纪录复核器材的称量工作。

（4）向大会裁判员和工作人员发放饮料。

第四节　场地器材组的赛后工作

整理保养场地。收回比赛使用的各种器材物品，整理清点后，列出被损坏和丢失的器材清单，向主管部门报告。对器材设备物品等进行维修、擦拭、保养。归还借用外单位的器材用品。总结本组工作情况并写出书面报告交主管部门。

一、场地管理

（一）天然矿物质（土、煤渣）材料场地的管理与维护

1．基本程序

（1）保持场地的平整，不平整的地方一定要先用人工填挖方式清除。

（2）场地表面需保持一定的湿度，需要时可用水均匀地浇洒。

（3）经常检查跑道内突沿的位置。

（4）跳高、跳远、三级跳远、撑竿跳高和掷标枪的助跑道、障碍水池的前后也应和跑道一样予以重视，这些地区一定要平整，给与适宜的水分和进行滚压。

2．保养与维修

在运动会结束后，整个场地要小心保养。在需要时，整个场地要用机械捣松，随后搅拌、掠刷、滚压。注意避免出现灰尘问题和碱化问题。野草一定要用人工或机械方法加以控制。内突沿在冬季会发生移动，在运动会开始前就应重新设置，位置和硬度应做好日常检查，有缺陷就应修理，必要时，应以适当的材料进行顶部修正和局部维修。

（二）合成材料（塑胶）场地的管理和维护

1．基本程序

（1）用水管（刷子）进行人工清洗。

（2）用坐骑清扫机进行机械式清洗。

（3）用耙子或被认可的化学药剂清除野草、藻类、青苔。

（4）用喷冰冷冻清除口香糖。

（5）检查场地上最上一层是否牢固和底层粘合在一起，起壳的地方要立即固定。

（6）在钉鞋经常跑过的地方实行特别保护。

（7）检查所有的画线与标志，需要时进行更新。

（8）设置可供训练的跑道。

2．保养与维修

大规模的清洗建议不要用水管冲刷整个场地，而要用高压水冲洗。在塑胶跑道上严禁使用化学物质。需要时应更新画线与标志。清除积雪时一定要用扫帚扫。

二、场地器材的保养与维修

（一）径赛器材

1．栏架

活动部分要保持洁净和良好的润滑，必要时重新涂漆，检查重量。

2．起跑器

活动部分要保持洁净和良好的润滑，收藏在干燥的地方。

3．障碍栏架

妥善的收藏和涂漆，检查其牢固度和稳定性。

4．障碍水地

控制好排水出口，充分检查水压机，比赛结束后要排掉水，落地区要经常检查，确保状况良好和安全，检查栏架的坚实度，检查是否有活动的前沿。

5．计时与丈量设备

妥善保管。使用前进行检查，每年初校准一次。

6．跑道突沿

进行检查和用液体清洁剂进行清洗。

7．发令枪

使用后清洗干净，涂油加以保护。

（二）田赛器材

1．跳远和三级跳远落地区

沙坑应经常翻松、平整和保持湿度。

2．跳远和三级跳远起跳板

边沿正常，基础稳固，喷涂成白色；应有备用的起跳板、橡皮泥显示板和足够的橡皮泥，有畅通排水孔的可移动起跳板的托架。

3．投掷圈

表面平坦，稍有毛糙和夯实的区域，检查尺寸，清洁用具，排水孔要保持通畅，擦洗器具，推铅球的抵趾板要固定、位置正确和涂成白色。

4．投掷护笼

经常检测所有支架、面板、网绳和结网，地面的插座应无泥沙等其他杂物，护网牢固。

5．跳高与撑竿跳高支架

校准和修理，检查硬度。

6．撑竿跳高插斗

清除排水孔，检查硬度。

7．跳高和撑竿跳高落地区海绵垫

经常检查修理，防止滥用，要堆放在垫板上，收藏在干燥处，用移动盖套保护好，移动时要使用正确的操作方法。

8．铅球、标枪、铁饼和链球

使用后应将其擦拭干净，收藏在干燥的地方。

思考题

1．简述场地器材组的工作任务、人员分工与职责。

2．简述场地器材组赛前、赛中及赛后工作的程序与方法。

田径运动员技术等级标准

男子

项目		国际级运动健将	运动健将	一级运动员	二级运动员	三级运动员
100 m	手计	—	—	—	11.50	12.40
	电计	10.25	10.50	10.93	11.74	12.64
200 m	手计	—	—	—	23.60	25.50
	电计	20.62	21.35	22.02	23.84	25.74
400 m	手计	—	—	—	53.00	56.50
	电计	45.74	47.60	49.60	53.14	56.64
800 m		1:46.30	1:51.00	1:54.50	2:03.00	2:16.00
1500 m		3:38.20	3:48.00	3:54.90	4:15.00	4:40.00
3000 m		—	—	8:35.00	9:10.00	10:05.00
5000 m		13:31.45	14:10.00	14:40.00	16:10.00	17:40.00
10000 m		28:19.00	29:45.00	30:50.00	34:00.00	37:00.00
110 m 栏	手计	—	—	—	16.00	18.00
	电计	13.78	14.20	14.73	16.24	18.24
400 m 栏	手计	—	—	—	1:00.00	1:08.00
	电计	50.00	51.50	54.14	1:00.14	1:08.14

续表

项目		国际级运动健将	运动健将	一级运动员	二级运动员	三级运动员
3 000 m 障碍		8:28.80	8:47.00	9:15.00	10:10.00	11:20.00
马拉松		2:13:00	2:20:00	2:34:00	3:10:00	4:00:00
10 000 m 竞走（场地）		—	—	44:00.00	49:00.00	54:00.00
20 km 竞走		1:21:20	1:24:00	1:35:20	2:03:30	2:24:30
50 km 竞走		3:55:00	4:05:00	4:23:20	4:45:30	5:18:30
跳高		2.27 m	2.20 m	2.00 m	1.83 m	1.60 m
撑竿跳高		5.50 m	5.15 m	4.80 m	4.00 m	3.50 m
跳远		8.00 m	7.80 m	7.30 m	6.50 m	5.60 m
三级跳远		16.85 m	16.40 m	15.35 m	13.60 m	12.10 m
铅球（7.26 kg）		20.10 m	18.00 m	16.20 m	12.50 m	9.50 m
铁饼（2 kg）		63.00 m	55.00 m	49.60 m	38.00 m	29.00 m
标枪（800 g）		78.00 m	71.00 m	66.10 m	51.00 m	36.00 m
链球（7.26 kg）		75.30 m	64.00 m	57.00 m	48.00 m	36.00 m
十项全能	手计	—	—	—	4800 分	3500 分
	电计	7990 分	7000 分	6320 分	4700 分	3400 分

女子

项目		国际级运动健将	运动健将	一级运动员	二级运动员	三级运动员
100 m	手计	—	—	—	12.80	13.80
	电计	11.38	11.70	12.33	13.04	14.04
200 m	手计	—	—	—	27.00	29.00
	电计	23.10	24.00	25.42	27.24	29.24
400 m	手计	—	—	—	1:03.00	1:08.00
	电计	51.89	54.00	57.30	1:03.14	1:08.14
800 m		2:00.10	2:06.00	2:12.80	2:26.00	2:38.00
1500 m		4:08.00	4:18.00	4:31.00	5:05.00	5:30.00
3000 m		8:55.00	9:20.00	9:50.00	11:00.00	12:00.00
5000 m		15:30.00	15:45.00	17:10.00	20:00.00	23:00.00
10000 m		32:30.00	33:00.00	37:00.00	42:00.00	48:00.00
100 m 栏	手计	—	—	—	15.50	17.00
	电计	13.20	13.70	14.33	15.74	17.24
400 m 栏	手计	—	—	—	1:07.00	1:15.00
	电计	55.50	58.50	1:01.00	1:08.00	1:16.00
3000 m 障碍		10:00.00	10:08.00	11:10.00	12:30.00	14:00.00

续表

项目		国际级运动健将	运动健将	一级运动员	二级运动员	三级运动员
马拉松		2:34:00	2:40:00	3:19:00	3:50:00	4:10:00
5000 m 竞走（场地）		21:19.80	22:19.80	24:55.00	27:30.00	30:00.00
10 km 竞走（公路、场地）		43:27.00	44:43.00	51:28.00	57:30.00	1:02:30
20 km 竞走		1:30:00	1:33:00	1:46:30	2:14:30	2:35:30
跳高		1.90 m	1.84 m	1.75 m	1.56 m	1.40 m
撑竿跳高		4.30 m	4.00 m	3.60 m	3.00 m	2.40 m
跳远		6.65 m	6.35 m	5.85 m	5.20 m	4.50 m
三级跳远		14.15 m	13.50 m	12.50 m	11.00 m	9.40 m
铅球（4 kg）		18.30 m	17.30 m	15.30 m	12.50 m	10.00 m
铁饼（1 kg）		62.00 m	56.50 m	51.00 m	39.00 m	31.00 m
标枪（600 g）		62.00 m	56.00 m	52.00 m	38.00 m	30.00 m
链球（4 kg）		66.00 m	60.00 m	53.00 m	40.00 m	32.00 m
七项全能	手计	—	—	—	3600 分	3200 分
	电计	6000 分	5200 分	4510 分	3500 分	3100 分

主要参考文献

[1] 中国田径协会审定.田径竞赛规则（2018—2019）. 1 版. [M]. 北京：人民体育出版社，2018.

[2] International Association of Athletics Federations.IAAF COMPETITION RULES(2019)[M/OL]. http://www.iaaf.org/about-iaaf/documents/rules-regulations.

[3] 常生. 田径运动竞赛组织与裁判. 1 版. [M]. 北京：北京体育大学出版社，2010.

[4] 第 29 届奥运会田径国家技术官员工作细则，2008.

[5] 2008 年北京奥运会田径竞赛组织运行工作方案，2008.

[6] 李文辉，成裕阳，郃崇禧，王健. 田径赛事的组织与裁判. 1 版. [M].南京：南京师范大学出版社，2007.

[7] 张英波，孙南，译. 国际田联田径裁判法. 1 版. [M]. 北京：北京体育大学出版社，2007.

[8] 王德炜. 学校田径运动会的策划与组织. 1 版. [M]. 西安：西安交通大学出版社，2007.

[9] 常生. 田径竞赛裁判指南. 1 版. [M]. 长春：吉林人民出版社，2002.

[10] 王传三，姚辉洲，常生. 田径. 3 版. [M]. 桂林：广西师范大学出版社，2000.

[11] 常生. 田径竞赛学. 1 版. [M]. 长春：吉林人民出版社，2000.

[12] 常生. 英汉田径专业术语词汇手册. 1 版. [M]. 南京：体育与科学杂志社，1994.

[13] 刘建国. 田径运动. 3 版. [M]. 北京：高等教育出版社，2016.